中國學術思想 研究輯刊

七 編
林慶彰 主編

第20冊

錢大昕之生平及其經學（下）

司仲敖 著

花木蘭文化出版社

國家圖書館出版品預行編目資料

錢大昕之生平及其經學（下）／司仲敖 著 — 初版 — 台北縣
永和市：花木蘭文化出版社，2010〔民 99〕

目 4+252 面；19×26 公分

（中國學術思想研究輯刊 七編；第 20 冊）

ISBN：978-986-254-179-1（精裝）

1.（清）錢大昕 2. 傳記 3. 學術思想 4. 經學

127.4   99002296

ISBN - 978-986-254-179-1

9 789862 541791

中國學術思想研究輯刊
七 編 第二十冊   ISBN：978-986-254-179-1

錢大昕之生平及其經學（下）

作　　者　司仲敖
主　　編　林慶彰
總 編 輯　杜潔祥
出　　版　花木蘭文化出版社
發 行 所　花木蘭文化出版社
發 行 人　高小娟
聯絡地址　台北縣永和市中正路五九五號七樓之三
　　　　　電話：02-2923-1455／傳眞：02-2923-1452
網　　址　http://www.huamulan.tw 信箱 sut81518@ms59.hinet.net
印　　刷　普羅文化出版廣告事業
封面設計　劉開工作室
初　　版　2010 年 3 月
定　　價　七編 24 冊（精裝）新台幣 40,000 元

錢大昕之生平及其經學（下）

司仲敖　著

目

次

第五章　治學記略

大昕先生，博古通今，久以碩學雄視海內，於學無不綜貫，博而能一，通而近正，阮元序《十駕齋養新錄》云：

> 學術盛衰，當於百年前後論升降焉。元初學者，不能學唐宋儒者之難，惟以空言高論易立名者為事，其流至於明初，五經大全易極矣。中葉以後，學者漸務於難，然能者尚少，我朝開國，鴻儒碩學，接踵而出，乃遠過乎千百年以前。乾隆中，學者更習而精之，可謂難矣，可謂盛矣。國初以來諸儒，或言道德、或言經術、或言史學、或言天學、或言地理、或言文字音韻、或言金石詩文，專精者固多，兼擅者尚少，惟嘉定錢辛楣先生能兼其成。由今言之，蓋有九難。先生講學上書房，歸里甚早。人倫師表，履蹈粹然，此人所難能一也。先生深於道德性情之理，持論必執其中，實事必求其是，此人所難能二也。先生潛研經學，傳注疏義，無不洞徹原委，此人所難能三也。先生正史雜史，無不討尋，訂千年未正之譌，此人所難能四也。先生精通天算，三統上下，無不推而明之，此人所難能五也。先生校正地志，於天下古今沿革分合，無不考而明之，此人所難能六也。先生於六書音韻，觀其會通，得古人聲音文字之本，此人所難能七也。先生於金石無不編錄，於官制史事，考覈尤精，此人所難能八也。先生詩古文詞，早歲久主盟壇坫，冠冕館閣，此人所難能九也。元嘗服膺曾子十篇矣，曰難者弗辟，易者弗從。若立一說，標一旨，即名為大儒，恐古聖賢，不若是之易也。

阮元此序予大昕推崇備至。段玉裁序《潛研堂文集》所言，亦略同于阮氏。段氏云：

> 乃若少詹事曉徵先生，庶幾無媿于古之能兼文學言語者乎。先生始以辭章鳴一時，既乃研精經史，因文見道，于經文之舛誤，經義之聚訟而難決者，皆能剖析源流。凡文字、音韻、訓詁之精微，地理之沿革，歷代官制之體例，氏族之流派，古人姓字里居，官爵事實，年齒之紛緐，古今石刻畫篆隸，可訂六書故實，可裨史傳者，以及古九章算術，自漢迄今，中西曆法，無不瞭如指掌。至於累朝人物之賢姦，行事之是非疑似難明者，大典章制度，昔人不能明斷其當否者，皆確有定見。蓋先生致知格物之功，可謂深矣。夫自古儒林，能以一藝成名者眾，合眾藝而精之，殆未之有也。

江藩亦云：

> 若先生學究天人，博採群籍，自開國以來，蔚然一代儒宗也。〔註1〕

大昕之學術成就，無論當時或今日，皆有至高之評價。其所以致之者，余以為治學方法之謹嚴，精神之不苟，應為主因。至謂彼之學術成就，完全建立於此一有系統之治學理論，亦無不可，而大昕之於當代及後代之影響，亦以其治學方法與態度為首要，故專章述之。

壹、治學目的

荀子云：「古之學者為己，今之學者為人」，人之為學，多有蘄向，常人率主利祿，卓犖多主名位，惟大昕則不然。欲為通儒，欲求明道，以經世致用為歸，故戞戞乎不可及也，大昕治學之目的可分三點言之：

一、博　通

大昕之學，無所不通，博而且精，尤為難能。江藩云：「大昕不專治一經，而無經不通，不專攻一藝，而無藝不精」，其治學主旨在博通，欲為兼人之學。序《甌北集》云：

> 夫唯有絕人之才，有過人之趣，有兼人之學，乃能奄有古人之長，而不襲古人之貌，然後可以卓然自成為一大家。〔註2〕

〔註1〕《漢學師承記》，記之三，頁272。
〔註2〕《文集》卷廿六，頁387。

故大昕以博學爲標的，蓋通儒之學，非博取不爲功。〈抱經樓記〉云：

> 宣尼之言曰：君子博學於文，顏子述夫子之善誘，則曰博我以文。
> 子思子作中庸曰：博學之，審問之。孟子之書曰：博學而詳説之，
> 夫聖人刪定六經，以垂教萬世，未嘗不慮學者之雜而多歧也，而必
> 以博學爲先。〔註3〕

凡舉經史文義、音韻、訓詁、歷代典章制度、官職、氏族、地理、金石、遼金國語，以及中西曆算之法，莫不洞悉其是非，著述至富。杜維運於錢大昕之史學一文，讚譽大昕學問之博，知識之富，求之古今，殆罕其匹，杜氏云：

（1）錢氏精於官制：錢氏於歷代官制，皆瞭如指掌，洞徹本原，曾謂史家當先通官制，次精輿地，次辨氏族，否則涉筆便誤，所作考異中，對歷代官制之沿革演變，辨之甚詳，由官制而釐訂史實之處亦多。

（2）錢氏精於地理：錢氏於地理之學極精，鑽研歷數十年，對歷代地理之沿革分合，皆能原原本本，考而明之。所作考異中，屬於地理之考證者極多，通鑑注辨正，對胡氏之注文中，地理疏踏之處，亦爲之剖析糾正，胡氏號稱長於輿地之學，而其精密較之錢氏，則殆有不及焉。

（3）錢氏譜於氏族：錢氏所補元史氏族表，無愧爲元史中名作，凡人知之矣。其他各時代氏族之流派亦俱能詳悉言之，考訂唐書宰相世系表謡誤之文，佔其唐書考異篇幅之半強，可証也。

（4）錢氏精於金石文字：錢氏博采金石文字，所過山崖水畔，鬢宮梵宇，得一斷碑殘刻，必剔蘚拂塵，摩挲審讀而後去。其好殆至老而益篤，家藏拓本二千餘種，著潛研堂跋尾八百餘篇，其鑑賞之精，考釋之密，方之歐趙，蓋有過之。

（5）錢氏精於音韻：錢氏於六書音韻，觀其會通，得古人聲音，文字之本。養新錄「古無輕唇音，舌音類隔之説不可信」條，尤爲至大之發現，其説至今不可易，觀其以音韻訂正古史之處，可知其對音韻之精通矣。

（6）錢氏精於天算：錢氏於中西天算，皆能精通，顓頊三統以下諸曆，無不推而明之。所作三統術衍一書，爲研究古代推步之學

〔註3〕《文集》卷廿一，頁310。

者必讀之作，四史朔閏考，雖由其姪完成之，而草刱則自錢氏。

（7）錢氏通蒙古文：錢氏通蒙古文，人罕能言之，然自其作品中可
以窺見一斑，金石文跋尾元碑皇太后懿旨碑，碑陰跋云：右碑
陰蒙古書，自左而右。元時凡制誥由詞臣潤色者國書，但對音
書之，若加封大成至聖文宣王詔，加封顏子父母制之類是也。
此係當時直言直語，故以國語譯之，不依本文，蓋亦當時令式
如此，而傳記未有言之者。予以集錄之富，考證之勤，粗能識
其大略爾，碑陰有額，乃蒙古篆文。蒙古字刱於帝師八思巴，
其篆文未審何人所製。

故阮元序《十駕齋養新錄》譽大昕「能兼其成」也。

綜諸家之言，其學浩博無涯涘。固不限於經史，其成就亦不得僅以經史
限之也。大昕於經史外，亦喜文章之學，其〈味經窩類稿序〉云：

錫山秦公，以通經砥行爲東南名士倡。錫山自高顧諸君子，講學東
林，遺風未墜。尊甫給諫公，潛心性理，學養尤邃。公目濡耳染，
聞道最早，顧不欲居講學之名。嘗曰：先聖之蘊，具於六經，舍六
經安有學哉？及其書而爲文，光明洞達，浩乎沛乎，一如其意之所
欲言而止，譬之堂堂之陳，正正之旗，所向無敵，而不爲佻巧詭遇
之計。昔人稱昌黎以六經之文爲諸儒倡，今公之文，非六經之法言
不陳，非六經之疑義不決，折衷百家，有功後學，所謂吐詞爲經，
而蘄至於古之立言者，惟公有焉。嘗慨秦漢以下，經與道分，文又
與經分，史家至區道學、儒林、文苑而三之。夫道之顯者謂之文，
六經子史，皆至文也。後世傳文苑，徒取工於詞翰者列之，而或不
加察，輒嗤文章爲小技，以爲壯夫不爲，是恥鞶帨之繡，而忘布帛
之利天下，執糠秕之細，而訾菽粟之活萬世也。〔註4〕

欲匯道學、儒林、文苑而一之，經術性理文章，皆通儒實學所宜備。故大昕
特許康成爲通儒、大儒：

經術莫盛於漢，北海鄭君，兼通六藝，集諸家之大成，刪裁繁蕪刊
改漏失，俾百世窮經之士，有所折衷，厥功偉矣。……慈明委蛇臺
司，未有匡時之效，史家雖曲爲申釋，視北海之確乎不拔者，相去
遠矣。有濟世之略，而審時藏器，合於無道則隱之正，此大儒出處

〔註4〕《文集》卷廿六，頁383。

所由異乎逸民者流與！〔註5〕

蓋康成學有師承而不墨守師法，故能以通儒名重今昔，如注《古文尚書》，則采今文說，箋《毛詩》，則參稽齊、魯、韓三家，信能囊括兼容，而號爲通儒也。

大昕資質過人，興趣亦廣。幼慧，善讀書，有神童之目，未弱冠，所爲考據已有與前輩暗合者。廿六歲習算術，讀宣城梅文鼎書，寢食俱廢，因讀歷代史志，從容布算，得古今推步之理。又好購書及收藏金石文字，年卅已得漢唐石刻三百種，晨夕校勘，証以史事。和藏書家交往頻繁，吳門四大藏書家和大昕交往甚密切，深悉藏書家之收藏，凡此在在顯示其欲求兼人之學而爲通儒，於嗜書好學之程度有以覘之矣。

清人治學，幾無不講求板本，蓋得一善本，則前人之謬誤不待抉發而自明，於校勘之貢獻，功尤非淺，大昕猶兢兢焉。

如《十駕齋養新錄》卷六，論監本二十一史云：

> 《日知錄》，嘉靖初，南京國子監祭酒張邦奇等，請校刻史書。欲差官購索民間古本，部議恐滋煩擾，上命將監中十七史舊板攷對修補，仍取廣東宋史板付監，遼金二史無板者，購求善本翻刻，十一年七月成，祭酒林文俊等表進。至萬曆中，北監又刻十三經二十一史，其板視南稍工，然校勘不精，訛舛彌甚，且有不知而妄改者。北監本十三經注疏，肇始於萬曆十四年，至廿一年畢工，廿一史則開雕於萬曆廿四年，至卅四年竣事，板式與十三經同。

> 《史記·堯本紀》，居郁夷，曰暘谷，《索隱》云：史記舊本作湯谷，今並依《尚書》字，按太史公多識古文，所引諸經，與今本多異者，皆出先秦古書，後人校改，漸失其眞，即湯谷一條推之，知舊本爲小司馬輩改竄者不少矣。〔註6〕

又論漢書景祐本云：

> 予撰《漢書攷異》，謂哀帝紀元壽二年春正月，「元壽」二字衍文。景武昭宣元成功臣表孝成五人，「成鄉」當作「成都」。樂成下衍龍字。〈百官公卿表〉寧平侯張歐，「寧」當作「宣」。俞侯樂賁，「樂」當作「欒」。安年侯王章，「年」當作「平」。平喜侯史中，「喜」當作「臺」。廣漢太守孫實，「實」當作「寶」。五行志：能者養之以福，

〔註5〕〈鄭康成年譜序〉，同上，頁394。
〔註6〕《養新錄》卷六，監本二十一史條，史記舊本條，頁307～309。

「之以」當作「以之」。地理志：逢山長谷，諸水所出，「諸」當作「渚」。博水東北至鉅定，「博」當作「時」。張良傳，景駒自立為楚假王，在陳留，陳字衍。枚乘傳，凡可讀者，不二十篇，「不」當作「百」。韓安國傳，梁城安人也，「城」當作「成」。韋賢傳，畫為亞人，當作亞。佞幸傳，龍雒思侯夫人，「雒」當作「額」。項見北宋景祐本此十數處，皆與予說合。〔註7〕

大昕搜購古籍，講求板本，致力於校勘，於焉以見。

又《養新錄》卷十三論史記宋元本云：

予所見史記宋槧本吳門顧抱沖所藏，澄江耿秉刊於廣德郡齋者，紙墨最精善，此淳熙辛丑官本也。黃蕘圃所藏三山蔡夢弼刊本，亦在淳熙閒，海甯吳槎客所藏元中統刊本，計其時在南宋之季，此三本皆有索隱而無正義，明嘉靖四年莆田柯維熊校本，始合索隱正義為一書，前有費懋中序，稱陝西翻宋本無正義。江西白鹿本有正義，是柯本出於白鹿本矣。同時震澤王氏亦有翻宋本，大約與柯本不異。史記、索隱、正義，皆各自為書，不與本書比附。宋南渡後，始有合索隱於史記者，刱自蜀本，繼有桐川、三山兩本。皆在淳熙以前。其時正義猶單行也。白鹿本未審刻於何年，以意揆之，必在淳熙以後，蓋以索隱為主，而正義輔之，凡正義之文與索隱同者，悉從刪汰，自是正義無單行本，而守節之元文不可攷矣。〔註8〕

並論宋槧本云：

今人重宋槧本書，謂必無差誤，卻不盡然。陸放翁跋歷代陵名云：近世士大夫，所至喜刻書版，而略不校讐，錯本書散滿天下，更誤學者，不如不刻之愈也。是南宋初刻本已不能無誤矣，張淏儀禮識誤，岳珂九經三傳沿革例，所舉各本異同甚多，善讀者當擇而取之，若偶據一本，信以為必不可易，此書估之議論，轉為大方所笑者也。

蘇子瞻云，近世人輕以意改書，鄙淺之人，好惡多同，故從而和之者眾，自予少時，見前輩皆不敢輕改書，故蜀本大字書皆善本。

予向見宋槧本，有避瓄字，注從亩以旦於下，未審其故。項見岳倦

〔註7〕《養新錄》卷六，論漢書景祐本，頁314～315。
〔註8〕《養新錄》卷十三，論史記宋元本條，頁676～677。

> 翁愧郯錄有一條云：紹興文書，令廟諱舊諱正字皆避之，故哲宗孝
> 宗之舊諱單字者三，皆著令改避，唯欽宗舊諱二字，一則從六從回
> 從旦，一則從火從亘，今皆用之不疑，乃知亶字迴避，由於欽宗舊
> 諱，但倦翁著此書，在嘉定甲寅，其時尚未避亶炬二字，不知何時
> 著令，何人陳奏也。〔註9〕

皆顯示大昕對板本認識之深度，而《潛研堂文集・跋玉峰志》云：「徧覽近代
藏書家目錄，均未之及。」〔註10〕元程文憲公集，〔註11〕大昕訪之廿年而未
獲，其後始得之於西吳書估舟中。他如〈跋文淵閣書目〉、〈跋道藏闕經目錄〉、
〈跋諸史藝文志〉，〈跋經籍志〉……等。目錄學之超卓可見。由博而專，由
博返約，於板本之講求，有以見之矣。故大昕能為通儒誠非倖致也。

2. 明　道

陽明之學，盛於明季，然其末流，大違本旨，講學之風日盛，學者束書不
觀，空談性命之旨，游談無根，罔問國計民生，棄國家民族於不顧，顧炎武曰：

> 昔劉石亂華，本於清談之流禍，人人知之，孰知今日之清談，有甚
> 於前代者。昔之清談談老莊，今之清談談孔孟，未得其精，而已遺
> 其粗，未究其本，而先辭其末，不習六藝之文，不考百王之典，不
> 綜當代之務，舉夫子論學論政之大端，一切不問，而曰一貫，曰無
> 言，以明心見性之空言，代修己治人之實學，股肱惰而萬事荒，爪
> 牙亡而四國亂，神州蕩覆，宗社丘墟……今之君子，得不有媿乎其
> 言。〔註12〕

炎武思振民族人心於既亡，主經世實用之道，倡「舍經學無理學之說」，以「君
子之學以明道也，以救世也」，大昕論學大旨，固與顧氏相同，並將此理推展。
大昕認為道在六經之中，不能捨經以談道，嘗曰：

> 六經者，聖人之言。〔註13〕

又曰：

> 易書詩禮春秋，聖人所以經緯天地者也。〔註14〕

〔註9〕《養新錄》卷十九，論宋槧本條，頁965～966。
〔註10〕《文集》卷二十九，頁458。
〔註11〕〈跋雪樓集〉，《文集》卷廿九，頁486。
〔註12〕《日知錄》卷七：夫子之言性與天道條，頁196。
〔註13〕〈臧玉林經義雜識序〉，《文集》卷廿四，頁348。
〔註14〕〈抱經樓記〉，《文集》卷廿一。

道既在六經，然則欲求聖人之道者，固舍六經而未由也，大昕云：

> （秦蕙田）以經術爲後學宗，嘗言：儒者舍經以談道，非道也，離
> 經以求學，非學也，故以窮經爲主，而不居講學之名。〔註15〕
> 先聖之蘊，具於六經，舍六經安有學者？〔註16〕

然去古既遠，人事變遷，故千載以下之讀書人，欲識往昔聖人制作之旨，戛
戛乎難也，東原曰：

> 士生千載後，求道於典章制度，而遺文垂絕，今古懸隔，時之相去，
> 殆無異地之相遠，僅僅賴夫經師故訓乃通，無異譯言以爲之傳導也
> 者。〔註17〕

又曰：

> 今之去古既遠，聖人之道在六經也。當其時，不過據夫共聞習知，
> 以闡幽而表微，然其名義，制度，自千百世，下遙溯之，至於莫之
> 能通。〔註18〕

經既難明，而通經又爲明道唯一途徑，故大昕標舉「窮經者必通訓詁，訓詁
明而後知義理之趣」，〔註19〕有文字而後有詁訓，有詁訓而後有義理，〔註20〕
以小學爲通經明道之途，建立完密之治學系統。

3. 致 用

有清一代承明學之後，經世致用之教大興，明末清初諸遺老，有感於理
學家之空談心理，無當於事，故莫不以此道倡，黃梨洲曰：

> 儒者之學經天緯地，而後世乃以語錄爲究竟，僅附答問一二條於伊洛
> 門下，便廁儒者之列，假其名以欺世。治財賦者則目爲聚歛，開闔扞
> 邊者則目爲粗材，讀書作文者，則目爲玩物喪志，留下政事者，則目
> 爲俗吏，徒以生民立極，天地立心，萬世開太平之闊論鈐束天下，一
> 旦有大夫之憂，當報國之日則蒙然張口，如坐雲霧，世道以是潦倒泥
> 腐，遂使尚論者以爲立功業別是法門，而非儒者之所與也。〔註21〕

〔註15〕 〈秦文恭公墓誌銘〉，《文集》卷四二，頁 658。
〔註16〕 〈味經窩類薰序〉，《文集》卷廿六，頁 383。
〔註17〕 〈古經解鉤沈序〉，《通藝錄》卷十。
〔註18〕 〈鳳儀書院碑〉，《通藝錄》卷十一。
〔註19〕 〈左氏傳古注輯存序〉，《文集》卷廿四，頁 344。
〔註20〕 〈經籍纂詁序〉，《文集》卷廿四，頁 349。
〔註21〕 《南雷文定後集》卷三。

亭林亦曰：

> 凡文之不關於六經之旨，當世之務者，一切不爲。〔註22〕

又曰：

> 君子之爲學以明道也，以救世也，徒以詩文而已，所謂雕蟲篆刻，
> 亦何益哉。〔註23〕

此皆有感於明之亡國，實由迂儒之誤，而經世致用之說，遂爲明末清初學術之主流，乾嘉以降，此說之方向雖受環境之影響而稍偏，群趨於考証一途，然利民淑世之思想，猶有存者。而錢大昕之學術雖由校勘至考據，然其境界，非當僅此。蓋欲由此而通經明道，終而經世致用。立言是用以經世，而立言之先，必以學行爲本，學指博學於文，行指行已有恥，故博學與有恥乃係大昕經世之兩大基礎；知恥則不妄爲，即可成砥行礪節者。博學則能會通群籍，考論古今。識見高遠，即能明道以救世。

大昕曰：

> 易、書、詩、禮、春秋，聖人所以經緯天地者也，上之可以淑世，
> 次之可以治身，於道無所不通，於義茶所不該，宣尼之言曰：君子
> 博學於文。顏子述夫子之善誘則曰：博我以文。子思子作中庸曰：
> 博學之，審問之。孟子之書曰：博學而詳說之，夫聖人刪定六經以
> 垂教萬世，未嘗不慮學者之雜而多岐也，而必以博學爲先，然則空
> 疏之學不可以傳經也審矣。凌雲之臺非一木所造，文繡之衣非一絲
> 所成。好古敏求，多聞擇善……。〔註24〕

此所謂經緯天地，上以淑世，次以治身，此始爲治經宗旨，非以學漢儒說經爲治經宗旨也。大昕曰：

> 孔子論成人，則取公綽之不欲，論士。則云行已有恥。廉恥與禮義
> 本同一源，而必別而言之者，以行事驗之，而決其有不同也。知禮
> 則不妄動，知義則不妄交，知廉則不妄取，知恥則不妄爲，古人尚
> 實事，而不尚空言，故覘國者以四維爲先，人有土田，女反有之，
> 是不廉也，巧言如簧，顏之厚矣，是無恥也。〔註25〕

〔註22〕〈與人書三〉，《亭林文集》卷四，頁9。
〔註23〕〈與人書二五〉，同上，頁13。
〔註24〕〈抱經樓記〉，《文集》卷二十一，頁310。
〔註25〕《養新錄》卷十八，廉恥條，頁936～937。

又曰：

> 宋鄧綰以頌王安石得官，謂其鄉人曰，笑罵從汝，好官須我爲之。
> 綰雖無恥，猶知人笑罵也。章惇召入相，人問當國何先？曰：司馬
> 光姦邪，所當先辨。小人無忌憚，曾綰之不若矣。〔註26〕

大昕一生堅守此自定之原則，而云：

> 文必本於學與行，然後爲有物之言，古人立言，皆有益於人心風俗，
> 否則讕言長語，祇足以長浮華，用以阿世則可，用以經世則未也。
> 〔註27〕

故直陳當時言經學者之失：

> 近代言經術者，守一先生之言，無所可否。其失也俗，穿鑿傅會，
> 自出新意，而不衷於古，其失也妄。唯好學則不妄，唯深思則不俗，
> 去妄與俗可以言道。〔註28〕

更直斥宋儒以下之語錄，多言性與天道。明以下之小說，專導人以惡。而關
心於教化，主通經明道致用之學。錢氏曰：

> 論語二十篇，孟子七篇，論政者過其半。當時師弟子所講求者，無
> 非持身處世，辭受取與之節。而性與天道，雖大賢猶不得而聞。儒
> 者之務實用而不尚空談如此。今讀先生是書，指陳利病，洞達古今，
> 其言要而不煩，其道簡而易行，蓋賈誼新書，崔實政論，仲長昌言
> 之亞也。若夫勦聖賢之格言，著語錄以惑世，而經史不講，先生於
> 距僞篇中，業大聲疾呼之矣。〔註29〕

又曰：

> 古有儒釋道三教，自明以來，又多一教曰小說。小說演義之書，
> 未嘗自以爲教也。而士大夫農工商賈，無不習聞之。以至兒童婦
> 女不識字者，亦皆聞而如見之。是其教，較之儒釋道而更廣也。
> 釋道猶勸人以善，小說專導人以惡。姦邪淫盜之事，儒釋道書所
> 不忍斥言者，彼必盡相窮形，津津樂道。以殺人爲好漢，以漁色
> 爲風流。喪心病狂，無所忌憚。子弟之逸居無教者多矣，又有此

〔註26〕《養新錄》卷十八，廉恥條，頁937。

〔註27〕〈邵君松阿墓誌銘〉，《文集》卷四十四，頁695。

〔註28〕〈贈邵冶南序〉，《文集》卷二十三，頁334。

〔註29〕〈世緯序〉，《文集》卷二十五，頁373。

等書以誘之，曷怪其近於禽獸乎。世人習而不察，輒怪刑獄之日繁，盜賊之日熾，豈知小說之中於人心風俗者，已非一朝一夕之故也。〔註30〕

明示爲文之旨有四，明道、經世爲其綱，方可羽翼經史，傳之後世。大昕曰：

爲文之旨有四，曰明道、曰經世、曰闡幽、曰正俗。有是四者，而後以法律約之，夫然後可以羽翼經史，而傳之天下後世。〔註31〕

故曰：

儒者之學，在乎明體以致用，詩書執禮，皆經世之言也。〔註32〕

儒者立言，當爲萬世生民慮。〔註33〕

文雖工而無裨於政治亦可以刪。〔註34〕

凡此均足以見大昕經世之用，福國利民之志。大昕於五十一歲丁父憂歸里，即不復入都供職，而不見用於世。然其家居講學三十載，作育英才，用其心力於古學，是亦用世之一途，魏源不達斯旨，而謂大昕諸人之學，錮智慧爲無用，魏氏曰：

乾隆中葉，惠棟、戴震、程瑤田、江聲、段玉裁、王念孫、錢大昕、孫星衍及臧庸兄弟爭治漢學，錮天下智慧爲無用。〔註35〕

非確言矣。

貳、治學態度

有清學者，自顧亭林而下，其學術成就大抵皆建立於廣博之基礎上，既博之後，再深入研究，於是由博而精。蓋根本博厚，則能旁推交通，立言有據，其說遂易服人，亭林云：

愚所謂聖人之道者如之何？曰：博學於文。曰：行己有恥，自一身以至於天下國家，皆學之事也。〔註36〕

夫子之文章，無非夫子之言性與天道，自身而至於家國天下，制之

〔註30〕〈正俗〉，《文集》卷十七，頁250。
〔註31〕〈與友人書〉，《文集》卷三三，頁528。
〔註32〕〈世緯序〉，《文集》卷二五，頁373。
〔註33〕〈與邱丱心書〉，《文集》卷三六，頁564。
〔註34〕〈續通志列傳總敘〉，《文集》卷十八，頁261。
〔註35〕魏源〈李兆洛傳〉。
〔註36〕〈與友人論學書〉，《亭林文集》，卷三，頁1。

爲數度，發之爲音容，莫非文也，品節斯斯之謂禮。〔註37〕

炎武爲學之目的在於明道救世，而欲明道則非考論古今，博通經史不可，其博學於文，即強調學問範圍之廣泛，而學與文亦絕非僅只讀書與文章而已。炎武教人以博學爲先，於是學者，反明人之空疏，而趨於舍華務實之途。而大昕不專治一經，不專攻一藝，實受炎武博學之教之啓示，言其治學態度，可歸之爲下列數端。

1. 以博學為先，以德性為歸。

大昕云：「文必本於學與行，然後爲有物之言。」〔註38〕立言之先，必以學行爲本，學指博學於文。又云：

> 易書詩禮春秋，聖人所以經緯天地者也，上之可以淑世，次之可以治身，於道無所不通，於義無所不該……。宣尼之言曰：君子博學於文。顏子述夫子之善誘則曰：博我以文。子思子作中庸曰：博學之、審問之。孟子之書曰：博學而詳說之。夫聖人刪定六經以垂教萬世，未嘗不慮學者之雜而多歧也，而必以博學爲先，然則空疏之學不可以傳經也審矣。凌雲之台非一木所造，文繡之衣，非一絲而成，好古敏求，多聞擇善……〔註39〕

大昕〈惠先生士奇傳〉、〈惠先生棟傳〉，每譽天牧、定宇爲博學。

> 博通六藝，九經經文，國語、戰國策、楚辭、史記、漢書、三國志，皆能闇誦。〔註40〕

> 有博通經史，學有淵源之稱。〔註41〕

其說，遠承中庸，近紹炎武，由博學於文，進而至主博學傳經矣。炎武又云：非好古而多聞，則爲空虛之學，而於東原之「學貴精不貴博，吾之學不務博」，〔註42〕謂之爲：「長於考辯」。則其論學「必以博學爲先」，燦然明矣。

學者既以博學爲先，然必繼之以愼思明辨，故大昕〈與友人書〉云：

> 宣尼四教，不越文行忠信，學問之後，繼之思辨，非徒思也。〔註43〕

〔註37〕《亭林日知錄》卷九。
〔註38〕〈邵君松阿墓誌銘〉，《文集》卷四十四，頁695。
〔註39〕〈抱經樓記〉，《文集》卷二十一，頁310。
〔註40〕〈惠先生士奇傳〉，《文集》卷三八，頁599。
〔註41〕〈惠先生棟傳〉，《文集》卷三九，頁609。
〔註42〕《戴東原文集》，頁356。
〔註43〕《日記鈔》卷三，頁104。

〈贈邵冶南序〉曰：

> 近代言經術者，守一先生之言，無所可否。其失也俗。穿鑿傅會，
> 自出新意，而不衷於古，其失也妄。唯好學則不妄，唯深思則不俗，
> 去妄與俗，可以言道。〔註44〕

通經明道，既貴乎學，尤貴能思明辨，此乃爲學者艱苦之徑也。故阮元序《養新錄》稱之謂九難，而譽大昕乃乾嘉學者能克服此九難之大儒。

大昕既自以博學標學的，然空疏之學，爲大昕所斥，大昕曰：

> 聖人刪定六經，以垂教萬世，未嘗不慮學者之雜而多歧也，而必以
> 博學爲先，然則空疏之學，不可以傳經也，審矣。〔註45〕

然博學尤貴有的，大昕曰：

> 知德性之當尊，於是有問學之功，古人之學問，將以明德性也，夫
> 以孔子大聖，猶有好古敏以求之，又曰：德之不修，學之不講，是
> 吾憂也，天下豈有遺棄學問，而別爲尊德性之功者哉。〔註46〕

捨問學而言尊德性，固爲大昕所不許。然道問學正以爲尊德性，則捨德性而言問學，更爲大昕所不許，而大昕之於朱子，尤致其佩仰之情，豈以朱子窮理致知，由博返約，於大昕之學有深契乎？大昕於〈朱文公三世象贊〉曰：

> 孔孟已遠，吾將安歸。卓哉紫陽，百世之師。主敬立誠，窮理致知，
> 由博返約，大醇無疵。山高海深，日麗星垂。浩然元氣，入人心脾，
> 慶元黨禁，守正靡移，立德不朽，斯文在茲。〔註47〕

於《養新錄》朱文公議論平實條曰：

> 文公窮理精而好學篤，故不爲過高之論，若金谿諸子，則以爲支離
> 而不足學矣。〔註48〕

是知大昕之學，主博學以爲本，而歸本乎德性也。

2. 戒詆謷之爭，實事以求是

當大昕之世，論學者已樹漢宋之壁壘，而又爲經學分門庭：「說經必詆鄭服，論學先薄程朱」。〔註49〕東原之訾詆程、朱〔註50〕實齋之貽書大昕〔註51〕

〔註44〕　《文集》卷二三，頁334。
〔註45〕　〈抱經樓記〉，《文集》卷二一，頁310。
〔註46〕　雜著一〈策問〉，《文集》卷十七，頁245。
〔註47〕　《文集》卷十七，頁243。
〔註48〕　《養新錄》卷十八，朱文公議論平實條，頁947。
〔註49〕　〈嚴久能娛親雅言序〉，《文集》卷廿五，頁375。

皆有意樹立門戶，然大昕論學，特戒詆毀之爭，去門戶之見，不主漢宋學之分野，大昕曰：

> 論學術不爲非聖悖道之言，評人物不爲黨同醜正之心。〔註52〕

又曰：

> 歐羅巴之俗，能尊其古學，而中土之儒，往往輕議古人。〔註53〕

> 今之學者，讀古人書，多訾古人之失。與今人居，亦樂稱人失，人固不能無失，然試易地以處，平心而度之，吾果無一失乎！吾求吾失且不暇，何暇論人哉？理之所在，各是其所是，各非其所非，世無孔子，誰能定是非之眞。〔註54〕

非聖悖道輕議古人，特出於門戶之私，故於〈嚴久能娛親雅言序〉云：

> 今海內文人學士，窮年累月，肆力於鉛槧，孰不欲托以不朽，而每若有不敢必者。予謂可以兩言決之，曰：多讀書、善讀書而已矣。胸無萬卷書，臆決唱聲，自夸心得，縱其筆鋒，亦足取快一時。而溝澮之盈，洇可立待，此固難以入作者之林矣。亦有涉獵今古，聞見奧博，而性情偏僻，喜與前哲相齟齬，說經必詆鄭服，論學先薄程、朱。雖一孔之明，非無可取，而其強詞以求勝者，特出於門戶之私，未可謂之善讀書也。〔註55〕

〈跋論衡〉云：

> 以予觀之，殆所謂小人而無忌憚者乎？觀其問孔之篇，揣摭之聖，自紀之作，訾毀先人。〔註56〕

學派之異，門戶之見，始於朱陸鵝湖之會，逮乎有明，更以聲氣標榜之故，流於意氣之爭，妄議古人，輕薄當代，不能歸乎雅正。大昕以此輕之，而謂

〔註50〕 《文史通義》，朱陸篇書後，引自錢賓四先生《中國近三百年學術史》（頁333），戴之踐履，遠遜宋人。……戴氏筆之於書，多精深謹嚴，至騰之於口，則醜詈程朱，詆侮董韓，自許孟子後之一人，可謂無忌憚矣。其身既死，誦戴遺書而得其解者，尚未有人，聽戴口說而益其疾者，方興未已。以僕所聞，一時通人，表表人望者，有謂異日戴氏學昌，斥朱子如拉朽者矣。

〔註51〕 《章氏遺書》，〈上錢辛楣宮詹書〉。

〔註52〕 《養新錄》卷十八，「文字不苟作」條，頁968。

〔註53〕 〈贈談階平序〉，《文集》卷二三，頁336。

〔註54〕 〈奕喻〉，《文集》卷十七，頁255。

〔註55〕 《文集》卷廿五，頁374～375。

〔註56〕 《文集》卷廿七，頁420。

好詆毀者，必非忠信篤敬之士，大昕曰：

> 大抵好詆毀人者，必非忠信篤敬之士，於古人且不能容，況能容同
> 時之善士乎。〔註57〕

故大昕未敢訾譭古人，大昕曰：

> 自王子師詆子長爲謗史，宋元明儒者，訾議尤多，僕從未敢隨聲附
> 和，蓋讀古人書，誠愛古人，而欲尋其用意之所在，不肯執單詞以
> 周內文致也。〔註58〕

而謂廷珍糾謬詆譭新史，乃非忠厚長者，大昕曰：

> 新史舛謬固多，廷珍所糾，非無可采，但其沾沾自喜，祇欲快其胸
> 臆，則非忠厚長者之道。〔註59〕

觀上所引，可見大昕爲學，不欲輕肆詆毀菲薄前人，亦不欲有門戶出入主奴
之私見，故于漢儒王充、宋儒安石詆毀先儒，特致詬病。大昕曰：

> 論衡八十五篇，作于漢永平間。自蔡伯喈，王景興，葛稚川之徒皆
> 重其書。以予觀之，殆所謂小人而無忌憚者乎？觀其問孔之篇，掎
> 摭至聖自紀之作，訾譭先人，既已身蹈不韙，而宣漢恢國諸作，諛
> 而無實，亦爲公正所嗤。其尤紕繆者，謂國之存亡，在期之長短，
> 不在政之得失，世治非賢聖之功，衰亂非無道之致，賢君之立，偶
> 在當治之世，無道之君，偶生於當亂之時，善惡之證，不在禍福。
> 嗚呼，何其悖也。後世誤國之臣，是今而非古，動謂天變不足畏，
> 詩書不足信，先王之政不足法，其端蓋自充啓之，小人哉。〔註60〕
>
> 王安石以意説經，詆毀先儒，略無忌憚。而輕薄之徒，聞風效尤，
> 競爲詭異之解，如孫奕説詩，黽勉，以黽爲蛙。説論語老彭，以彭
> 爲旁。羅璧謂公羊穀梁皆姜姓，眞可入笑林矣。〔註61〕
>
> 魏晉人言老莊，清談也，宋明人言心性，亦清談也。孔子言吾道一
> 以貫之，忠恕而已矣。孟子言良知良能，孝弟而已矣。故曰，道不
> 遠人。後之言道者，以孝弟忠信爲淺近，而馳心於空虛窈遠之地，

〔註57〕　《養新錄》卷十六，曾王晚年異趣條，頁890。
〔註58〕　〈與梁曜北論史記書〉，《文集》卷三四，頁544。
〔註59〕　〈跋新唐書糾謬〉，《文集》卷二八，頁428～429。
〔註60〕　〈跋論衡〉，《文集》卷二七，頁420。
〔註61〕　《養新錄》卷十八，宋儒經學條，頁949。

與晉人清談奚以異哉。王安石之新經義，亦清談也。神京陸沉，其
禍與晉等。趙鼎言，安石以虛無之學敗壞人才。今人但知新法之害
百姓，不知經義取士之害士習。〔註62〕

而以安石好非議古人，乃其心術不正也：

安石心術不正，即在好非議古人。〔註63〕

王充之訾毀前聖，安石之非議古人，有背儒家忠恕之旨，爲大昕所不容。大
昕論學雖不喜立門戶，啓詆爭，然亦非爲鄉愿無是非之謂，故曰：

學問乃千秋事，訂譌規過，非以訾毀前人，實以嘉惠後學。〔註64〕

又曰：

去其一非，或其百是，古人可作，當樂有諍友。〔註65〕

其爲答問，論語之部，申古注，辨朱子集註者，可見一斑。

觀上所述，不讀書而鑿空師心，爲大昕所深斥。而好立門戶，大昕又謂
之不善讀書，特於濂溪、二程、張、朱，尤致推許：

濂溪氏之言曰：實勝，善也。文勝，恥也。儒者讀易、詩、書、
春秋之文，當主孝弟忠信之行。文與行兼修，故文爲至文，行爲
善行。處爲名儒，出爲良輔。程、張、朱，皆以文詞登科，唯行
足以副其文，乃無媿乎大儒之名。……。聖賢施教，未有不以崇
實爲先。〔註66〕

以濂溪、二程、張、朱爲能崇實學，故無媿于名大儒，則曷嘗有菲薄宋儒道
學之見存其心中乎？惟大昕不喜《宋史》於〈儒林〉外，別標〈道學傳〉之
名，特爲文爭辨。大昕曰：

自史遷以經師相授受者爲儒林傳，而史家因之。洎宋洛閩諸大儒，
講明性道，自謂直接孔孟之傳。嗣後儒分爲二，有說經之儒，有講
學之儒。宋史乃刱爲道學傳，列於儒林之前，以尊周、二程、張、
邵、朱六子，而程朱之門人附見焉。去取予奪之例，可謂嚴矣。愚
讀之而不能無疑。……。以爲周、程、張、朱五子，宜合爲一傳，
而於論贊中著其直接聖賢之宗旨，不必別之曰道學也。自五子而外，

〔註62〕《養新錄》卷十八，清談條，頁967。
〔註63〕同上，頁949。
〔註64〕〈答王西莊書〉，《文集》卷卅五，頁554。
〔註65〕同上。
〔註66〕〈崇實書院記〉，《文集》卷廿，頁288。

則入之儒林可矣。若是則五子之學尊，而五子之道乃愈尊。五子不
必辭儒之名，而諸儒自不得並於五子。〔註67〕

非反對周、程、張、朱之創爲道學也。故曰「五子之學尊，而五子之道乃愈
尊」，又曰：「諸儒自不得並於五子」，其軒輊顯然矣。而曰：

史家之例，以列傳爲重，其列於儒林文苑者，皆其次焉者也。元人
不通史法，乃特刱道學之名，欲以尊異程朱諸人。後來無可充道學
者，而無識之輩，競以儒林爲榮。……愚意當循胡袁二志之例總題
之曰人物，但以時代爲次，不分優劣，既遵古式，又息爭端。〔註68〕

不僅欲廢道學之名，並亦主去儒林之目，皆不主漢宋門戶之証也。錢穆於〈錢
竹汀學述〉一文云：

余讀十駕齋養新錄，有一條云：朱文公與陳同甫書云：「欲賢者百尺
竿頭，進取一步，不作三代以下人物，省得氣力爲漢唐分疏，即更
脫灑磊落。」此條僅錄朱子語，更不自下一辭。竊意在當時，漢宋
門戶意氣已一時坌起，竹汀孤懷獨抱，明照炯然，既不願與時人競
肆辨詰，亦不願爲古人一一分疏，誠所謂省得氣力，脫灑磊落。朱
子此言，在竹汀必有所感慨，故備錄之，而更不自著一語，則尤值
後人讀其書者之神往也。〔註69〕

大昕洵可謂一特立獨出者矣。阮氏序大昕養新錄，特舉難易之辨，而不分漢
宋，特指其流弊始於元儒，此即據大昕之言以爲言也。

大昕之是非古今，不在立異鳴高，指疵抉瑕，在以見美規過，於是方能
得古人之情。以古人之心，持論執中，實事求是，能得是非之正矣。大昕自
序《廿二史攷異》一文云：

夫史之難讀久矣。司馬溫公撰資治通鑑成，惟王勝之借一讀，他人讀
未盡十紙，已欠伸思睡矣。況二十二家之書，文字煩多，義例紛糾，
輿地則今昔異名，僑置殊所，職官則沿革迭代，冗要逐時，欲其條理
貫串，瞭如指掌，良非易事。以予備劣，敢云有得？但涉獵既久，啓
悟遂多，著之鉛槧，賢於博奕云爾。且夫史非一家之書，實千載之書，
袪其疑，乃能堅其信，指其瑕，益以見其美，拾遺規過，匪爲齮齕前

〔註67〕〈跋宋史〉，《文集》卷廿八，頁433〜434。
〔註68〕〈鄞縣志局與同事書〉，《文集》卷卅五，頁553。
〔註69〕《故宮文獻》二卷二期。

人，實以開導後學。而世之考古者，拾班范之一言，摘沈、蕭之數簡，兼有竹素爛脫，豕虎傳譌，易「斗分」作「升分」，更「昄」爲「白芨」，乃出校書之陋，本非作者之譽，而皆文致小疵，目爲大創，馳騁筆墨，夸曜凡庸，予所不能效也。更有空疏措大，輒以褒貶自在，強作聰明，妄生疻痏，不卜年代，不揆時勢，強人以所難行，責人以所難受，陳義甚高，居心過刻，予尤不敢效也。桑榆景迫，學殖無成，惟有實事求是，護惜古人之苦心，可與海內共白，自知爇燭之光，必多蟀漏，所冀有道君子，理而董之。〔註70〕

此不僅爲考異之序文，亦可視爲大昕治學態度之重要表示。《養新錄》云：

朱文公云：近日學者，病在好高，論語未問學而時習，便説一貫。孟子未言梁惠王問利，便説盡心。易未看六十四卦，便讀繫辭。此皆躐等之病。又云：聖賢議論，本是平易，今推之使高，鑿之使深。〔註71〕

又曰：

文公窮理精而學篤，故不爲過高之論，若金谿諸子，則以爲支離而不足學矣。〔註72〕

對朱子極爲推服，以其「窮理精而好學篤，不爲過高之論」，大昕論學亦以平易、平實，而不願推之使高，鑿之使深，〈與程秀才書〉云：

古之聖賢，求易於人事，故多憂患戒懼之詞。後之儒者，求易於空虛，故多高深窈妙之論，聖人觀易，不過辭變象占四者，今舍象占而求卦畫，又舍卦畫而求畫前之易，欲以駕文王、孔子之上，自謂得千聖不傳之祕，由是自處之高，自信至深，謂己之必無過，且患人之言其過，辯論滋多，義理益昧，豈易之教固若是乎。〔註73〕

劉師培云：「嘉定三錢，于地輿天算，各擅專長，博極羣書，于一言一事，必求其徵」，〔註74〕足見大昕論學，主持論執中，實事求是，不願推之使高，鑿之使深，其早年即已確定此一目標。《年譜》乾隆十年乙丑年十八歲條云：

始授徒塢城顧氏，其家頗藏書，案頭有資治通鑑及不全二十一史，

〔註70〕《文集》卷二十四，頁362。
〔註71〕《養新錄》卷十八，朱文公議論平實條，頁946～947。
〔註72〕同上。
〔註73〕《文集》卷卅六，頁566。
〔註74〕〈近代漢學變遷論〉。

晨夕披覽，始有尚論千古之志。讀東坡戲作賈梁道詩，輒援晉書以糾其失。中年見浙中新刊查注蘇詩，已先我言之，然居士年未弱冠，考據已有與前輩暗合者矣。〔註75〕

廿五歲入都，始專研古今推步之理，廿七歲爲秦蕙田修纂《五禮通考》，識戴東原。三十歲，公事之暇，入琉璃廠書市，廣購典籍及金石文字，實事求是方針，益確切不移，於〈王彙英家藏古錢歌〉詩云：

平生最嗜金石刻，鐘鼎款識窮爬搔。〔註76〕

〈己丑徐夕疊前韻〉詩云：

矻矻窮年爲甚忙，文章報國意難忘，遺經獨抱眞奇貨，破硯重磨當狹鄉。壯不如人思炳燭，行求無悔怕探湯，開春欲到琉璃廠，購取奇書滿一囊。〔註77〕

此皆其實踐實事求是之方針；又《養新錄》晉率善俊印條：

海鹽黃錫蕃椒升，得古銅印，駝紐，文曰晉率善俊伯長，訪諸摹印家，莫知俊爲何義。昨訪予吳門，以此印出示，予謂俊必南蠻部族之稱。攷後漢書板楯蠻傳，殺人者得以俊錢贖之。章懷注：引何承天纂文云：俊，蠻夷贖罪貨也。予謂錢已是貨，何必更言俊。據下文云：七姓不輸租賦，餘戶歲入賨錢口四十，則賨與俊皆蠻部落之號，徵賨錢以代租賦，徵俊錢以贖罪，其義一也。章懷以俊爲贖貨之名，蓋失其旨，得此印証之，益明白矣。〔註78〕

大昕直指章懷注後漢書之誤，並見大昕實事求是之精神。

　　大昕論學，一本於人事與義理，不以漢宋爲疆界，而貴乎持其中得其源，嘗稱方正學云：

予獨愛其論人之患，莫過於自高，莫甚於自狹，莫難於不得其源三語。……先生之學之源，正以未嘗自高，而所得益深也。世徒見其舍身取義，浩然與日星河嶽爭光，而不知至大至剛之氣，直養無害，如水之有源，自在流出。非有所矯強憤激而爲之，斯爲聖賢素位之學。〔註79〕

〔註75〕《錢辛楣先生年譜》，頁 5。
〔註76〕《詩集》卷九，頁 147。
〔註77〕《詩集》卷十，頁 160。
〔註78〕《養新錄》卷十五，頁 795。
〔註79〕〈跋方正學溪喻草藁摹本〉，《文集》卷卅二，頁 507。

此蓋大昕論學之夫子自道。勿自高，勿自狹，貴乎持其中，得其源，評班史〈古今人表〉云：

> 此表爲後人詬病久矣。予獨愛其表章正學，有功名教，識見夐非尋常所能及。觀其列孔子於上聖，顏閔子思孟荀於大賢，孔氏弟子列上等者三十餘人。而老墨莊列諸家降居中等，論語廿篇中人物，悉著於表，而他書則有去取。後儒尊信論語，其端實啓於此。……古賢具此特識，故能卓然爲史家之宗，徒以文章雄跨百代推之，猶淺之爲丈夫矣。〔註80〕

此則實事求是之外，兼主學貴識斷，顯然以表章正學，有功名教自任矣。

大昕極不喜望溪，謂方氏所得者，古文之糟粕，非古文之神理。譏望溪以時文爲古文，〔註81〕然於方氏所推尊之歸有光，則亦所佩服。大昕云：

> 震川歸先生之文，近代之韓歐陽也。〔註82〕

此其持論執中，實事求是之意，於此亦見一斑。故以之論文，論詩，必本義理性情，不爲好異詭怪之論，大昕序《半樹齋文稿》云：

> 讀書談道之士，以經史爲菑畬，以義理爲溉灌，胸次灑然，天機浩然，有不能已於言者，而後假於筆以傳。多或千言，少或寸幅，其言不越日用之恒，其理不違聖賢之旨，詞雖今，猶古也。文之古，不古於襲古人之面目，而古於得古人之性情。性情之不古若，微獨貌爲秦漢者非古文，即貌爲歐曾，亦非古文也。〔註83〕

而序《春草堂詩集》云：

> 詩有四長，曰才、曰學、曰識、曰情。放筆千言，掃灑自如，詩之才也。含經咀史，無一字無來歷。詩之學也，轉益多師，滌淫哇而遠鄙俗，詩之識也。境往神留，語近意深，詩之情也。方其人心有感，天籟自鳴，雖村謠里諺，非無一篇一句之可傳，而不登大雅之堂者，無學識以濟之也。亦有胸羅萬卷，采色富贍，而外強中乾，讀未終篇，索然意盡者，無情以宰之也。有才而無情，不可謂之眞才。有才情而無學識，不可謂之大才。尚稽千古，兼斯四者，代難

〔註80〕 〈跋漢書古今人表〉，《文集》卷二八，頁 424。
〔註81〕 〈錢竹汀學述〉，《故宮文獻》第二卷第二期，頁 9。
〔註82〕 〈歸震川先生年譜序〉，《文集》卷廿六，頁 394。
〔註83〕 〈半樹齋文稿序〉，同上，頁 391。

其人。〔註84〕

又曰：

> 得古人之情性，而不襲其面目，兼古人之門徑，而不局於方隅，此
> 真才人也，此大才人也。〔註85〕

於〈李南澗詩集序〉云：

> 予不喜作詩，尤不喜序人之詩，以為詩者志也。非意所欲言而強而為
> 之，妄也。不知其人志趣所在，而強為之辭，贅也。韓子之言曰：物
> 不得其平則鳴，吾謂鳴者，出於天性之自然。金石絲竹匏土革木，鳴
> 之善者，非有所不平也。歐陽子之言曰：詩外能窮人，殆窮者而後工，
> 吾謂詩之最工者，周文公、召康公、尹吉甫、衛武公，皆未嘗窮，晉
> 之陶淵明，窮矣，而詩不常自言其窮，乃其所以愈工也。〔註86〕

〈甌北集序〉云：

> 昔嚴浪之論詩，謂詩有別材，非關乎學。詩有別趣，非關乎理。而秀
> 水朱氏譏之云：詩篇雖小技，其原本經史，必也萬卷儲，始足供驅使。
> 二家之論，幾乎枘鑿不相入。予謂皆知其一而未知其二者也。滄浪比
> 詩於禪，沾沾於流派，較其異同，詩家門戶之別，實啟於此。究其所
> 謂別材別趣者，只是依牆傍壁，初非真性情所寓，而轉蹈於空疎不學
> 之習。一篇一聯，時復斐然。及取其全集讀之，則索然盡矣。秀水謂
> 詩必原本經史，固合於子美讀書萬卷，下筆有神之旨，然使無真材逸
> 趣以驅使之，則藻采雖繁，臭味不屬，又何以解祭魚點鬼，疻駱駝。
> 掉書袋之誚乎。夫唯有絕人之才，有過人之趣，有兼人之學，乃能奄
> 有古人之長，而不襲古人之貌，然後可以自成為一大家。〔註87〕

以之論人特所謹慎。論康成云：

> 經術莫盛於漢。北海鄭君，兼通六藝，集諸家之大成，刪裁緐蕪，
> 刊改漏失，俾百世窮經之士，有所折衷，厥功偉矣。……慈明委蛇
> 臺司，未有匡時之效，史家雖曲為申釋，視北海之確乎不拔者，相
> 去遠矣。有濟世之略，而審時藏器，合於無道則隱之正，此大儒出

〔註84〕〈春星草堂詩集序〉，同上，頁389。
〔註85〕同上，頁396。
〔註86〕〈李南澗詩集序〉，同上，頁386。
〔註87〕同上，頁387。

處所由異乎逸民者流與！〔註88〕

大昕際此有漢宋門戶之乾嘉時代，能超然物外，本「忠厚長者」之道，〔註89〕既不「與古人爭名」，亦不「與今人爭名」，議論自然公正。論學術勿爲非聖悖道之言，評人物勿爲黨同守正之言，〔註90〕誠乃乾嘉學者所不可及也。

3. 尊古而不昧，論今而得真。

亭林嘗謂：「君子之爲學，以明道也，以救世也」。〔註91〕大昕畢生治學，亦兢兢於斯。而聖人之道存於六經，欲明道必於六經中求之，大昕云：

> （秦蕙田）以經術爲後學宗。嘗言：儒者舍經以談道，非道也；離經以求學，非學也，故以窮經爲主，而不居講學之名。〔註92〕

有外是而求者，則支離而失其宗：

> 窮經者必通訓詁，訓詁明而後知義理之趣。後儒不知訓詁，欲以鄉壁虛造之說求義理所在，夫是以支離而失其宗。〔註93〕

大昕所謂之訓詁，是指漢代經師之訓詁，非漢以後儒生之訓詁，所謂義理，非六經以外穿鑿傅會空虛玄妙之義理。嘗云：

> 有文字而後有詁訓，有詁訓而後有義理。詁訓者，義理之所由出，非別有義理出乎詁訓之外者也。漢儒說經，遵守家法，詁訓傳箋，不失先民之旨。自晉代尚空虛，宋賢喜頓悟，笑學問爲支離，棄注疏爲糟粕，談經之家，師心自用，古訓之不講，其貽害於聖經甚矣。儀徵阮公，以經術爲多士倡，謂治經必通訓詁，而載籍極博而未有會最成一編者。往歲戴東原在書局實刱此義。此書出而窮經之彥，焯然有所遵循，鄉壁虛造之輩，不得勝其說以衒世學術正而士習端，其必由是矣。小學云乎哉。〔註94〕

故大昕治經，在宗漢儒，於〈左氏傳古注輯存序〉：

> 漢之經師，其訓詁皆有家法，以其去聖人未遠。魏晉而降，儒生好異求新，注解日多，而經益晦，輔嗣之易，元凱之春秋，皆疏於訓

〔註88〕〈鄭康成年譜序〉，《文集》卷廿六，頁394。
〔註89〕〈跋新唐書糾繆〉，《文集》卷二十八，頁429。
〔註90〕《養新錄》卷十八，文字不苟作條，頁968。
〔註91〕〈與人書廿五〉，《亭林文集》卷四，頁103。
〔註92〕〈秦文恭公墓誌銘〉，《文集》卷四二，頁658。
〔註93〕〈左氏傳古注輯存序〉，《文集》卷廿四，頁344。
〔註94〕〈經籍纂詁序〉，《潛研堂文集》卷廿四，頁349。

詁，而後世盛行之，古學之不講久矣！〔註95〕

其宗漢儒之由，以漢儒去古未遠，訓詁皆有家法，非如後儒之支離。其尊古可由下例見之：

> 問渙群之義，曰：呂氏春秋嘗引斯爻而說之曰：渙者，賢也。羣者，眾也。元者，吉之始也。渙其群元吉者，其佐多賢也。呂氏去古未遠，傳授當有所自。〔註96〕

而于〈儀禮管見序〉云：

> 至元吳興敖君善出……雖云採先儒之言，其實自注疏而外，皆自逞私意，非有所依據，然自敖氏之說興，綴學者厭注之繁，而樂其易曉，往往舍古訓而從之……。〔註97〕

深不以敖君自逞私意為然，而力為辭闢，大昕云：

> 夫經與注，相輔而行，破注者，荒經之漸也，敖書今雖未大行，然實事求是之儒少，而喜新趨便之士多，不亟辭而闢之，恐有視鄭學為可取而代者……。〔註98〕

故其為惠氏作傳，極譽惠氏之世守古學，大昕云：

> 宋元以來，說經之書，盈屋充棟，高者蔑棄古訓，自誇心得，下者勦襲人言，以為己有。儒林之名，徒為空疏藏拙之地。獨惠氏世守古學，而先生所得尤深，擬諸漢儒，當在何邵公服子慎之間，馬融、趙歧輩，不能及也。〔註99〕

惟惠氏治學，凡古皆眞，凡漢皆好，不問眞不眞，惟問漢不漢。王引之嘗曰：「惠定宇先生考古雖勤，而識不高，心不細，見異於今者，則從之，大都不論是非。」〔註100〕梁啓超謂：「此派在清代學術界，功罪參半，篤守家法，令所謂漢學者，壁壘森固，旗幟鮮明，此其功也。膠固盲從褊狹，好排斥異己，以致啓蒙時代之懷疑的精神，批評的態度，幾天闕焉。」〔註101〕焦循亦對彼時自命漢學者之褊狹，深致不滿，嘗曰：「據守者信古最深，謂傳注之言，堅確不易，不求於心，

〔註95〕《文集》卷二四，頁344。
〔註96〕答問一〈易〉，《文集》卷四，頁51。
〔註97〕《文集》卷廿四，頁346。
〔註98〕同上，頁347。
〔註99〕《文集》卷卅九，〈惠先生棟傳〉，頁615。
〔註100〕《焦氏叢書》卷首，王伯申手札。
〔註101〕《清代學術概論》十，頁55。

固守其說，一字句不敢議，絕浮游之空論，衛古學之遺傳，其弊也，踽踽狹隘，曲爲之原，守古人之言，而失古人之心。」〔註102〕

是有以見惠氏之失矣。然大昕之學富實事求是之精神，苟漢儒之說，有疑問，亦不予深信，是乃尊古而不昧古也，〈臧玉林經義雜識序〉云：

三代以前，文字、聲音與訓詁相通，漢儒尤能識之，以古爲師，師其是而已矣，夫豈陋今榮古，異趣以相高哉。〔註103〕

〈答問〉亦曰：「後儒之說勝於古，從其勝者，不必強從古可也，一儒之說，而先後異，從其是焉者可也。」〔註104〕

又舉宋儒孫明復通經貴在能復三古之治，貴在能自有心得，非僅憑於注疏之墨守，大昕云：

予謂先生立言，主乎明道。當宋盛時，談經者墨守注疏，有記誦而無心得。有志之士，若歐陽氏，二蘇氏、王氏、二程氏，各出新意解經，斬以矯學究專已守殘之陋，而先生實倡之，觀其上范天章書，欲召天下鴻儒碩老，識見出王、韓、左、穀、公、杜、何、毛、范、鄭、孔之右者，重爲注解。俾六經廓然瑩然，如揭日月，以復虞、夏、商、周之治，其意氣可謂壯哉，元明以來學者，空談名理，不復從事訓詁，制度象數，張口茫如，則又以能習注疏者爲通儒矣。夫訓詁名理二者，不可得兼，然能爲於舉世不爲之日者，其人必豪傑之士也。〔註105〕

大昕於經學尊崇漢儒，於史學亦相信較古之記載，其〈秦四十郡辨〉一文，〔註106〕最足表明此種精神。

而大昕不昧古、不墨守，此可於〈答王西莊書〉中見之，其言曰：

得手教，以所撰述於崑山顧氏，秀水朱氏，德清胡氏，長洲何氏間有駁正，恐觀者以試訶前哲爲咎，愚以爲學問乃千秋事，訂譌規過，非以訾毀前人，實以嘉惠後學，但議論須平允，詞氣須謙和，一事之失，無妨全體之善，不可效宋儒所云，一有差失，則餘無足觀耳，鄭康成以祭公爲葉公，不害其爲大儒。司馬子長以

〔註102〕焦循《雕菰集》卷八，辨學，頁109。
〔註103〕《文集》卷二四，頁348。
〔註104〕〈答問六〉，《文集》卷九，頁107。
〔註105〕〈重刻孫明復小集序〉，《文集》卷廿六，頁380。
〔註106〕《文集》卷十六，頁224。

子產為鄭公子，不害其為良史。言之不足傳者，其得失固不足辯，
既自命為立言矣，千慮容有一失，後人或因其言而信之，其貽累
於古人者不少……且其言而誠誤耶？吾雖不言，後必有言之者，
雖欲掩之，惡得而掩之，所慮者，古人本不誤，而吾從而誤駁之，
此則無損於古人，而適以成吾之妄。王介甫、鄭漁仲輩皆坐此病，
而後來宜引以為戒也。〔註107〕

此態度甚是。蓋學問之道，後人常優於前人，若必過信古人，明知其非而不
予糾正，則學術何貴乎有後人哉？蕭一山先生云：「大昕精於史學，故能深見
及此，與經生之徒事呫嗶者，蓋有閒矣。」爰誦斯言，以終此章。

4. 聚書以達用，善本以勘實

考據學，自清初炎武首創風氣，迄於乾嘉，經百餘年之醞釀發展，遂蓬
之勃之。清代之學術界，才智之士，咸趨此途，考據學係書本之學問，外此
則難言考據。因之學者勤勤以搜訪遺書，遍訪秘籍，大昕撰〈抱經樓記〉云：
「青厓有獨抱遺經之志，而先之以聚書，可謂知所本矣。〔註108〕故乾嘉學者，
以聚書為治學之本。典衣負債，在所不惜：

周永年字書昌，濟南歷城人……先生於衣服飲食玩好一不問，但喜
買書，有賈客出入故家，得書輒歸先生，凡積五萬卷。〔註109〕

性好聚書，每入肆見異書，輒典衣取債致之，又從友朋借鈔，藏弆
數萬卷。〔註110〕

南澗好聚書，鈔書，尤過於大昕：予好聚書，而南澗鈔書之多過於
予。〔註111〕

築室三楹，顏曰歸求草堂，藏書三萬卷，金石文字三千卷……余與
侍讀交廿餘年。〔註112〕

彼等所蒐購，皆好宋元刻舊鈔，縉紳士林，佞宋秘宋之風極盛。黃丕烈得宋
刻百餘，顏其室曰百宋一廛，嚴可均南遊嶺海，北出塞垣，則訪求希有珍本

〔註107〕《文集》卷三十五，頁 553～554。
〔註108〕《文集》卷廿一，頁 310。
〔註109〕桂馥，〈周先生傳〉。
〔註110〕〈李南澗墓誌銘〉，《文集》卷四十三，頁 684。
〔註111〕同上，《文集》卷廿六，頁 386。
〔註112〕〈內閣侍讀嚴道甫傳〉，《文集》卷卅七，頁 580。

也。〔註113〕

蓋考訂古書，首須求善本，無善本之根據，縱使考證精確，毫無錯誤，而終不能使心折首肯。錢塘丁氏《善本書室藏書誌》藏書志記論善本云：

> 一曰「舊刻」，宋元遺刊，日遠日鮮，幸傳至今，固宜球圖視之。二曰「精本」，朱氏一朝，自萬曆後，欹厥固屬草草，然近溯嘉靖以前，刻本多翻宋槧，正統、成化，刻印尤精，足本孤本，所在皆是，今搜集自洪武迄嘉靖，萃其遺帙，擇其最佳者，甄別而取之。萬曆以後間附數部，要皆雕刻既工，世鮮傳本者，始行入錄。三曰「舊鈔」，前明姑蘇叢書堂吳氏，四明天一閣范氏，二家之書，半係抄本。至國朝小山堂趙氏，知不足齋鮑氏，振綺堂汪氏，多影抄宋元精本，筆墨精妙，遠過明抄，寒家所藏，將及萬卷，擇其尤異，始著於編。四曰「舊校」，校勘之學，至乾嘉而極精，出仁和盧抱經，吳縣黃蕘圃，湯湖孫星衍之手著，尤校讎精審，朱墨爛然，為藝林至寶，補脫文，正誤字，有功於後學不淺。〔註114〕

明乎此，則知善本校勘之意義而大昕亦主經史當得善本，大昕云：

> 經史當得善本，今通行南北監及汲古閣本，儀禮正文多脫簡，穀梁經傳文亦有溷錯，毛詩往往以釋文混入鄭箋。周禮、儀禮亦有釋文混入注者，禮記則禮器坊記中庸大學疏，殘缺不可讀，孟子每章有趙氏章指，諸本皆闕。〔註115〕

故大昕校勘經史，每欲得善本而校之：

> 按此奏列名者，有劉豹、向舉、張裔、黃權、殷純、趙祚、楊洪、何宗、杜瓊、張爽、尹默、譙周等。而忽稱臣父，果何人之父耶？華陽國志云：「周群父未亡時，似當從之。又案，周群傳云：子巨，亦傳其術，或臣為巨之譌，而上脫周字耶？惜不得善本校之。〔註116〕
>
> 案：武峰以下諸軍，不言屯駐之所，蓋有脫文。……此卷脫漏甚多，惜無善本補之。〔註117〕

〔註113〕《鐵橋漫稿》，〈葛香士林屋藏書圖後〉。
〔註114〕丁丙輯《善本書室藏書志》六，頁2125。
〔註115〕《養新錄》卷三，經史當得善本，頁182。
〔註116〕《考異》卷十六，三國蜀先主傳：「臣父群未亡時，言西南數有黃氣，直立數丈條」。
〔註117〕《考異》卷七十二，宋史兵志，「武峰、精銳、敢勇、鎮淮、疆勇、雄勝、武

因之大昕與藏書家交往頻繁，於藏書家之收藏亦甚爲瞭解，此予大昕裨益甚鉅，跋《江雨軒集》云：

> 崑山葉文莊公，藏書之富，甲於海內，服官數十年，未嘗一日綴書。雖持節邊徼，必攜鈔胥自隨，每鈔一書成，輒用官印識於卷端，其風流好事如此。今惟菉竹堂書目，尚有鈔本流傳，而堂中圖籍，散爲雲煙久矣。予所藏江雨軒集，卷首有巡撫宣府關防，卷末有公裔孫奕苞小印，知爲菉竹堂鈔本，雖字畫潦草，卻是三百年前舊物，可寶也。〔註118〕

古刻愈稀，而嗜書者日眾，以致零篇斷葉，皆字若球琳，不惜傾重貲以購。

> 余生平喜購書，於片紙隻字，皆爲之收藏，非好奇也，蓋惜字耳，往謂古人慧命，全在文字，如遇不全本而棄之，從此無完日矣，故余於殘缺者尤加意焉。〔註119〕

購之不得，輒借抄，由下述可見其借抄之大概：

嚴可均云：

> 性好聚書，弱冠時登范氏天一閣，謝氏天賜閣，陳氏雲在樓，遇希有之本，輒借抄。〔註120〕

《日記鈔》云：

> 吾友葉林宗，篤好奇書，搜訪不遺餘力，每見案頭一帙，必假歸，躬自繕寫，篝燈命筆，夜分不休。我倆人獲得秘冊，即互相傳錄，雖昏夜叩門，兩家童子聞聲知之，好事極矣。

又云：

> 張沖之來談，借得咸淳臨安志十六本，乃從盧學士校本借鈔者。〔註121〕

〈五硯樓記〉云：

> 生平篤好文史，聚書萬卷，多宋元舊槧，及傳鈔秘本。〔註122〕

〈盧氏群書拾補序〉云：

定」條。

〔註118〕《文集》卷三十一，頁490。

〔註119〕〈陽春白雪跋〉，《菉圃藏書題識》卷十，頁1008。

〔註120〕嚴可均〈全紹衣傳〉。

〔註121〕《日記鈔》卷一，頁13。

〔註122〕《文集》卷二一，頁312。

家藏圖籍數萬卷，皆手自校勘，精審無誤，凡所校定，必參稽善本，証以他書。〔註123〕

〈抱經樓記〉云：

自少博學嗜古，尤善聚書，遇有善本，不惜重價購之，聞朋舊得異書，宛轉借鈔，晨夕讎校，搜羅三十年，得書數萬卷，爲樓以貯之……〔註124〕

〈鶴谿子墓誌銘〉云：

生平喜鈔書，所收多善本，每有新得，恆就予評泊。〔註125〕

〈嚴久能娛親雅言序〉云：

少負異才，擩染家學，所居芳茮堂，聚書數萬卷，多宋元槧。〔註126〕

藏書家亦參合有無，互爲借抄：

浙東西藏書家，若趙氏小山堂、盧氏抱經堂、汪氏振綺堂、吳氏餅花齋、孫氏壽松堂、郁氏東嘯軒、吳氏拜經樓、鄭氏二老閣、金氏桐華館，參合有無，互爲借抄。〔註127〕

購書抄書之後，繼之以校書，浸浸乎蔚爲風尚，今舉大昕據藏書校勘一二例，以明大昕廣交天下藏書家，及不斷搜求古籍之用意，《竹汀日記鈔》云：

晤袁又愷……見翻刻朱文公周易本義十二卷，前有易圖，卷末附筮儀五贊，咸淳乙丑九江吳革刊本，其雜卦傳，遘遇也，不作垢，與唐石經、岳倦翁本同，可証文公本猶未誤也，向讀咸速也，恆久也，注惟咸速恆久四字，甚疑之，讀此本，乃是感速常久，乃悟俗本之誤。〔註128〕

晤袁又愷，見宋刻朱文公詩集傳彼徂矣岐句下引沈氏說：辨徂岨二文異同甚詳，今坊本無之，蓋明人妄刪，失其舊矣，此大字木，每葉十四行，行十五字。〔註129〕

予撰漢書考異，謂哀帝紀元壽二年春正月元壽二字衍。文、景、武、

〔註123〕《文集》卷二五，頁372。
〔註124〕《文集》卷二一，頁310。
〔註125〕《文集》卷金八，頁736。
〔註126〕《文集》卷廿五，頁375。
〔註127〕朱文藻〈知不足齋叢書序〉。
〔註128〕卷一，頁14。
〔註129〕同上，頁24。

昭、宣、元、成功臣表孝成五人，成鄉當作成都，樂成下衍龍宇，百
官公卿表宵平侯張歐宵當作宣俞侯，樂賁樂當作欒，安年侯王章，年
當作平，平喜侯史中喜當作臺，廣漢太守孫實實當作寶。五行志能者
養之以福，之以當作以之。地理志逢山長谷諸水所出，諸當作渚，博
水東北至鉅定，博當作時。張良傳景駒自立爲楚假王，在陳留，陳字
衍。枚乘傳凡可讀者不二十篇，不當作百，韓安國傳：梁城安人也，
城當作成。韋賢傳：畫爲亞人當作亞。佞幸傳：龍雒思侯夫人，雒當
作頟。頃見北宋景祐本，此十數處皆與予說合。〔註130〕

其考訂之精密，何其若斯，此固由其才智之過人，學力之深厚有以致之，究
其主因，乃爲勤勤以聚書，大昕於〈跋清容居士集〉云：

勤勤以搜訪遺書爲先，可謂知本務矣。〔註131〕

無疑乃大昕自道語，亦即以聚書爲治學之本也。

參、治學方法

孔子云：「下學而上達。」下學乃治學之方法，欲求上達，必自下學，孔子
之成聖成學，自必有其方法。孔子云：「學而不思則罔，思而不學則殆」、「學而
不厭」、「學而時習之」，即其治學方法。孟子重方法，尤明顯於孔子。孟子云：
「大匠誨人，必以規矩，學者亦必以規矩」。此言教學之需方法。又云：「離婁
之明，公輸子之巧，不以規矩，不能成方員」，此言百工從事之需方法也。韓非
子云：「夫懸衡而知平，設規而知圓，萬全之道也」。〔註132〕又云：「釋規而任巧，
釋法而任智，惑亂之道也」。〔註133〕言思想治學之必需方法也，故方法爲治學致
知之起點，引導思維，規範思維，處理事實之法寶，戶坂潤云：

學問爲要研究其對象，無論如何都非根據方法不可，所謂方法，便
是到達對象之途。〔註134〕

古人之治學方法，語焉不詳，或寓於訓釋體例之中，或出於經驗之不同，方
法之有異，雖有其法，亦難以傳授。元好問云：「鴛鴦繡出從教看，莫把金針
度與人」，實有金針不能相度之深意。洎有清漢學家起，方法之精，態度之嚴，

〔註130〕《養新錄》卷六，漢書景祐本條，頁314～315。
〔註131〕《文集》卷三十一，頁487。
〔註132〕韓非子〈飾邪〉篇。
〔註133〕同上。
〔註134〕戶坂潤《科學方法論》。

致力之勤，始有精密完整之治學方法，使漢以來古籍，無不爲之琢磨整理。大昕爲乾嘉鉅子，由治經而發展出有效之治學方法，以此治學方法通用於其它史學，天文、曆算等範疇，對於整理古籍，保存古道，豈是桐城派之攻訐所可抹煞者邪？大昕之治學方法，可以下列數點述之：

1. 小學通經，訓詁立本

小學與經學，固相依而不可分，相輔以幾於成者也。蓋經義之不明，由小學之不修也。而小學本與大學對稱，《大戴記・保傳》篇云：

> 古者八歲而出就外舍，學小藝焉，履小節焉，束髮而就大學，學大藝焉，履大節焉。

盧辯注云：

> 外舍（小學）謂虎門師保之學也。大學，王宮之東者。束髮謂成童。
>
> 白虎通曰：八歲入小學，十五入大學是也。〔註135〕

後因小學所授大抵以讀音識字爲主，遂將文字，聲韻、訓詁之義歸之，班固《漢書・藝文志》云：

> 古者八歲入小學，故周官保氏，掌養國子，教之六書。〔註136〕

許愼《說文解字敍》云：

> 周禮八歲入小學，保氏教國子，先以六書。

段玉裁注云：

> 六書者，文字、聲音、義理之總匯也。〔註137〕

而《四庫提要》將訓詁、字書、聲韻之學，列爲小學，小學遂爲文字、聲韻、訓詁之總稱。小學不修，則形聲莫辨，而訓詁失據矣，遑言治經。大昕治經，攬小學之宏綱，以小學爲通經明道之徑，亦即由文字、聲韻、訓詁以達聖人之心，明聖人之理義，貫穿經旨，揄揚大義。早歲讀書即從小學入手，《年譜》云：

> 年十歲，即從大父奉政公（王炯）受業，奉政公夙精小學，教以訓詁、音韻，大昕能貫通大意，奉政公嘗謂此子入許、鄭之室無難也。
>
> 〔註138〕

〔註135〕《大戴禮記解詁》卷三，頁9。
〔註136〕《新校漢書藝文志》，頁18。
〔註137〕《說文解字注》，頁762。
〔註138〕《錢辛楣先生年譜》，頁15，慶曾注。

其〈小學攷序〉云：

六經皆載於文字者也，非聲音，則經之文不正，非訓詁，則經之義不明。〔註139〕

又曰：

因文字而得古音，因古音而得古訓，此一貫三之道，亦推一合十之道也。〔註140〕

〈經籍纂詁序〉云：

有文字而有詁訓，有詁訓而後有義理。詁訓者，義理之所由出，非別有義理出乎詁訓之外者也。漢儒說經，遵守家法，詁訓傳箋，不失先民之旨。自晉代尚空虛，宋賢喜頓悟，笑學問為支離，棄注疏為糟粕，談經之家，師心自用，古訓之不講，其貽害於聖經甚矣。儀徵陸公，以經術為多士倡，謂治經必通訓詁，而未有會最成一編者。往歲林寧戴東原實劻此議，此書出而窮經之彥，焯然有所遵循，學術正而士習端，其必由是矣。小學云乎哉。〔註141〕

〈臧玉林經義雜識序〉：

惠天牧諸先生，始篤志古學，研覃經訓，由文字、聲音、訓詁，而得義理之真。〔註142〕

又曰：

六經者聖人之言，因其言以求其義，則必自詁訓始。〔註143〕

〈左氏傳古注輯存序〉云：

窮經者必通訓詁，訓詁明，而後知義理之趣。〔註144〕

〈詩經韻譜序〉云：

古人以音載義，後人區音與義而二之，聲音之不通，而空談義理，吾未見其精於義也，此書出，將使海內說經之家，奉為圭臬，而因文字聲音，以求訓詁，古義之興有日矣。〔註145〕

〔註139〕《文集》卷廿四，頁350。
〔註140〕同上。
〔註141〕同上，頁349。
〔註142〕同上，頁347。
〔註143〕同上，頁348。
〔註144〕同上，頁344。
〔註145〕同上，頁343。

〈與晦之論爾雅書〉云：

> 六經皆以明道，未有不通訓詁，而能知道者，欲窮六經之旨，必自
> 爾雅始。〔註146〕

大昕以小學為通經明道之鑰明矣。舍是無他途，然大昕治學並非以文字、聲
韵、訓詁為終極目標，但為明道之資助耳。故大昕除理論之闡釋，並多所運
用於實際，〈問答二〉云：

> 問祭之明日又祭曰肜，見于尚書爾雅，而說文肉部無「肜」字，或
> 謂「肜」乃漢人俗字，然否？曰說文舟部有肜字，云：船行也，從
> 舟彡聲，即高宗肜日之肜。玉篇肜訓祭又訓舟行，足證肜繹字從舟
> 不從肉，六朝人尚識古文，此必顧野王元本，非唐以後儒所能附益，
> 古音肜，當為余箴切，轉為余弓切，侵東兩部聲相近也。孫炎云：
> 肜者，相尋不絕之意，古人音與義協，以尋訓肜，知古音肜在侵部，
> 其讀如融，乃轉聲，非正音也，俗儒不通六書，誤疑肜當從肉，乃
> 別肜肜為二字，又分為兩音，傎倒甚矣。〔註147〕

《養新錄》，「勉即俛字」條云：

> 矢人，前弱則俛，後弱則翔，唐石經俛作勉，顧甯人以石經為誤，
> 予謂勉與俛古人多通用。黽勉，漢碑多作僶俛。陸機文賦，在有無
> 而僶俛。李善注引詩，何有何無，僶俛求之。漢書谷永傳，閔免遁
> 樂，師古注，閔免猶黽勉也。表記：俛焉日有孳孳，讀如勉，此經
> 又讀勉為俛，音同義亦同也。瞿中溶云：「古人訓故假借，多取聲相
> 近之字，以訓故言之。孔穎達左傳衰冕疏，賈公彥儀禮士冠禮，周
> 禮弁師疏，俱云：冕俛也，其說蓋本白虎通。白虎通云，十一月之
> 時，陽氣閔仰，黃泉之下，萬物被施，前冕而後仰，故謂之冕，是
> 也。以假借言之，白虎通以冕當俛字，此經又以勉當俛字，此古兔
> 免同音之確據，後世言字學者，不知兔有免音，遂以增減一筆強分
> 為二，轉疑說文漏載免字，失之甚矣。〔註148〕

《養新錄》「造」條：

> 造次為雙聲，故造可轉為次音，詩小子有造，與士韻，蹻蹻王之造，

〔註146〕同上，頁526。
〔註147〕《文集》卷五，頁59。
〔註148〕《養新錄》卷二，頁112～113。

與晦介嗣韻是也，春秋傳使佐蓬氏之篷，篷次室也，是造有次義。
〔註149〕

以上三段文字，實爲大昕以小學通經，以訓詁立本之實例也。

2. 著重義例，旁求貫通

清儒由求致用而主通經，由治經而發展出有效之治學方法。大昕治學最講方法，尤精於義例，大昕云：「古人著書，簡而有法，好學深思之士，當尋義例之所在，不可輕下雌黃」。〔註150〕

《養新錄》「高子容」條云：

> 襄廿九年，高子容與宋司徒見知伯，今本高上有齊字，非也。傳於列國諸卿，或書國，或不書國，皆有義例。〔註151〕

蓋昧其義例，則茫然莫解，得其鰓理，則涇渭立分。論春秋則曰：「明乎春秋之例，可與言史矣」。〔註152〕故大昕每讀一書，皆先究其義例之所在，其〈春秋論〉一文，所以示後人以求義例爲治經史之途經也，今錄其文：

> 春秋襃善貶惡之書也，其襃貶奈何？直書其事，使人之善惡無所隱而已矣。曰崩、曰薨、曰卒、曰死，以其位爲之等，春秋之例，書崩、書薨、書卒，而不書死。死者，庶人之稱，庶人不得見於史，故未有書死者，此古今史家之通例，非襃貶之所在，聖人不能以意改之也。魯之桓公宣公，皆與聞乎弒者也，其生也書公，其死也書薨，無異詞。文姜，淫而與聞乎弒者也，其生也書夫人，其死也亦書薨，書小君，無異辭，書薨者，內諸侯與小君之例也。非襃之也，春秋不奪之也，然猶可曰此爲君諱爾，公子遂之弒其君之子，季孫意如之逐君，皆大惡也，其死也亦書卒，無異辭，書卒者，內大夫之例也，非襃之也，春秋不奪之也。然猶可曰此爲宗國諱爾，吳楚，僭王之君也，鄭伯寤生，射王中肩者也。宋公鮑，與聞乎弒者也，其生也書爵，其死也書卒，皆無異辭，書卒者，外諸侯之例也，非襃之也，春秋亦不奪之也。弒逆之罪大矣，以庶人之例，斥之曰死，可乎？曰不可，是諸人者，論其罪，

〔註149〕《養新錄》卷一，頁96。
〔註150〕《養新錄》卷四，說文連上篆字爲句條，頁189。
〔註151〕《養新錄》卷二，頁135。
〔註152〕〈春秋論一〉，《文集》卷二，頁18。

當肆諸市朝，僅僅夷諸庶人，不足以蔽其辜，論其位，則彼固諸侯也，大夫也，夫人也，未嘗一日降爲庶人，而我以庶人書之，非其實矣，紀其實於春秋，俾其惡不沒於後世，是之謂褒貶之正也。後之學春秋者，乃有書死之例，其說本於檀弓曰：君子曰終，小人曰死，史家未有書君子之死曰終者，而獨書小人之死，吾不知其何義也？古書未有以死爲貶詞者，以舜之聖，而尚書曰：陟方乃死。死果不美之名乎？孔子曰：予死於道路乎。又曰：予殆將死也，孔子肎以小人自居乎？死而不朽謂之令終，尚書謂之考終命，否則徒死而已。檀弓之言，與曾子啓手足之意相近，非爲紀事者言之也。顏子，大賢也，而論語書之曰死，且屢書不一書。莊子，老氏之徒也，而其書有曰老聃死，皆非貶詞也。褒善貶惡之義，莫備於春秋，謂春秋之法，有所未備，而以意補之，豈後儒之識，能加孔子之上乎哉？或曰：先儒所重者，善善惡惡之大義，自我作古，不必因乎春秋。曰：人之善惡，固未易知，論人亦復不易，班固以上中下九等品古今人，後世人猶且嗤之，況以死與卒二者，定君子小人之別，其權衡輕重，果無一之或爽乎？揚雄之仕於莽，於去就固不無可議，然方之劉歆甄豐之徒何如？方之莽操懿裕之徒又何如？有王者起，而定其罪，輕重必有別矣，操懿尚不能概以死書之，何獨責於雄哉，後漢之名臣，曾仕莽者不少，執此例而充類至盡，史之得書卒者少矣，有書有不書，是爲同罪而異罰，後人求其說不得，則上下其手，壹以法吏舞文之術行之，此又非作者之意也，稽之於古，書死未足爲貶詞，即以其例求之，則予奪之際，殊未得其平，而適以啓後人之爭端，故曰：明乎春秋之例，可與言史矣。〔註153〕

《養新錄》一書屢見大昕求義例以通經之例：

古人著書，舉一可以反三，故文簡而義無不該。姑即許氏說文言之：木，東方之行。金，西方之行。火，南方之行。水，北方之行。則土爲中央之行可知也。鹹，北方味也，而酸、苦、辛、甘皆不言方。霤，水音也，而宮、商、徵、角皆不言音。青，東方色也，赤，南方色也，白，西方色也，而黑不言北方。黃，地之色也，而玄，不

〔註153〕〈春秋論一〉，《文集》卷二，頁17～18。

言天之色。鐘，秋分之音，鼓，春分之音，而不言二至，笙，正月之音，管，十二月之音，而不言餘月，龍，鱗蟲之長，而毛羽、介蟲之長不言。皆舉一以見例，非有遺漏也」。〔註154〕

《禮記・樂記》篇，肅肅，敬也。雝雝，和也。顧氏《日知錄》曰：

詩本肅雝一字而引之二字者，長言之也。詩云：有洸有潰。毛公傳之曰：洸洸，武也。潰潰，怒也。即其例也。〔註155〕

錢氏大昕《養新錄》曰：

詩：亦汎其流。傳云：汎汎，流貌，碩人其頎。箋云：長麗俊好，頎頎然，咥其笑矣。傳、箋皆云：咥咥然笑。垂帶悸分，傳、箋皆云：悸悸然有節度，條其歗矣。傳云：條條然歗，零露漙分。傳云：漙漙然盛多。子之丰分。箋云：面貌丰丰然。零露湑分。傳云：湑湑然蕭上露貌，噂沓背憎。傳云：噂，猶噂噂然。沓，猶沓沓然。有扁斯石。傳云：扁扁，乘石貌。匪風發分，匪車偈分，傳云：發發飄風，非有道之風，偈偈疾驅，非有道之車，匪風嘌分。傳曰：嘌嘌，無節度也。〔註156〕

竝以重言釋一言。古書疑義舉例亦舉例言之云：

丘中有麻篇：將其來施施。顏氏家訓曰：河北毛詩皆云施施，江南舊本悉單爲施。按：當以江南本爲正。傳云：「施施，難進之意。」箋云：「施施，舒行伺閒，獨來見己之貌。」經文止一施字，而《傳》、《箋》，竝以施施釋之，所謂以重言釋一言也。後人不達此例，增經文作施施，非其舊矣。

周易乾：九三，君子終日乾乾，夕惕。惕者，惕惕也，猶言終日乾乾，終夕惕惕也。後人不明一言之即爲重言，遂以「夕惕若」爲句矣。尚書盤庚中篇，乃咸大不宣，乃心欽。欽者，欽欽也。「乃心欽」，猶詩云：憂心欽欽也。後人不明一言之即爲重言，遂以乃心欽念以忱爲句矣。由不達古書之例，失其義，并失其讀也。〔註157〕

大昕更由義例，推而演之，以解釋史實，考訂誤謬，如《三國志・諸葛亮傳》，

〔註154〕《養新錄》卷四，說文舉一反三之例，頁 187～188。

〔註155〕顧炎武《日知錄》卷六，中華書局，頁 16。

〔註156〕《養新錄》卷一，以重言釋一言條，頁 91～92。

〔註157〕《古書疑義舉例》一，頁 22。

亮與徐庶竝從，注，**魏略曰**：庶先名福，本單家子，大昕《諸史拾遺》則辨
之云：

> 案魏略列傳以徐福嚴幹李義等十人共卷，幹、義皆馮翊東縣人，馮
> 翊東縣，舊無冠族，故二人竝單家。又魏略儒宗傳：薛夏天水人也，
> 天水舊有姜、閻、任、趙四姓，常推於郡中，而夏爲單家。隗禧京
> 兆人也，世單家。魏略吳質傳，始質爲單家，少游遨貴戚間。張既
> 傳，既世單家。凡云單家者，猶言寒門，非郡之著姓耳。徐庶爲單
> 家子，與此一例，流俗讀單爲善，疑其本姓單，後改爲徐，妄之甚
> 矣。後漢書趙壹傳，恩澤不逮於單門，亦單家之意也。〔註158〕

以《魏略》凡云單家者，猶言寒門，證明徐庶爲單家子，與嚴幹李義同。故
魚豢編入卷中，此以《魏略》之義例，說明裴注所引《魏略》文之本意也。《三
國志・楊戲傳》云：「益部耆舊雜記載王嗣、常播、衛繼三人，皆劉氏王蜀時
人，故錄於篇」。〔註159〕大昕《諸史拾遺》則云：

> 案戲傳載季漢輔臣贊，其有贊而無傳者，附注爵里於下，注亦承祚
> 本文也。贊最後載者，益部耆舊二十六字及下王嗣、常播、衛繼三
> 傳，皆裴松之注，今刊本皆升作大字，讀者亦仞爲承祚正文，則大
> 誤矣。承祚作益部耆舊傳，見於晉書本傳及隋書經籍志。若雜記則
> 隋志無之，或云陳術撰，亦必晉人。不應承祚遽引其書。蓋裴氏於
> 李孫德，李偉南二人注下，既各引雜記以補本注之闕，而王嗣等三
> 人姓名，不見於承祚書，故附錄以傳異聞，此亦裴注之恒例。今承
> 譌已久，特爲辨正，以諗讀史者。〔註160〕

以裴注之義例，證明益部耆舊二十六字，及王嗣，常播、衛繼三傳，皆裴松
之注，此又裴注義例之應用也。

惠氏精義例之學，故大昕爲惠氏作傳極譽之云：

> 年五十後，專心經術，尤邃於易。謂宣尼作十翼，其微言大義，七
> 十子之徒，相傳至漢，猶有存者。自王弼興而漢學亡，幸存其略於
> 李氏集解中，精覃三十年，引申觸類，始得貫通其旨。乃撰次周易
> 述一編，專宗虞仲翔，參以荀、鄭諸家之義，約其旨爲注，演其說
> 爲疏，漢學之絕者千有五百餘年，至是而粲然復章矣。書垂成而疾

〔註158〕錢大昕《諸史拾遺》卷一，頁12～13。
〔註159〕同上，頁14。
〔註160〕同上，頁14～15。

> 革，遂闕革至未濟十五卦及序卦雜卦二篇。然先生之緒言具在，好
> 學深思之士，因其義例，推而演之，闕者尚可補也。〔註161〕

因惠氏之義例，推而演之，闕者可補，則惠氏義例之精可知。而大昕對義例
之講求，較之惠氏則尤有過之而無不及也。大昕蓋欲以求義例之法治學，故
予不講義例，矛盾乖謬者，攻擊不遺餘力，《養新錄》云：

> 元史纂修，始於明洪武二年，以二月丙寅開局，八月癸酉告成，計
> 一百八十八日。其後續修順帝一朝，於洪武三年二月乙丑再開局，
> 七月丁未書成，計一百四十三日，綜前後僅三百三十一日。古今史
> 成之速，未有如元史者，而文之陋劣，亦無如元史者。蓋史為傳信
> 之書，時日促迫，則考訂必不審。有草剏而無討論，雖班馬難以見
> 長，況宋王詞華之士，微辟諸子，皆起自草澤，迂腐而不諳掌故者
> 乎！開國功臣，首稱四傑，而赤老溫無傳，尚主世冑，不過數家，
> 而鄆國亦無傳。丞相見於志者五十有九人，而立傳者不及其半。太
> 祖諸弟，止傳其一，諸子亦傳其一，太宗以後皇子，無一人立傳者。
> 本紀或一事而再書，列傳或一人而兩傳，宰相表或有姓無名，諸王
> 表或有封號無人名，此義例之顯然者，且紕繆若此，因無暇論文之
> 工拙矣。〔註162〕

凡此均足見大昕治學之重義例也。

3. 多方歸納，小心求證

清學最大之成就，不在考証之整理，而在輕主觀、重客觀、賤演繹、尊歸
納，治學之正軌存焉。大昕之尤可貴者，能多方歸納，小心求證，開創作之先
驅，往後學界，承此方法，不徒有門徑可循，且更因此開花結果。大昕治學即
具此等精神，由事實中以得出道理，其論古無輕脣音，最足見之。大昕云：

> 凡輕脣之音，古讀皆為重脣。《詩》：「凡民有喪，匍匐救之」，〈檀弓〉
> 引《詩》作「扶服」，《家語》引作「扶伏」。又誕實匍匐，《釋文》
> 本亦作「扶服」，《左傳·昭十二年》：「奉壺飲冰以蒲伏焉」，《釋文》
> 本又作「匍匐」，蒲本亦作扶。昭二十一年：「扶伏而擊之」，《釋文》
> 本或作「匍匐」。《史記·蘇秦傳》：「嫂委蛇蒲服」，〈范雎傳〉：「膝
> 行蒲服」，〈淮陰侯傳〉：「俛出袴下蒲伏」，《漢書·霍光傳》：「中孺

〔註161〕〈惠先生棟傳〉，《文集》卷卅九，頁 609～610。
〔註162〕《養新錄》卷九，元史條，頁 461～462。

扶服叩頭」，皆「匍匐」之異文也。〔註163〕

古讀扶如酺，轉爲蟠音，《漢書‧天文志》，晷長爲潦，短爲旱，奢爲扶，鄭氏云，扶當爲蟠，齊魯之間，聲如酺酺，扶聲近蟠，止不行也。《史記‧五帝本紀》，東至蟠木，《呂氏春秋》，東至扶木，又云：禹東至榑木之地，扶木謂扶桑也，《說文》作榑桑，古音扶如蟠，故又作蟠木。〔註164〕

服又轉爲犕音，說文引易，犕牛乘馬，犕牛即服牛也。《左傳》：王使伯服，游孫伯，《史記‧鄭世家》伯犕《後漢書‧皇甫嵩傳》，義眞犕未平，注犕古服字。〔註165〕

服又轉爲瞀音，《漢書‧東方朔傳》，舍人不勝痛，呼譽。服虔云：譽音暴。鄧展云：瓜瞀之瞀。師古曰：痛切而叫呼也，與〈田蚡傳〉呼服音義皆同。〈田蚡傳〉，蚡疾一身盡痛，若有擊者，謼服謝罪。晉灼云：服音瞀，關西俗謂得杖呼及小兒啼爲呼瞀。〔註166〕

舌音類隔之說不可信云：

古無舌頭、舌上之分，知徹澄三母，以今音讀之，與照穿牀無別也。求之古音，則與端透定無異。說文沖讀若動。書？惟予沖人。釋文：直忠切，古讀直如特，沖子猶童子也。字母家不識古音，讀沖爲蟲，不知古讀蟲亦如同也。詩：蘊隆蟲蟲。釋文：直忠反，徐徒冬反。爾雅作爞爞，郭都冬反，韓詩作烔，音徒冬反，是蟲與同音不異。

〔註167〕

古音中如得，周禮師氏，掌王中失之事，故書中爲得。杜子春云：當爲得，記君得失，若春秋是也。三倉云：中得也。史記封禪書：康后與王不相中。周勃傳：勃子勝之尚公主，不相中，小司馬皆訓爲得。呂覽：以中帝心，注：中猶得。〔註168〕

至，致本同音，而今強分爲二。不知古讀至亦爲陟利切，讀如疐，舌

〔註163〕同上，卷五，古無輕脣音條，頁266。
〔註164〕《養新錄》卷五，古無輕脣音條，頁266～277。
〔註165〕同上，頁267。
〔註166〕同上，頁267～268。
〔註167〕同上，舌音類隔之說不可信條，頁288～289。
〔註168〕同上，頁289。

頭非舌上也。詩：神之弔矣，不弔昊天。毛傳皆訓弔爲至，以聲相近爲義，咥，臺皆从至聲，可證，至本舌音，後人轉爲齒音耳。〔註169〕

古讀棖如棠，論語對曰申棖。釋文：鄭康成云：蓋孔子弟子申續，史記云：申棠字周，家語云：申續字周也。王應麟云：今史記以棠爲黨，以續爲績，傳寫之誤也。後漢王政碑，有羔羊之節，無申棠之欲，則申棖申棠一人耳。大昕案，詩：俟我於堂兮。箋云：堂當作棖，棖與棠、堂同音，黨亦音相近，非由轉寫之譌。古文廣續同聲。家語申續，蓋讀如庚，與棠音亦不遠，今本史記作績，則轉寫誤也。因棖有棠音，可悟古讀。長，丁丈切，與黨音相似，正是音和，非類隔。〔註170〕

古無輕唇音，舌音類隔之說不可信，此乃大昕多方歸納，仔細分析，深入觀察，一一小心求証而得之定理也。故凡立一說，絕不遽信爲定論，必廣集證據，羅列事項之同類者以相比較，經嚴密之審察，始可得其定理，其無徵不信，孤証闕信，雖先儒之言亦不敢附和而立論也。

4. 隨時劄記，存儲資料

讀書乃治學之基，知古鑑往之必要工夫，而研究有賴資料，資料又多散在千萬典籍之中，非由廣泛搜羅蒐集，又何以披沙揀金，取資於人乎？梁啓超云：

大抵當時（乾嘉）好學之士，每人必置一「劄記冊子」，每讀書有心得記之……推原劄記之性質，本非著書，不過儲著書之資料，然清儒最戒輕率著書，非得極滿意之資料，不肯泐爲定本。〔註171〕

大昕治學尤注重資料之蒐集，〈廿二史考異序〉云：

予弱冠好讀乙部書……雖寒暑疾疢，未嘗少輟，偶有所得，寫於別紙……歲有增益，卷帙滋多……。〔註172〕

又《竹汀居士年譜續編》四年己未七十二歲條云：

公弱冠時，即有述作意，讀書有得，輒爲札記，仿顧氏日知錄條例，後著各書，即於其中把注……。〔註173〕

〔註169〕同上，頁299～300。
〔註170〕《養新錄》卷五，頁293～294。
〔註171〕《清代學術概論》十七，頁100。
〔註172〕《文集》卷廿四，頁361。
〔註173〕《養新錄》卷八，頁5。

「偶有所得，寫於別紙」、「讀書有得，輒爲札記」，即隨時劄記以存資料之實也，讀書愈多而記愈多，故能左右而逢其源，遇書中有疑處，乃能求例分析，而後建立其假設，而後搜証，斷案推論，譬若水源既茂，末流自亦滾滾而來也。

5. **致力校勘，歸實考據：**

清代學者，一反明人空疏之習，治學專从書本鑽研考索，以求達到實事求是之目的，彼等踏實之治學態度，使有清一代在經學、小學、音韻，校訂古籍、辨僞、輯佚、史學、方志、地理學、傳記及譜牒、曆算學，及其他科學方面，皆有輝煌之成績。究其治學，大都先求基礎於校勘。校勘之業或謂仿自正考父校訂商頌。或謂仿自孔子。要之，其始於周代則無疑也。逮漢劉子政父子，其法大備，蓋古籍流傳既久，或漫漶殘缺，或傳鈔錯誤，或經人妄改致一句不明，意或難通，一字訛敚，義或兩歧，非經校勘，不能識其原文而明其本義，清儒於此，最爲特擅。故有清一代校勘之學臻於極盛，梁啓超《清代學術概論》：「清儒之有功古學者，更一端焉，則校勘也。古書傳習愈稀者，其傳鈔踵刻，僞謬愈甚，馴至不可讀，而其書以廢，清儒則博徵善本以校讎之，校勘遂成一專門學。」〔註174〕大別言之，有鑑賞，考証二派，前者以二本或二本以上之書以對照，憑善本以正俗正譌，或據前人徵引，記其同異，擇善而從，校書雖不失精審，要終歸於鑑賞，如錢遵王、何焯、黃丕烈、鮑廷博、陳仲魚、吳騫……等屬之，後者，非只求校文字之異同。舉凡編次纂輯，補訂以致體例之恰當與否，皆校勘之事，王念孫、俞樾、錢大昕等屬之。

故清代學者，於經史子等之校注、辨僞與輯佚，所以能超越前人而倍加精密者，實由先求基礎於校勘也。而大昕爲乾嘉諸儒中能爲兼人之學者，其所謂之校勘乃廣義之校勘，是疏注之校勘，亦即考証派之校勘，其通過文字之校勘以訂補史實，而達考據之目的，其自序《廿二史考異》云：

> 予弱冠時好讀乙部書，通籍以後尤專斯業，自史漢迄金元，作者廿有二家，反覆校勘，雖寒暑疾疢，未嘗少輟，偶有所得，寫於別紙。丁亥歲，乞假歸里，稍編次之，歲有增益，卷帙滋多，戊戌設教鍾山，講肄之暇，復加討論，……廿二家之書，文字煩多，義例紛糾，輿地則今昔異名，僑置殊所，職官則沿革迭代，冗要逐時，欲其條理貫串，瞭如指掌，良非易事，以予儜劣，敢云有得，但涉獵既久，

〔註174〕《清代學術概論》十六，頁96。

啓悟遂多，著之鉛槧，賢於博奕云爾⋯⋯。〔註175〕

據文所言考異係反覆校勘，歲有增益，講肄之暇復加討論而完成，是藉校勘作考據也。故《續文獻通考》評《廿二史考異》，直言大昕考據精審，非他人所及，其言曰：

> 是書評論四分三統以來諸家術數，精確不刊，當時時如畢沅、阮元
> 咸有記撰，而大昕熟於歷代官制損益，地理沿革，以暨遼金國語，
> 蒙古世系，故其考據精審，非他人所及。

又據《考異》中記載，更可見大昕所謂之校勘：

> 案：（庫）士文，隋之酷吏，隋史已爲立傳，不應闌入齊書，蓋後人
> 以庫狄干傳亡，取北史補之，而不知限斷之例，遂並士文傳牽連入
> 之⋯⋯校書之無學，其謬累至於此。〔註176〕

> （元）弼乃暉業之父，終於魏朝，不當闌入齊史，更不當列於暉業
> 之後，此由校書之人無學，徒知摺搉北史，而不顧先後之倒置也。
> 〔註177〕

> 案：裴讓之⋯⋯卒術傳皆不著本貫郡縣，蓋校書者但知寫史以補足
> 卷數，而不及檢其先世郡望，幾於智毅麥矣。〔註178〕

其範圍之廣泛，已跡近考據。

考據校勘皆有賴宋元刻本、精鈔本、舊鈔本，以至金石鐘鼎彝器。而校書之難，非照本改字，不譌不漏之難，而在定其是非之難，而校勘之重要工夫即在於定其是非，啓發隱滯，參稽異同。而大昕之校勘學，所以能使人心服，正是在此。夫不以規矩，不能成方圓，大昕挺立於乾嘉諸大師之中，能創說立言，由舊出新，非餖飣抄錄所能，乃其治學有法有以致之，謹爲歸納爬梳，以見大昕之學，非偶然倖得者。

〔註175〕《文集》卷廿四，頁361～362。
〔註176〕《考異》卷卅一，北齊書，庫秋干傳條。
〔註177〕《考異》卷卅一，北齊書，元坦傳條。
〔註178〕《考異》卷卅一，北齊書，讓之傳條。

第六章　經學述要

　　有清一代，自聖祖詔舉博學鴻詞，修經史，纂圖書，稽古右文，鴻儒倍起，訓詁博辨，度越昔賢。而於經學一門，尤屬戛戛獨造，梁任公云：「清學自當以經學爲中心，其最有功於經學者，則諸經殆皆有新疏也。」蓋乾嘉諸子，避文網之嚴，考覈經籍，辨別眞僞，古典奧義，因而大明，往往自創新說，考之於古而有徵，傳之於世而可信。大昕即持此精神，精研經史，因文見道，于經文之舛誤，經義之聚訟而難決者，皆能剖析源流。〔註1〕並以此治經學之方法，進而爲史學之研究，故論大昕經學之成就不在其經學之著作，而在其方法及精神，蕭一山氏云：

　　　　大昕專門說經之書不多，惟文集與養新錄中，頗多短條說明，且亦
　　　　精賅詳審，欲知大昕之精神，不可不於此求之。〔註2〕

乾嘉之際，宋學漢學，壘壁既分，是朱非王，異說紛陳，大昕竟能去戶牖之意，「實事求是，不分漢宋」。其方法，則「以小學疏通經義」，故能洞徹原委，語多精諦。益以「多方歸納，小心求證」，於是凡所辨証，確當可依，進而「講求義例，建立系統」，開示後人治經史之途徑。其爲學也，「隨時箚記，存儲資料」，故能以勤勉之精神，矯空疏之流弊。至於以校勘爲求眞之本，辨僞輯佚，倍加精密，乃其餘事耳。張舜徽先生云：

　　　　大昕獨兼通眾藝，於文字、音韻、訓詁、天算、輿地、氏族、官制、
　　　　典章、金石之學，皆造其微，故考証經史，語多精諦……至於覃思
　　　　六藝，尤饒創解，是集卷四至十五，爲答問十二卷，而涉及群經者

〔註1〕段玉裁，〈潛研堂文集序〉，《潛研堂文集》（以下簡稱文集）頁首。
〔註2〕蕭一山《清代通史》第二冊，經學隆盛時之清代學術，頁 626。

凡七卷，凡所辨証，確當可依，論說文，則兼求群經通假之字，論
音韻，則發明古今聲變之理，推闡盡致，多爲前人所未道，梁玉繩
嘗謂今之竹汀，猶古之鄭康成也，（蛻稿卷四，寄弟處素書）其經學
爲時人推服復如此，非偶然矣。〔註3〕

以漢代之康成目之，就注經之廣泛言，或有未逮，而以識見之精確論，則庶
幾也。林師景伊亦云：

大昕之學無所不通，博而且精，尤爲難能，大昕之治經，雖篤守家
法，然其大旨，實在取古說，以證後人附會之非，而期合於精理。
〔註4〕

足見精確之功，足以斥破附會之誤。故經學於大昕學術生命，實具不凡之意
義，而其言經之作，遍及五經。今分節而敘之。

第一節　小　學

清代小學發展極速，且成績斐然，蓋因矯晚明不學之弊而讀古書，欲讀
古書，必先識古字，故文字之學興。然古書之難讀，不僅在字形，而尤在字
音，故音韻之學又興。自是由識字而知音，知音而明訓詁，訓詁明而古書不
難盡解，故其始，大抵以小學爲工具之學，浸假而有皓首於斯，以小學名家
者。大昕生當乾隆盛世，攬小學之宏綱以治經，彼所謂小學，實爲通經明道
之徑，並非治學之最終目的。〈小學攷序〉云：

六經皆載於文字者也，非聲音，則經之文不正。非訓詁，則經之義
不明。〔註5〕

又曰：

因文字而得古音，因古音而得古訓，此一貫三之道，亦推一合十之
道。〔註6〕

〈經籍纂詁序〉云：

有文字而後有詁訓，有詁訓而後有義理，訓詁者，義理之所由出。

〔註3〕　張舜徽《清人文集別錄》，卷七，頁199。
〔註4〕　林師景伊，《中國學術思想大綱》（七），清代之徵實學，頁247。
〔註5〕　《文集》卷廿四，頁350。
〔註6〕　同上，頁351。

〔註7〕

此由文字以通乎語言，由語言以通乎古聖賢之心志也，故經學與小學其關係密切。符定一氏曾云：

> 經學從小學入者，其經學可信，世言小學者由於杜公，故杜公經學高。後漢書杜林傳曰：「引見問以經書，宏、巡益重之，於是古文遂行」。其明徵也，小學從經學出者，其小學有本。「五經無雙許叔重」，故許叔重小學妙。顏氏家訓曰：「說文所言，子皆云是……若不信其書，則冥冥不知一點一畫有何意焉」？其確證也。陵夷至於叔世，宋人小學淺，所以經學空疏、程（頤）、張（栻）之倫，訓詁未審也，明人經學薄，所以小學乖舛，梅（膺祚）、張（自烈）之流，說解多譌也。是知經學、小學，若唇齒之相依，如輔車之相助。〔註8〕

此論不僅說明「經學由小學入者其經者可信」，更說明「小學從經學出者，其小學有本」之理。故清世不僅小學特秀，經學亦自漢極盛之後，又綻光芒，良有以也。今述大昕之文字、聲韻、訓詁之學，仍小學標其目者，取其「便於指示也」。

壹、文字學

大昕跋《說文解字》云：「自古文不傳於後世，士大夫所賴以考見六書之原流者，獨有許叔重說文解字一書」，〔註9〕可知古今字書雖多，能明古人製字之本源者，唯此《說文》一書耳，大昕於四十三歲始讀《說文》，故所記不多，卻卓然有所見矣，其成帙者但《說文答問》一卷。《養新錄》卷四及《文集》中序跋之作，有關《說文》者，極多精深之見解，茲臚列記之：

一、大昕論《說文》之條例及方法

（一）《說文》舉一反三之例

孔子曰：「舉一隅不以三隅反，則不復也」，是以古書之文，往往有舉此以見彼者。《禮記・王制》篇：「大國之卿，不過三命，下卿再命，小國之卿與下大夫一命。鄭注曰：不著次國之卿者，以大國之下互明之。正義曰：以

〔註7〕同上，頁349。
〔註8〕聯綿字典凡例第十三條，頁25。
〔註9〕〈跋說文解字〉，《文集》卷廿七，頁411。

大國之卿不過三命，則知次國之卿，不過再命，大國下卿再命。則知次國下卿一命，故云互明之」。〔註10〕又〈喪大記〉篇：「復者，朝服君以卷，夫人以屈狄。鄭注曰：君以卷謂上公也。夫人以屈狄互言耳。上公以袞，則夫人用褘衣。而侯伯以驚，其夫人用揄狄。子男以毳，其夫人乃用屈狄矣。正義曰：男子舉上公，婦人舉子男之妻。男子舉上以見下，婦人舉下以見上，是互言也。」〔註11〕又〈祭法〉篇：「燔柴於泰壇祭天地也，瘞埋於泰折祭地也，用騂犢。鄭注曰：地陰祀用黝牲，與天俱用犢連言爾。正義曰：祭地承祭天之下，故連言用騂犢也。」〔註12〕凡此之類，皆舉此以見彼。而大昕亦於《說文》中指出舉一反三之例，嘗謂：

> 古人著書，舉一可以反三，故文簡而義無不賅，姑舉許氏說文言之，木，東方之行。金，西方之行。火，南方之行。水，北方之行，則土為中央之行可知也。鹹，北方味也。而酸苦辛甘皆不言方。霏，水音也，而宮商徵角皆不言音。青，東方色也。赤，南方色也。白，西方色也。而黑不言北方。黃，地之色也，而元不言天之色。鐘，秋分之音。鼓，春分之音，而不言二至。笙，正月之音。管，十二月之音，而不言餘月。龍，麟蟲之長，而毛羽介蟲之長不言，皆舉一二以見例，非有遺漏也。五藏配五行，古文說與博士說各異，唯腎為水藏則同，五經異義言之詳矣。其撰說文解字云：心，土藏也，博士說以為火藏，而脾土藏，肝木藏，肺，金藏，則但用博士說，不言古文異同，亦舉一反三之例。〔註13〕

循此，則文可通，意亦可曉矣。

（二）《說文》連上篆字為句

積字成句，積句成章，古書之訓詁，寄於文字，古書之義理，託於章句。章句不辨，義理莫明，離析章句，所以求明義理者也。章句雖亦求學之初步，實係讀書之要圖。《禮記·學記》云：「一年視離經辨志」。孔穎達云：「離經謂離析經理，使章句斷絕也。」〔註14〕斷絕章句，即章離句析，使古書之義

〔註10〕《十三經注疏》，禮記，頁244。
〔註11〕同上，頁762。
〔註12〕同上，頁797。
〔註13〕《養新錄》卷四，舉一反三之例條，頁187。
〔註14〕同上，頁649。

理，不煩詳說而自明，故不知斷絕章句，即不知古書之指趣矣。甚且穿鑿誤
會，而入歧途矣。古人記錄事物，發表思想，其文字條例，不如後人之謹嚴，
往往一二字之游移，致失本來之意。大昕以縝密之法，辨《說文》之句讀。
大昕以「許氏《說文》，唐以前本不傳，今所見者，唯二徐本，而大徐本，宋
槧猶存，凡五百四十部，部首一字解義，即承正文之下，但以篆隸別之，蓋
古本如此，大徐存以見例，其實九千餘文皆同此式也。小徐本并部首解義改
爲分注，益非其舊，或後人轉寫，以意更易故耳」。〔註15〕而謂許君《說文》，
連上篆字爲句，大昕云：

> 許君因文解義，或當疊正文者，即承上篆文連讀，如昧爽，旦明也。
> 肦響，布也。湫隘，下也，腞嘉，善肉也。烽燧，候表也。詁訓，
> 故言也。顛癡，不聰明也。參商，星也。離黃，倉庚也。巂周，燕
> 也。皆承篆文爲句，諸山水名云，山在某郡，水出某郡者，皆當連
> 上篆讀。艸部蘎、藍、茵、鞣諸字，但云艸也，亦承上爲句，謂蘎
> 即蘎艸，藍即藍艸耳，非艸之通稱也，芺、葵、萡、蘼、薇、薩諸
> 字，但云菜也，亦承上讀，謂芺即芺菜、葵即葵菜也。……，人部
> 偓佺字下云：偓佺，仙人也。佺字下云：偓也，亦承上讀。宋槧本不
> 疊偓字，汲古閣本初印猶仍其舊，而毛斧季輒增入偓字，雖於義未
> 乖，而古書之眞面目失矣。人部傪字下云。傪左右兩視，此亦承上
> 篆文，傪傪，猶瞿瞿也。又叀部叀字下云：專，小謹也，專當爲叀，
> 亦承上篆文而疊其字，叀叀，小謹也，亦作婞婞，見女部，淺人改
> 作專，而語不可通矣。〔註16〕

《說文》注文往往連上篆文讀之，段注亦時致誤，如：

> 詁，訓故言也。段注：故言者，舊言也，十口所識前言也，訓者說
> 教也，訓故言者，說釋故言以教人，是之謂詁，分之則如爾雅析故
> 訓言爲三，三而實一也。〔註17〕

> 離，離黃，倉庚也。段注：「各本無離，淺人誤，如巂周刪巂之比」。

〔註18〕

〔註15〕《養新錄》卷四，說文連上篆字爲句條，頁 188。
〔註16〕同上，頁 189～190。
〔註17〕《說文解字注》三篇上，十三。
〔註18〕《說文解字注》四篇上，二七。

雟周，燕也。段注：各本周上無雟，此淺人不得其句讀、刪複舉之
字也。〔註19〕

薲，薲茅，蒿也。段注：「各本無薲字，此淺人不知其不可刪而刪之，
如雟周，燕也，今本刪雟字，其誤正同，今補」。〔註20〕

段說未諦，以許君原書皆有重文，而後人刪去，大昕所論，當勝段氏，故讀
《說文》不貴輕肆攻擊，或任意更張，大昕云：

古人著書簡而有法，好學深思之士，當尋其義例所在不可輕下雌黃。

〔註21〕

又日：

龘心人未易通曉，句讀之未分，而哆口譏之，是惑之甚也。〔註22〕
明乎此，可知亭林譏許氏訓參爲商星昧於天象之誤，大昕云：

以亭林之博物，乃譏許氏訓參爲商星，以爲昧于天象，豈其然乎，
人部偓字下云：偓佺，仙人也，佺字下云：偓也，亦承上讀，宋槧
本不疊偓字，汲古閣本初印猶仍其舊，而毛斧季輒增入偓字，雖於
義未乖，而古書之眞面目失矣。〔註23〕

今本說文，莧字下云莧菜也，此校書者所添，非許意也。〔註24〕

廣韻東部涷字下引說文，水出發鳩山，入於河。魚部滹字下引說文，
水出北地直路西，東入洛，是陸法言諸人已不審許氏讀法矣。〔註25〕

按：《說文》連上篆文爲句，此論確不可易，發前人之所未言，不然則山名、
水名尚屬可解，以倉庚訓離，以周燕訓雟，以響布訓肸，則不成文義，此顧
亭林所以有參非商星之論也。金壇段氏以許君原書皆有重文，而後人刪去，
是則不然，後人刪之反不成文義，又奚貴於刪之也。大昕此說，有益於後人
讀《說文》甚鉅，故朱學士筠重刊《說文》，撰序一篇，頗取大昕之說。

（三）《說文》讀若之字或取轉聲

周秦古韻，有三百篇存焉，魏晉而下，復有韻書可稽，惟考訂兩漢之音，

〔註19〕同上，二四。
〔註20〕同右，一篇下，十七。
〔註21〕《養新錄》卷四，說文連上篆字爲句條，頁189。
〔註22〕〈音韻答問八〉，《文集》卷十一，頁156。
〔註23〕《養新錄》卷四，說文連上篆字爲句條，頁189～190。
〔註24〕同上，頁189。
〔註25〕同上，頁190。

則當奉《說文》讀若文字為圭臬也。蓋漢儒注經亦每有讀若讀如之例，是皆就經解經之用，不若《說文》之考文正讀。《說文》雖以考究文字形音義之本源為主。然亦實為解經說誼而作，許云讀若，非僅擬其音讀，且多兼明經籍文字通假之用，不特寓其音，亦可通其字。窮音義之本，明通叚叚之變，究洞聖人之微恉，曉達後學之見聞，古人文字音義之傳，賴以不墜焉，大昕明乎斯理，嘗謂：

> 《説文》讀若之例，或取正音，或取轉音，楈，胥聲，而讀若芟刈之芟，郫，季聲，而讀若寧。鞊，蚩聲，而讀若騁。庳，卑聲，而讀若逋。衻，半聲，而讀若普，誃，少聲，而讀若黿。昕，斤聲，而讀若希。霖，鮮聲，而讀若斯。賮，眞聲，而讀若資。毿，夋聲，而讀若莘。鞥，弅聲，而讀若膺。摯，執聲，而讀若晉。棳，爰聲，而讀若指撝。楷，省聲，而讀若驪駕。^{驪當讀如瀧埽之瀧，與省聲相近。}佣，朋聲，而讀若陪。鄘，崩聲，而亦讀若陪。娃，圭聲，而讀若同（據宋本），敱，豈聲，而讀若狠。檴，糞聲，而讀若靡。者，占聲，而讀若耿介之耿，^{蜀志注，簡雍本，姓耿，幽州人語，謂耿為簡，故隨音變，按耿與簡近，亦與檢近，然則者本音似檢，轉讀如耿也。}皆古音相轉之例。自韻書出，分部漸密，有不及兩收者，則詫以為異矣。〔註26〕

按：大昕以音近假借，為轉音所自出，故必清濁、舒歙同體，乃得相轉。故又立雙聲假借之例，音韻答問云：「後儒所疑於象象傳者，不過民、平、天、淵諸字，此古人雙聲假借之例，非舉兩部而混之也。民，冥聲相近，故屯象以韻正，讀民如冥。平，便聲相近，故觀象以韻賓民，讀平如便也。淵音近環，與營聲相近，故訟象以韻成正，讀淵如營也。天、汀聲相近，故乾象以韻形成，乾文言以韻情平，讀天如汀也。……象傳無不韻之句，獨此三卦，顧氏所不能通，而并刪其文，殊失闕疑求是之旨，今以雙聲通之，則渙然釋矣」。〔註27〕故大昕之聲轉，即謂之雙聲假借，戴、段言轉音，言合韵，不外依據韵部之遠近次弟，比類相通，而大昕獨以雙聲叚借之例解釋之，不受韻部之範圍，此則大昕過於戴，段二氏處也。

（四）二徐私改諧聲字

大昕云：

〔註26〕《養新錄》卷四，說文讀若之字或取雙聲條，頁191。
〔註27〕〈音韵答問十二〉，《文集》卷十五，頁209。

《說文》九千三百五十三文，形聲相從者十有其九，或取同部之聲，今人所云疊韻也。或取相近之聲，今人所云雙聲也。二徐校刊《說文》，既不審古音之異於今音，而於相近之聲，全然不曉，故於从某某聲之語，往往妄有刊落。然小徐猶疑而未盡改，大徐則毅然去之，其誣妄較乃弟尤甚。今略舉數條言之，元，从一兀。小徐云：俗本有聲字，人妄加之也。按元兀聲相近。兀讀若夐。瓊，或作璇，是夐旋同音，兀亦與旋同也。髡，从兀，或从元，軏，論語作輓，皆可證元爲兀聲，小徐不識古音，轉以爲俗人妄加，大徐并不載此語。則後世何知元之取兀聲乎。普从日，竝聲，按古音並如旁，旁薄爲雙聲，普薄聲亦相近，漢中嶽泰室闕銘，竝天四海，莫不蒙恩，竝天即普天也，小徐以爲會意字。謂聲字傳寫誤多之，大徐遂刪去聲字。世竟不知普有竝聲矣。朏从月，出聲，按出有去入兩音，朏亦有普忽、芳尾兩切，則朏爲出聲何疑，小徐乃云本無聲字，有者誤也，而大徐亦遂去之，此何說乎。昆，从日，比聲，按比，頻聲相近，玭，或作蠙，昆由此得聲，取相近之聲也，小徐不敢質言非聲，乃覩爲日，日比之之說，大徐采其語，而去聲字，毋乃是今而非古乎。〔註28〕

二徐私改諧聲字，當日雖非大昕一人之發現，而未有言之如之明晰也。

（五）《說文》引經異文

古人用字，不甚嚴謹，而古籍傳授，又多口耳相授，經師不同，筆錄時異，《說文》九千三百五十三文，不見於經典者頗多，而經典相承之字，不見於《說文》者，亦頗不少，故大昕云：「今世所行九經，乃漢魏晉儒一家之學，叔重生於東京全盛之日，諸儒講授，師承各別，悉能通貫，故於經師異文，采摭尤備。」〔註29〕蓋漢儒治經，分今古文兩家，動以百數，即同治一家之學，文字亦多錯出，蓋師以手授，弟以耳受，授受之間，音讀稍異，形體遂別，許君著說文解字所引易、書、詩、禮、春秋、論語、孟子、爾雅，大半與今日通行經典文字多異。傳寫謬誤者有之，學派偶別，實爲多數，如希字：

《說文》稀从禾希聲，徐鉉謂：《說文》無希字，當从爻，从巾，巾

〔註28〕《養新錄》卷四，二徐私改諧聲字，頁192～193。
〔註29〕〈說文答問八〉，《文集》卷十一，頁145。

象禾之根莖,其義如何。曰:說文,稀莃晞,皆取希聲,明有希字,周禮司服,祭社稷五祀,則希冕,鄭氏讀希爲絺,希即古文絺也,古文絺紛皆从巾,今本《說文》有帢無希,蓋轉寫漏落,徐氏巾象禾根莖之說,穿鑿不足信。〔註30〕

乃傳寫謬誤,至其師承各別而異者,《養新錄》云:

〈說文序〉云:其偁《易》孟氏,《書》孔氏,《詩》毛氏,《春秋》左氏,皆古文也。乃有同偁一經,而文異者,如易以往吝,又作以往遴,需有衣絮,又作繻有衣,爲旳顙,又作爲駒顙,重門擊柝,又作重門擊欜,書鳥獸毨髦,又作鳥獸氄毛,方鳩僝功,又作旁逑僝功。濬く巜距川,又作睿畎澮距川,天用剝絕其命,又作天用勦絕。若顛木之有甹櫱,又作若顛木之有甹枿。詩桃之枖枖,又作桃之妖妖。江之永矣,又作江之羕矣。江有汜,又作江有洍。靜女其姝,又作靜女其妭。擊鼓其鏜,又作擊鼓其鼞,是褮裼也,又作是紲裼也。衣錦褧衣,又作衣錦褧衣。菅兮蔚兮,又作鐺兮蔚兮。赤舄擧擧,又作赤舄己己。嘽嘽駱馬,又作痑痑駱馬。不敢不蹐,又作不敢不踧。噂沓背憎,又作傅沓背憎。缾之罊矣,又作瓶之窒矣。無然詍詍,又作無然呭呭,憬彼淮夷,又作獷彼淮夷。春秋傳忨歲而潒日,又作翫歲而惕日。論語色孛如也,又作色艴如也。蓋漢儒雖同習一家,而師讀相承,文字不無互異,如周禮杜子春,鄭大夫,鄭司農三家,與故書讀法各異,而文字因以改變,此其證也。〔註31〕

據大昕之言,《說文》中之字,即經典中通行之字,其不見於經典中者,今之經典,多後世異文也,而今經典中所有,其不見於《說文》中者,在《說文》必有一字以當之,故大昕擧三百廿三字以明之。

（六）唐人引說文不皆可信

《詩》:「螽斯羽,詵詵兮」,《釋文》:「詵,《說文》作姺」,今《說文》無姺字。曾不容刀,正義引《說文》作舠舠,小船也,《釋文》亦云:「《字書》作舠,說文作䑠」,今《說文》有舠無舠䑠。〔註32〕

〔註30〕同上,頁152。
〔註31〕《養新錄》卷四,說文引經異文條,頁192～193。
〔註32〕同上,頁195。

《左傳釋文》引《說文》云：「瘭瘝，皮肥也」，今《說文》無瘭瘝二字。《史記‧賈誼傳》：「攡若囚拘」，索隱引《說文》：「攡，大木柵也」，今《說文》無攡字。《後漢‧儒林傳》注，引《說文》：「鱟，學也」，今《說文》無鱟字。〔註33〕

《文選‧魏都賦》注，引《說文》：「濤，大波也」，今《說文》無濤字。_{徐氏新附乃有之，西都賦注引此文作蒼頡》篇。}〈長笛賦〉注，引說文籧倅字如此，今《說文》無籧字。〔註34〕

按：有清一代，樸學之風大盛，學者治學多講板本，尤重宋本，致有佞宋之譏，其於唐本，乃至唐人古注與唐人類書中所引之字句，舉凡群經、眾史、諸子與夫詩文，莫不據以讎斠，輯佚而每有所穫，而文字學家亦多據唐人所引用之《說文》以為研究考訂。蓋以《說文解字》一書，自許慎撰著以來，雖經表上，然當時未見頒行，其後輾轉相鈔，訛誤遂生。南北朝時，吾國典籍多所散佚，梁顧野王作《玉》篇時，《說文》一書，已告殘缺。及乎李唐之世，其鈔本輒多不同。篆文、古文之筆劃，各有損益，李陽冰「刊訂說文」，竄亂許書，說文一書之真面目遂不可考。南唐徐鍇著《說文繫傳》世稱徐本，凡四十卷，其廣為徵引經傳，多所發明。其兄徐鉉於宋雍熙三年，重校「說文真本」三十卷，世稱大徐本，後人研讀《說文》，均以此書為主。清人研究《說文》，每據《文選》李善注、《初學記》、《藝文類聚》、《經典釋文》、《一切經音義》等唐人典籍中所引用之《說文》，以校訂今本《說文》，然唐人所引之《說文》，不皆可信，其中有可據者，亦有不可據者，如陸德明《經典釋文》、《春秋左氏音義》，宣公二年敘犬下引「說文云犬知人心可使者」。《爾雅音義》釋畜敘犬亦引「說文云，犬知人心可使者」。爾雅音義釋畜敘犬亦引《說文》云：犬知人心可使者。按，《釋文》作知者是，二徐本作如者非，此唐人引《說文》可據之例也。而《經典釋文》、《禮記音義》曾子問大祝下引「說文云：祝，祭主替詞者，替詞二字不可解，今宋本說文一上示部，祝，祭主贊詞者」，考今本《說文》，均無作替詞者，是替當為贊之誤，此則唐人引《說文》不皆可信之例也。是以不可一昧取用，當謹慎鑒定，大昕於此尊唐佞宋之學風下，一本其求真求實之治學態度，尊古而不昧古，得真而不佞唐，主唐人所引之《說文》不皆可信，必得一一甄別，始得取用，其審慎求真之精神，影響後學甚鉅。

〔註33〕同上，頁196。
〔註34〕同上。

（七）《說文》本字，俗借為他用

《說文》本有之字，世俗借爲它用者，如扮，握也，讀若粉，今人讀布患切，以爲打扮字。拓，拾也，或作摭，今人讀如彙，以爲開拓字。賑，富也，今借爲振給字。俺，大也，於業切，今借爲自稱之詞。靠，相違也，今借爲依倚之義。挨，擊背也，今借爲忍痛義。又借爲比附義，緞，履後帖也，本與鍛同，今借爲紬段字。赶，舉尾走也，今借爲追逐義。〔註35〕

按：大凡古今假借凡有三變，一爲本無其字之假借，二爲本有其字之假借，三爲譌字冒於假借。蓋文字未造，語言先之，是凡有意念，必先發爲聲音，其後始造爲字，文字未成之時，欲借文書傳達意象，則必取本有同音之字以借用之，此爲古今所同也。大昕舉扮，拓，賑，俺，靠，挨，緞，赶等字以說明世俗借用說文本有之字以假借，實能辨明本字者也。

（八）說文校譌字

大昕審定文字則據經傳以訂說文，或據說文以訂經傳，如：

裭，奪衣也，讀若池。案說文無池字，當爲扡。易，終朝三裭之，鄭康成本，裭作扡。淮南人閒訓，秦牛缺遇盜扡其衣被，高誘注：扡，奪也。許君讀若之字，皆經典通用字，扡奪聲亦相近。〔註36〕

按：段玉裁《說文解字注》，周易訟，上九或錫之鞶帶，終朝三裭之，侯果曰裭，解也。鄭玄、荀爽、翟元皆作三扡之，荀、翟訓扡爲奪。淮南書曰秦牛缺遇盜，扡其衣。高注扡，奪也，扡者，裭之假借字，十七、十六，二部音最近也。是知扡，裭假借，正可証大昕以說文無池字，而主張池當爲扡，見解甚是。

豆部，豆讀若鐙同，鐙當作登。案《說文》云讀若者，皆經典通用之字，詩：「于豆于登」，《爾雅》，瓦豆謂之登，本是桼字，而相承以登陟字代之，故許云：「讀若登同，二文皆從豆，豆、登聲相近，則桼亦有登音矣，廣韻有甄無桼，蓋即以甄代桼，而甄猶从登旁，知登與桼通，未戾六書之旨，後人妄造鐙字，強生分別，并《說文》讀若登字，改從金旁，非許君之舊矣。〔註37〕

〔註35〕同上，頁 196～197。
〔註36〕同上。
〔註37〕同上。

按：《說文》鼞，禮器也，从廾持肉，在豆上，讀若鐙同。段注：「登，鐙皆假借字，劉氏台拱曰：詩、爾雅皆作登，釋文，唐石經，廣韻皆無登字，玉篇有鼞字，俗製登字改經非也」。〔註38〕段氏以爲《釋文》、《石經》無登字，則《說文》鼞字下當作讀若鐙，然大昕則以甄从登旁，以明登與鼞通，知《說文》鼞字當作讀若登，作鐙，則係後人妄改，非許君之舊。此據經傳得以訂今本《說文》，大昕深知《說文》傳本屢經後人改訂，實非許書原貌，此說教示後之治《說文》者，不可盡信今本，宜據經以校訂之。

二、論歷代有關字書之著述

（一）論陸氏《釋文》一字兼收兩音

大昕跋《經典釋文》云：「自六書之義不明，經生轉寫，字體譌變，而音亦從而譌，陸元朗集錄諸家音，往往不能定而兼存之」。〔註39〕以陸氏《釋文》一字兼收二音，而斥其誶、訊不辨，揚、楊不分。《養新錄》云：

> 誶訓告，訊訓問，兩字形聲俱別，無可通之理，六朝人多習草書，以卒爲卂，遂與卂相似，陸元朗不能辨正一字兩讀，沿譌至今。《詩・陳風》，「歌以訊之，訊予不顧」，陸云：「本又作誶」音信，徐，息悴反，告也。〈小雅〉：「莫肯用訊」，陸云：「音信，徐，息悴反，告也？案此兩詩本是誶字。王逸注楚辭、引「誶予不顧」，其明證矣。徐仙民兩音息悴反，是徐本亦从卒也。陸氏狃于韻緩不煩改字之說，讀誶爲信，豈其然乎。大雅：執訊連連，此正訊問字，陸音信是矣。而又云：「字又作訊，又作誶，並同。禮記王制以訊馘告。陸云：「本又作誶」。《學記》：「多其訊」。陸云：「字又作誶」，則眞以訊誶爲一字矣。爾雅，誶，告也，陸引沈音粹，郭音碎，當矣。而又云，本作訊，音信，其誤亦同。今毛詩正義石經皆作訊，又承陸氏之誤。〔註40〕

又云：

> 詩王鄭唐風，揚之水，今本揚皆从手旁。臧鏞堂云：洪氏隸釋，載漢石經，唐風第三章，揚作楊，予所見隸釋，既見君子，云胡其憂，憂下空一格，下有揚字，不作木旁，當更考之。案王風

〔註38〕《說文解字注》五篇上，頁 210。
〔註39〕《文集》卷二十七，頁 409。
〔註40〕《養新錄》卷一，陸氏釋文誶訊不辨條，頁 88。

釋文，揚如字，或作楊木之字，非。而太平御覽八百十五、八百十六，並引唐第二章楊之水，三百卅三引詩序揚之水，又九百五十六引毛詩義疏楊之水，皆從木旁。據此，知王鄭唐風揚之水，本皆作楊，自陸德明誤以爲非，而唐石經又定從揚字，今遂無作楊者矣。尚書禹貢揚州，據郭忠恕佩觿，本作楊州，宋本爾雅釋地，亦作楊州。〔註41〕

蓋漢魏以下，隸變之後，繼以楷變，文字紛紜蛻變，及至六朝，通俗使用，書生抄寫，結體無定，文字混亂已極，《顏氏家訓・雜藝》篇云：

晉宋以來，多能書者，故其時俗遞相染尚，所有部帙楷正可觀，不無俗字，非爲大損。至梁天監之間，斯風未變，大同之末，訛替滋生，蕭子雲改易字體，邵陵王頗行譌字，前上爲章，能傍作長之類是也，朝野翕然，以爲楷式，畫虎不成，多所傷敗。至爲一字，唯見數點，或妄斟酌，遂便轉移，爾後墳籍，略不可看。北朝喪亂之餘，書籍鄙陋，加以專輒造字，猥拙甚於江南，乃以百念爲憂，言反爲變，不用爲罷，追來爲歸，更生爲蘇，先人爲老，如此非一，徧滿經傳。唯有姚元標工於楷隸，留心小學，後生師之者眾，洎於齊末，秘書繕寫，賢於往日多矣。江南閭里，間有畫書賦，此乃陶隱居弟子杜道士所爲，其人未甚識字，輕爲軌則，託名貴師，世俗傳言，後生頗爲所誤也。〔註42〕

史漢文字，相承已久，若悅字作說，閑字作閒，智字作知，汝字作女，早字作蚤……此之般流，緣古少字通共用之，……程邈變篆爲隸，楷則有常，後代作文，隨時改易，衛宏官書數體，呂忱或字多奇，鐘王等家，以能爲法，致令楷文改變，非復一端，咸著祕書，傳之歷代，又字體乖日久，其蕭敝之字法從艸，今之史本則有從屮，如此之類，竝即依行，不可更改，若其黿鼉從龜，辭亂從古……此之等類，例直是訛字，寵字爲寵，錫字爲錫，以支代文，將旡混元，若茲之流便成兩失。〔註43〕

因之經學家傳授經典，而有考校文字異同，辨正文字筆畫之正本，或定本。唐太宗貞觀七年頒顏師古五經定本，以統一經籍文字，顏氏又撰《字樣》一

〔註41〕《養新錄》卷一，楊之水條，頁87～88。
〔註42〕《顏氏家訓》卷七，雜藝第十九。
〔註43〕張守節，《史記正義》。

書，以解決寫本書因楷書通行後而發生之問題，《唐書・儒學傳》云：

> 嘗歎五經去聖遠，傳習寖訛，詔師古於祕書考定，多所釐正。

大儒陸德明撰《經典釋文》，亦是爲解決文字之紊亂，以其時刻本尚希，以通行之寫本爲據，「抄寫的文字訛俗滿紙，但是訛俗之中，又自有它的習慣，自有它的道理」。〔註44〕大昕非不明寫本成書之眞相，惟字書當示人以正確之字形，故斥陸氏《釋文》譯訊不辨，揚楊不分，於跋《龍龕手鑑》更可見大昕斥陸氏《釋文》之用意，大昕云：

> 六書之學，莫善於《說文》，始一終亥之部，自《字林》、《玉》篇以至《類篇》，莫之改也。自沙門行均《龍龕手鑑》出，以意分部，依四聲爲次，平聲九十七部，上聲六十部，去聲二十六部，入聲五十九部，始金終不，以雜部殿焉，每部又以四聲次之，計二萬六千四百三十餘字。其中文攴不分，曰白莫辨，峀峉入於山部，鬭鬧入於門部，糞粦入於米部，瓟皰入於瓜部，以八爲部首，而讀武平反，以二爲首，而讀徒侯反，以屮爲部首，而讀居凌反，滴音商，而又音雋歷反，則混商於商。鑴音子泉反，而又音戶圭反，則混都於雋，鋅則多辛複出，弓則弓雜兩收。夛、歪、甬、孨，本里俗之妄談，崩恴壬卡，悉魚豕之訛字，而皆繁徵博引，汙我簡編，指事形聲之法，掃地盡矣。〔註45〕

不惟大昕攻之，清代文字學家亦眾口抨擊：

> 此書俗謬怪妄，不可究詰，全不知形聲偏旁之誼，又轉寫譌亂，徒淆心目，轉滋俗惑。直是廢書，不可用也。其書本名龍龕手鏡，宋人避諱改爲鑑耳。〔註46〕

> 其部居誤認偏旁，不必論矣。且如既有瓦部，而甄甌甌等字，皆入凡部，字俱從凡。既有瓜部，而瓡、瓢、瓥、瓞、皰等字皆入爪部，字俱從爪，此類蓋亦不勝究詰，特以其爲宋以前字書，墜文佚義或間有存者，披沙揀金，聊供采穫，故好古者亦頗蓄之，然其誤人實不淺也。〔註47〕

〔註44〕潘師重規〈敦煌卷子俗寫文字與俗文學之研究〉，《敦煌變文論輯》。

〔註45〕〈題跋一〉，《文集》卷廿七，頁414。

〔註46〕李慈銘《越縵堂讀書記》。

〔註47〕同上。

　　近人羅振玉氏亦譏「譌誤多有，不勝指摘」。而潘師重規於《龍龕手鑑新編》引文，則謂爲寫本俗字之實況，其言曰：

　　誠察錢李諸氏呵斥手鑑瓦凡、瓜爪諸部之混淆，殆無不爲寫本俗字之實況，如手鑑衣部收祜字，注云：「胡古反，福也」。又示部亦收祜，注云：「胡古反，福也」。且於示部「礻」字注云：「此字與衣、示二部相涉」，此明言寫本從衣，從礻，從示之字往往不分也。又旅字見方部，衣部又收袘，注云：「俗，音呂，祭名也」，示部又收袱，注云：「音呂，祭山川名也」。此由寫本旅字或從示作袱，或從衣作袘，故方，礻，衣三部兼收也。又爿部牀、牆、戕、牆諸字，兼收入牛部，作牀、牂、牧、牄，此寫本以從牛從爿之字往往不分也。又日部曈、曖諸字，收入肉部作朣作朡，此從日從肉之字往往不分也。彳部有優字，注云：「音憂，優遊也」。有俗字，注云：「似足反，風俗，與俗同」。此從彳、從彳之字往往不分也。又兀部注云：「五忽反，高危兒，此部與尣部相涉」，故從尢如尬尷，與從兀之字如甈、圽同列部中。宗廟之字從广不從疒。而手鑑疒部載瘑、癇，注云：「二俗，明笑反，正作廟」此從广從疒之字往往不分也。其他如卷一文部第十四「文」字注云：「字與攴攵部俗字相濫」。攴部第十五「攴」字注云：「說文云無點，又此部與文攵三部俗字相濫，故出之耳」。又卷四攵部第卅四「攵」字注云：「此字與攴文三字相涉」。卷一瓜部第六十六「瓜」字注云：「瓜部與爪部相濫，爪音側絞反」。卷二爪部第三十「爪」字注云：「側絞反，指也。又古文示字。又爪部與瓜部相濫，瓜音古花反」。卷四肉部第四「肉」字注云：「或俗作宍亦通，隸書變體作同，故與月部相濫耳」。卷二冈部第廿九「冈」字注云：「此字與四部相濫，故從俗者也」。是以卷三四部收羇罹早叕諸字。卷二几部第三十五几字注云：「居履反，案屬也。又烏光反，曲脛也。此字兩處收之耳」。如雨部平聲：「霚，正，所江反，兩兒也，今作雙，同也」。又入聲出霩字注云：「正，胡郭反，覆霩，大雨也。」是雨部兩出霩字，一從兩隻爲雙，一從兩隻爲大雨，故知雨，兩同形不分也。凡此俗寫文字混淆之現象。〔註48〕

〔註48〕　《龍龕手鑑新編》，頁首之引言。

按：蓋以寫本俗字既已通行，而形多相混，此爲客觀存在之事實，行均龍龕手鑑據寫本字體以編爲字書，亦不得無視於字形相混之客觀事實，是以爲求後人之能分辨，而通讀古寫本，乃有同一字形而兼具二音二義者。陸元朗經典釋文一書中，一字兼收兩音，其立意當亦與行均同。大昕之詆陸氏一字兼收兩音之濫，斥評許之不辨，抨擊釋行均龍龕手鑑之俗謬怪妄，偏旁淆亂，直是廢書。大昕之注心於文字之教育，以爲字書當示人以正確之字形、字音、字義，深恐世人受釋文與手鑑之導誤而致書寫無定，淆亂文字之疆界，此足見其致憂之深也。

（二）論徐鉉校訂《說文解字》

《說文解字》一書，經唐李陽冰所亂，許君眞本不傳，陽冰改本亦已佚失。及乎宋代，徐鉉等校定說文，即今世所稱之大徐本，《宋史·徐鉉傳》曰：「……鉉精小學，好李斯小篆，臻其妙，隸書亦工，嘗受詔與句中正，葛湍，王帷恭等同校《說文》。」〔註49〕錢大昕氏云：

> 自古文不傳於後世，士大夫所賴以考見六書之源流者，獨有叔重說文解字一書，而傳寫已久，多錯亂遺脫，今所存者，獨徐鉉等校定之本。〔註50〕

其書原十五卷，通行當時，徐鉉等進表曰：

> ……許愼采史籀李斯揚雄之書，博訪通人，考之於逵，說文解字至安帝十五年始奏上之，而隸書行之已久，習之益工，加以行草八分，紛然閒出，反以篆籀爲奇怪之迹，不復經心。至於六籍舊文，相承傳寫，多求便俗，漸失本原、爾雅所載草木魚鳥之名，肆意增益，不可觀矣。……唐大曆中，李陽冰篆迹殊絕，獨冠古今，自云：「斯翁之後，直至小生」。此言爲不妄矣，於是刊定說文，修正筆法，學者師慕篆籀中興，然頗排斥許氏，自爲臆說。夫以師心之見，破先儒之祖述，豈聖人之意乎？今之爲字學者，亦多從陽冰之新義，所謂貴耳賤目也。……文字者，六藝之本，固當率由古法，乃詔取許愼說文解字，精加詳校，垂憲百代。

又曰：

> 大抵此書務援古以正今，不徇今而違古，若乃高文大冊，則宜以篆

〔註49〕《宋史》卷四四一，頁 13046。
〔註50〕〈跋說文解字〉，《文集》卷廿七，頁 411。

籀箸之金石，至於常行簡牘，則艸隸足矣。又許慎注解，詞簡義奧，
不可周知，陽冰之後，諸儒箋述，有可取者，亦從附益，猶有未盡，
則臣等粗爲訓釋，以成一家之書。說文之時，未有翻切，後人附益，
互有異同，孫愐唐韻，行之已久，今並以孫愐音切爲定，庶夫學者
有所適從。

鉉以篇帙繁重，每卷各分上下，《說文》闕載，注義及序例偏旁有者，新補十九
文於正文中，經典相承傳寫及時俗要用而《說文》不載者，新附四百二文於正
文後，又以俗書譌謬，不合六書之體二十八文，及篆文筆迹相承小異者，附於
全書之末，校訂之外，稍有訓釋，每字皆用孫愐切音注于下，《四庫提要》曰：

> 凡字爲說文注義序例所載，而諸部不見者，悉爲補錄。又有經典相
> 承時俗要用而說文不載者，亦皆增加，別題之曰新附字。其本有正
> 體，而俗書訛變者，則辨於注中，其違戾六書者，則別立卷末，或
> 注意未備，更爲補釋，亦題臣鉉等按以別之，音切則一以孫愐唐韻
> 爲定，以篇帙繁多，每卷各分上下。

徐書糾正當時臆說，以復許書之原旨，其校訂之功不可沒也。惟其校訂，不
乏粗疏，實以不明形聲之理，大昕跋《說文解字》云：

> 鉉等雖工篆書，至于形聲相從之例，不能悉通，妄以意說，如說
> 文代取弋聲，徐以弋爲非聲，疑兼有忒音，不知忒亦從弋聲也。
> 経取至聲，徐以爲當從姪省，不知姪亦從至聲也。配取巳聲，徐
> 以巳爲非聲，當從妃省，不知妃亦從巳聲也。卦取圭聲，徐以圭
> 聲不相近，當從挂省，不知挂亦從圭聲也。嘆取莫聲，徐以爲當
> 從漢省，不知漢從難省聲，難仍從莫聲也。殿取殿聲，徐以爲當
> 從臀省聲，不知殿本從屁聲，臀乃從殿聲也。（屁臀古今字）辣取
> 臬聲，徐以臬爲非聲，不知臬從台聲，詩：辣天之未陰雨，今本
> 作迨，亦從台聲也。轘取睘聲，徐以睘爲非聲，當從環省，不知
> 睘從袁聲，環、還、闤、嬛、儇、獂之類，並從睘聲，古人讀睘
> 如環，詩：「獨行睘睘」，釋文本作煢，煢與睘聲相轉，故多假借
> 通用，非環睘有異聲也。熇取高聲，徐以高爲非聲，當從嗃省，
> 不知嗃亦從高聲，且說文無嗃字，徐氏據周易王輔嗣本增入，考
> 劉表本作熇熇，鄭康成訓苦熱之意，亦當從火旁，熇之與嗃，猶
> 妃之與配，本是一字，不當展轉取聲也。能取吕聲，徐以爲非聲，

按台、能皆从㠯得聲，古人讀能爲奴來切，漢諺云：欲得不能，光祿茂才，不必鼈三足，乃有此音也。翬取軍聲，徐以爲當从揮省，不知揮亦從軍聲。軍轉爲威，猶斤轉爲幾。祈、圻、蘄、沂、之取斤聲，揮翬之取軍聲，皆聲之轉，而徐未之知也。竷取竷省聲，徐云：「竷非聲，未詳」。按詩：「坎坎鼓我」，說文引作竷，竷坎與空聲相轉，故空侯一名坎侯，贛爲竷之轉聲，猶鳳爲凡之轉聲，而徐亦未之知也。兑取㕣聲，徐以爲非聲，按兑説同義，説即从兑得聲，㕣轉爲説，猶殄轉爲餮，此四聲之正轉，而徐亦未之知也。弼取丙聲，徐以爲非聲，按丙有三讀，其一讀如誓，誓从折得聲，弼从丙得聲，亦四聲之正轉，而徐未之知也。移取多聲，徐云：「多與移聲不相近」，蓋古有此音。按栘眵趍迻，皆取多聲，猶之波取皮聲，奇取可聲，東方朔繆諫，清湛湛而瀸滅兮，溷淖淖而日多，梟鴞既已成群兮，元鶴弭翼而屏移，張衡思元賦，處子懷春，精神回移，如何淑明，忘我實多，此古人以移叶多之證。六朝以降，古音日亡，韻書出而支歌判然爲二，而徐亦未之知也。虔取文聲，讀若矜，徐云，文非聲，未詳。按古人眞文先仙諸韻，互相出入，高彪詩：文武將墜，乃俾俊臣，整我皇綱，董此不虔，此古人讀虔如矜之證，而徐亦未之知也。駁取爻聲，㢗取交聲，徐皆以爲非聲。按覺學本蕭宵肴豪之入聲，釣从勺，鞄从包，翯从高，駮从交，徐皆不復致疑。而獨疑駁㢗之非聲，何也？輅賂皆取各聲，徐以各爲非聲，當從路省，按藥鐸本虞模之入聲，謨从莫，涸从固，縛从専，薄从溥，並取諧聲，路之从各，亦諧聲也，徐皆不復致疑，而獨疑輅賂之非聲，何也。是古人四聲相轉之法，徐亦未之知也。䕮取樵聲，讀若酋，徐云：樵，側角切，聲不相近，按樵本从焦聲，平入異而聲相通，鄭康成謂秦人猶搖聲相近，倏有條音，繇有宙音，秋从龝聲，茅从矛聲，朝从舟聲，彫从周聲，皆聲之相轉，何獨疑䕮之樵聲，是古音相通之例，徐亦未之知也。訴从𢧵省聲，徐以爲非聲，按訴本从㡿省，字或作遡，朔與㡿，並从屰得聲，屰與啎聲相近，故許君訓啎爲逆，㡿朔皆从屰得聲，則訴之从㡿聲，宜矣。今本㡿作𢧵，乃轉寫之譌。徐氏不能校正，轉疑其非聲，亦過矣。其它增

入會意之訓，大半穿鑿附會，王荊公字說，蓋濫觴於此。〔註51〕
徐氏校訂本，於形聲之例不能悉通，往往除去聲字，而爲會意之訓，大昕皆
一一指出，惟其附益之字，實乃出太宗之意也。大昕云：

> 予初讀徐氏書，病其附益字，多不典，及見其進表云：「復有經典相
> 承，及時俗要用，而說文不載者，承詔皆附益之」，乃知所附，實出
> 太宗之意，大徐以羈旅之身，處猜忌之地，心知其非，而不敢力爭，
> 往往於注中略見其旨。〔註52〕

大昕之論，可謂曲諒徐氏之心。

貳、聲韻學

林師景伊云：

> 語言不憑虛而起，文字附語言而作，故有聲音而後有語言，有語言
> 而後有文字，此天下不易之理也，是以研討文字之源探求語言之變，
> 以及窮究訓詁之道，非明聲韻莫由。〔註53〕

又曰：

> 非聲不足以知形，非聲不足以明義。〔註54〕

由此可知形、音、義三者，聲韻實爲媒介之具，居樞紐之地位，而爲研究文
字語言之管鑰也。

我國聲韻學之研究，萌芽於東漢，其時無韻書專著，然已有譬況假借，
直音、讀若等注音方法。至魏晉南北朝，雙聲疊韻之說大盛，反切四聲之學
已興，而韻書之作亦始於魏李登之聲類，《封演聞見記》曰：「魏時有李登者，
撰《聲類》十卷」。晉呂靜繼之而作《韻集》，此後有夏侯詠《韻略》、陽休之
《韻略》、周思言之《音韻》，李季節之《音譜》、杜台卿之《韻略》等，至隋
陸法言撰《切韻》而集其大成，唐王仁昫《刊謬補缺切韻》、孫愐《唐韻》、
李舟《切韻》，均於陸書有所增訂。至宋陳彭年等復加校定，易名《廣韻》，
遂刊爲定本。又字母等韻之學，並皆傳於唐宋之際。及至明清，古音學之研
究大行於世，名家輩出，如顧炎武、江永、段玉裁、孔廣森、王念孫、江有

〔註51〕《文集》卷廿七，頁411～413。
〔註52〕〈說文新附攷序〉，《文集》卷廿四，頁352。
〔註53〕林師景伊，《中國聲韻學通論》，第一章，聲韻與文字之關係，頁1。
〔註54〕同上。

誥等均有卓越之成績，而錢大昕則爲承先啓後之重要人物。黃侃云：「清世兼通古今聲韻者，惟有錢大昕，餘皆有所偏闕」，〔註 55〕陳師新雄亦云：「清世古音學家，若顧炎武、江永、段玉裁、王念孫、江有誥之流，於古韻研究，貢獻殊多，古聲紐尚茫然未之知也，於古聲古韻皆能兼通者厥爲錢大昕一人而已。」〔註 56〕蓋古無韻書，此研究古音之大難也，幸古人之文具在，清人乃就詩三百篇等有關材料，創立治古音之方法，計有古代韻文、說文諧聲及重文、經籍異文、漢儒音讀、音訓釋音，古今方言、歷代韻書等，大昕乃用各種材料與方法，交相互用，其序《詩經韻譜》：「三代以前無所謂聲韻之書，然詩三百篇具在，參以經傳子騷，類而列之，引而伸之，古音可僂指而分也。」〔註 57〕大昕有《音韻答問》一卷、《十駕齋養新錄》卷五，皆論古今聲韻，有所貢獻之作。

一、古韻部說

黃侃云：「清世兼通古今聲韻者，惟有錢大昕」，陳師新雄亦云：「錢氏於古音成就最大者，厥爲古聲紐之攷定，而於古韻則遠不如其古聲紐考訂之精覈」。〔註 58〕大昕於古韻之討論有正音、轉音之說及古韻之斂侈，通韻說辨，今分述如下：

（一）大昕之正音轉音說

大昕於古韻，未有部分，其於韻部，最主要之理論，厥爲《詩經》有正音，有轉音之說。所謂正音，即文字偏旁同諧聲。所謂轉音，即語言清濁之相近，《音韻答問》云：

> 古人亦有一字而異讀者，文字偏旁相諧，謂之正音，語言清濁相近，謂之轉音。音之正有定，而音之轉無方。正音可以分別部居，轉音則祇就一字相近，假借互用，而不通於他字。……古人有韻之文，正音多而轉音少，則謂轉音爲協，固無不可，如以正音爲協，則傎到甚矣。〔註 59〕

〔註55〕《黃侃論學雜著》，頁 62。
〔註56〕陳師新雄，《音略正補》一，略例，頁 4。
〔註57〕〈詩經韻譜序〉，《文集》卷廿四，頁 343。
〔註58〕陳師新雄，《古音學發微》，第二章，古韻部說，頁 276。
〔註59〕〈音韻答問十二〉，《文集》卷十五，頁 208。

又云：

> 古人之立言也，聲成文而爲音，有正音以定形聲之準，有轉音以通
> 文字之窮，轉音之例，以少從多，不以多從少，顧氏知正音而不知
> 轉音。有扞格而不相入者，則諉之於方音，甚不然也。五方言語不
> 通，知其一而不知其他，是之謂拘於方。〔註60〕

又云：

> 凡字有正音、有轉音，近既從斤，當以其隱切爲正，其讀如幾者轉
> 音，非正音。如碩人其頎，亦頎之轉音。禮記：頎乎其至，讀頎爲
> 懇者，乃其正音耳。倩從青，而與盼韻，顒從禺，而與公韻，實從
> 貫，而與室韻，恢從奴而與述韻，皆轉音而非正音。……予謂三百
> 篇中，轉音之字甚多，七月之陰，雲漢之臨，蕩之諶，小戎之驂，
> 車攻之調同，桑柔之瞻，文王之躬，生民之稷，北門之敦，召旻之
> 頻，正月之局，皆轉音也。〔註61〕

於〈答嚴久能書〉云：

> 聲音本於文字，文相從者謂之正音，聲相借者謂之轉音。正音一而
> 已，轉音則字或數音。正音如宗族，昭穆雖遠，而實出一本。則引
> 而同之，故喉舌脣齒音不同，而合爲一部，轉音如婚姻，夫之與婦
> 至親也，而婦之族不可以混夫之族。故音之轉，必清濁舒歛同位同
> 等乃可假借，其他同部之字，仍風馬牛不相及也。〔註62〕

按：談古韻者，無論分析如何精密，例外協韻之現象，仍不可能避免，在顧
亭林則謂之方音之訛，江永則指爲學古之誤，段玉裁稱之爲異部合韻，大昕
稱之爲轉音，皆明白指出不以例外而混淆部居。而大昕以夫婦倫理關係以喻
轉音，尤爲親切，誠所謂能就近取譬，親切著明者矣。

至大昕之所謂轉音，有聲轉、義轉之別，聲轉亦謂之雙聲假借，名聲隨
義轉，茲分述之：

1. 雙聲假借

所謂雙聲相借者，如《易・屯象》以「民」與「正」爲韻，然「民」古

〔註60〕同上，頁 210。
〔註61〕同上，頁 211～212。
〔註62〕《文集》卷卅六，頁 564。

韻屬眞、諄部，「正」屬耕，清部。眞、諄與耕、清韻不同部，本不相協，因「民」與「冥」雙聲，轉「民」之音爲「冥」，故可與「正」爲韻。他如〈觀象〉以「平」與「賓」「民」爲韻，亦因「平」「便」雙聲，轉「平」爲「便」音，故與「賓」「民」爲韻。其《音韻答問》云：

> 問古今言音韻者，皆以眞、諄爲一類，耕、清爲一類，而孔子贊易，於此兩類，往往互用。崑山顧氏，因謂五方之音，雖聖人有不能改者，信有之乎？曰：後人所疑於彖象傳者，不過民、平、天、淵諸字，此古人雙聲假借之例，非舉兩部而混之也。民、冥聲相近，故屯象以韻正，讀民如冥也。平、便聲相近，故觀象以韻賓民，讀平如便也。淵音近環，與營聲相近，故訟象以韻成正，讀淵如營也。天、汀聲相近，故乾象以韻形成，乾文言以韻情平，讀天如汀也，此例本於維清之禋，成禎烈文之訓刑，夫子亦猶行古之道而已矣。古人訓膺爲胸，故膺有癰音，《說文》，膺，胸也。《釋名》膺，癰也，氣所癰塞也。蒙象以應韻中功，比象以應韻中窮，亦讀應爲癰也。未濟象以極與正韻，朱文公疑極當作敬，顧氏以其非韻，遂置之不論。予謂極从亟，亟、敬聲相近，《廣雅》亟，敬也。方言自關而西，秦、晉之間，凡相敬愛謂之亟，則朱說非無稽，但不必破字耳。革象以炳蔚君爲韻。按說文，若从艸，君聲，讀若威。漢律：婦告威姑，威姑者，君姑也。君威同音，則蔚與君本相諧，而炳彪聲亦相近，蓋讀如彪也。《說文》彪，虎文彪也，與易義相應，是漢儒傳易，固有作彪字者矣。豫象以凶與正韻，中正本雙聲字。艮象，以中正也，亦與躬、終爲韻，則正與凶亦可韻也。象傳無不韻之句，獨此三卦，顧氏所不能通，而并刪其文，殊失闕疑求是之旨，今以雙聲通之，則渙然釋矣。〔註63〕

又曰：

> 其以聲轉者，如難與那聲相近，故儺从難而入歌韻，難又與泥相近，故齉从難而入齊韻，非謂歌、齊兩部之字，盡可合於寒、桓也。宗與尊相近，故春秋傳伯宗或作伯尊，臨與隆相近，故雲漢詩以臨與躬韻，軍與固相近，故瞻卬詩以軍與後韻，非謂魂、侵、侯之字，

盡可合於東、鍾也。〔註64〕

2. 聲隨義轉

所謂聲隨義轉者，如詩，小旻：「是用不集」，毛傳訓集爲就，即轉從就音，以與猶咎爲韻，〈音韻問答〉云：

> 毛公詁訓傳，每寓聲於義，雖不破字，而未嘗不轉音。小旻之「是用不集」，訓集爲就，即轉從就音。鴛鴦之「秣之摧之」，訓摧爲莝。即轉從莝音。瞻卬之「無不克鞏」，訓鞏爲固，即轉從固音。戴芟之「匪且有且」，訓且爲此，即轉從此音。明乎聲隨義轉，而無不可讀之詩矣。〔註65〕

又云：

> 毛公詩傳，既不破字，何以知其有轉音？曰：大雅：「倪天之妹」，韓詩：倪作磬，而毛亦訓爲磬，音隨義轉，即讀爲磬矣。小雅「外禦其務」，左傳：務作侮，而毛亦訓爲侮，即讀如侮矣。鄭風「方秉蕑兮」，毛訓蕑爲蘭。說文有蘭無蕑，知蕑讀如蘭也。衛風：「能不我甲」，韓詩：甲作狎，毛亦訓爲狎，即讀如狎也。小雅：「神之弔矣」，毛訓爲至，弔與質爲韻，是讀弔爲至也。毛無破字，其說蓋出於王肅，肅欲與鄭立異，故於鄭所破之字，必別爲新義，雖自謂申毛，未必盡得毛旨也。試以他經證之，賡之正音當如庚，而書乃賡載歌，即從續音。說文：續，古文作賡，是漢古文尚書讀庚爲續矣。丱之正音當近貫，故齊風以丱與變弁爲韻，而周禮丱人，借丱爲礦字，說文：礦或作丱，此依周禮讀，非謂詩總角丱兮，亦當讀爲礦也。賡、續以義轉，丱、礦以聲轉，此古經轉音之例，魏晉以後，此義不講，而讀經者動多窒礙也。〔註66〕

又云：

> 其以義轉音，如躬之義爲身，即讀躬如身，詩：「無遏爾躬」，與天爲韻。易：「震不于其躬，于其鄰」，躬與鄰韻，非謂眞先之字，盡可合於東，鍾也。賡之義爲續，說文以賡爲續之古文，蓋尚書：「乃賡載歌」，孔安國讀賡爲續，非陽、庚之字，盡可合於屋、沃

〔註64〕同上，頁208。
〔註65〕《文集》卷十五，頁212。
〔註66〕同上，頁213。

也。〔註67〕

由大昕之雙聲假借，與聲隨義轉之說以觀，似覺執簡可馭繁。然若廣泛引用，則逸出古韻部之範圍，故陳師新雄云：

> 按錢雙聲假借與聲隨義轉之說，於古雖不必其無，然若廣泛引用，亦必如宋人叶音之說而漫渙古韻諸部之疆界矣。而於戴、孔對轉之理論，亦足摧毀其範垣矣。故錢氏轉音之說，僅可參考，而終難以全據定古韻部之音轉也。然錢氏由韻轉而知由聲變而致，則又前人之所未見及也。〔註68〕

故大昕主張字音有正有轉，一字數音，若顧亭林拘執於一字定音之論，實未達乎聲音之變也，而韻轉知由聲變所致，此說足開後人研究之途徑。

（二）反對古歛今侈之說

段玉裁六書音均表有古音多歛，今音多侈之語。以爲「之」之變爲「咍」，「歌」之變爲「麻」等，大都由歛變爲侈也，大昕深不以爲然。嘗云：

> 近儒言古音者，每謂古歛而今侈，如之之爲咍，歌之爲麻，由歛而侈，似乎可信。曰：此說亦不盡然，蓋有古侈而今歛者矣。如古之脣音，皆重脣也，後人於其中別出輕脣四母，輕脣歛于重脣也。古多舌音，後人或轉爲齒音，齒音歛于舌音也。甫、方、扶、房、武分諸字，本重脣，今轉爲輕脣。而魏晉人所制反切，不能改，則爲類隔之例以通之，善學者，即類隔可以考齊梁以前之音。蓋古人制反切，其音未有不和者，而暖姝恂愗之夫，遂謂古人眞有類隔之例，夫亦大可哀矣。古人讀陟、敕、直、恥、豬、竹、張、丈，皆爲舌音，每用以切舌音之字，沖，直弓反，而說文讀若動，此可證古音直如特也，字母家雖不知今之齒音，古多讀舌音，而猶不敢輕改相傳之反切，乃于舌音四母之外，兼存知、徹、澄三母，不混于齒音，此吾所以言三十六母之爲華音也，就今音言之，此三母誠爲重沓，然因是可以考求中華之舊音，則亦不無裨益矣。聲音或由歛而侈，或由侈而歛，各因一時之語言，而文字從之，如儀宜爲字，古音與歌近，今入支韻，即由侈而歛也，豈可執古歛今侈之說，一槩而論

〔註67〕同上，頁208。
〔註68〕陳師新雄，《古音學發微》，第二章，古韻部說，頁280。

乎。〔註69〕

按大昕謂聲音有由歛而侈，有由侈而歛，各因一時之語言而文字從之，誠爲塙論，足匡段說之失。章太炎作廿三部音準，亦極非難段氏古歛今侈之說，引大昕之說，曰：

> 段氏言古音歛，今音侈，悉以支韻遂就正韻，則支、脂何以分，東冬何以辨焉，錢君駁之曰：歌部字今多入支，此乃古侈今歛之徵也，余以古人呼泰若今北方呼麻之去，今乃與代、隊、至、亂，亦古侈今歛也。大氐聲音轉變，若環無端，終則有始，必若往而不返，今世宜多解頤之憂矣。〔註70〕

章氏謂泰部讀麻韻去聲，以非古歛今侈說之不確，大昕詔示吾人不可拘執於古歛今侈之成見，以妄斷古人音讀，實爲有見。至大昕以爲輕脣歛於重脣，齒音歛於舌音，陳師新雄則直指純爲臆必之言云：

> 夫江，段以來之言古音歛侈者，蓋指元音之開口度而言，而錢氏竟牽合輔音而與之並論，實於音理不合者也。〔註71〕

陳師雖是大昕聲音有由歛而侈，有由侈而歛之說，然於大昕牽合輔音而論輕脣歛於重脣，齒音歛於舌音說，則不敢苟同。

（三）通韻說辨

古合韻之說，創始於段氏，段氏既定古韻爲十七部，然考之周、秦用韻，實有本不同部而互相諧協者，亦即古與古異部而相合用者，即謂之古合韻。如詩大雅思齊：「肆成人有德，小人有造，古之人無斁，譽髦斯士」。造字在尤部，士字在之部，二字押韻，乃異部合韻也，蓋不知有合韻，則或以爲無韻，或指爲方音，或以爲學古之誤，或改字以就韻，或改本音以就韻，段氏創古合韻以正前舉五失。段氏既持古合韻之說，乃以其合韻次數多寡而定古音之遠近，以爲部次之先後。又以此部次之先後，析十七部爲六類，以異乎同入爲樞紐，此其合韻說之梗概也。段氏創此說不久，大昕即去書非之曰：

> 足下又謂聲音之理，分之爲十七部，合之則十七部，無不互通，蓋以三百篇閒有歧出之音，故爲此通韻之說，以彌縫之，愚竊未敢以

〔註69〕〈音韻答問十二〉，《文集》卷十五，頁218～219。
〔註70〕章太炎，廿三部音準。
〔註71〕陳師新雄，《古音學發微》，第二章，古韻部說，頁281。

爲然也。古有雙聲、有疊韻，參差爲雙聲，窈窕爲疊韻，喉腭舌齒脣之聲，同位者皆可相轉. 宗之爲尊，桓之爲和是也。聲轉而韻不與之俱轉，一縱一橫，各指所之，故無不可轉之聲，而有必不可通之韻，不得以怉、忰之轉彭、亨，而通庚于豪，無俚之轉無聊，而通之于蕭，宵母之轉泥母，而通齊於青也。古人之音，固有若相通者，如眞與清，東與侵，閒有數字相出入，或出于方言，或由於聲轉，要皆有脈絡可尋，非全部任意可通，至如，周原膴膴，韓詩作腜，正與飴茲韻，歌以訊之，王逸注楚詞引作誶，正與萃韻，字形相似，不無轉寫之譌。足下既考古而正經文之譌，而又兼存此傳譌之音，以爲通轉之例，大道之多歧，必自此始矣。〔註72〕

除大昕外，江有誥氏亦於嘉慶十七年（1812）三月寄茂堂書曰：「表中於顧氏無韻之處，悉以合韻當之，有最近合韻者，有隔遠合韻者，有誥竊謂，近者可合，遠者不可合也，何也？箸書義例當嚴立界限，近者可合，以音相類也，遠者亦謂之合，則茫無界限，失分別部居之本意矣。」〔註73〕錢、江二氏，皆以合韻之說不可從。

段氏之証古合韻，除據《詩經》、羣經、屈原賦韻字外，亦旁及古代韻文、兩漢韻文、經籍異文、說文重文、漢儒音讀、諧聲偏旁、古代方言，以見其說之有據。而合韻之說非指十七部彼此皆可通轉，乃指古韻部彼此之間，由於方語之殊異，而有例外押韻之現象。承認此種例外押韻之現象，方不至於因此少數例外，而混淆古韻之部類。故段氏謂知其分然後知其合，知其合然後愈知其分。段氏此說實最爲通達之論，而大昕不達此恉，以爲十七部彼此可通，則非知段氏者矣。

二、古聲紐說

（一）發明古今聲類有異

錢大昕云：「古人以音載義，後人區音與義而二之，音聲之不通而空言義理，吾未見其精於義也。」〔註74〕音聲實形義之樞紐而爲研討文字語言之管鑰，先世之研究聲韻者，每舉韻而遺聲，而於古音爲尤然。古韻之研究，

〔註72〕〈與段若膺書〉，《文集》卷卅三，頁520～521。
〔註73〕江有誥，《音學十書》卷首。
〔註74〕〈詩經韻譜序〉，《文集》卷廿四，頁343。

肇始於宋人，歷明至清，臻於極盛，成績大有可觀，惟古聲類之問題，不但為宋元人所未及，即以顧氏之好古，亦未嘗措意，江永雖以精通聲韻名，然篤信守溫字母，至以為不可增減，不可移易（四聲切韻表凡例）於古聲亦無所發明，戴震聲類表中列聲位四十，與守溫略有異同，推其作意實以兼表古今之音，則戴氏亦以古今聲類無異致也。近人曾廣源謂其聲類表即轉語，而所謂同位位同，正轉變轉之說亦僅言語文轉變之例，非專究古聲之作也。待錢大昕興，發明古無舌上、輕唇之說，其言已成不可動搖之斷案，故知古今聲類有異者，實首先發於大昕。

　　蓋研究古音之目的，在乎貫通訓詁與明瞭方言，而義之通變，係乎韻者少，而係乎聲者多。方言之歧異，關於韻部之不同者，人所易知。關於聲類之轉變者，人所難明。苟非有古聲類之真確理論助之，則貫通訓詁與明瞭方言者實不易言，大昕於小學之功厥偉。使古聲研究有條例規律可尋者，自錢大昕始，故大昕可謂發明古今聲類之有異者也。

（二）古無輕唇音說

　　音韻隨時代而遷移，故今音異乎唐音，唐音不同於古音，大昕云：

> 音聲有時而變，五方之民，言語不通，近而一鄉一聚，猶各操土音，彼我相嗤，矧在數千年之久乎，謂古音必無異於今音，此夏蟲之不知冰也。〔註75〕

而古音之學，清人于韻部，成就斐然，於聲母，論者較少。古無輕唇音說，發其端者雖為顧氏，迨大昕提出古無輕唇音之證明，〈答問十二〉云：

> 問，輕唇之音，何以知古人必讀重唇也。曰：廣韻平聲五十七部，有輕唇者，僅九部，去其無字者，僅二十餘紐，證以經典，皆可讀重唇。如伏羲即庖羲，伯服即伯犕，士魴即士彭，扶服即匍匐，密勿即蠠沒，附婁即部婁，汶山即岷山，望諸即孟諸，負尾即陪尾，茷芬即馥芬，有匪即有邠，繁纓即鑿纓，方羊即旁羊，封域即邦域，亹亹即勉勉，膴膴即膜膜，燕菁即蔓菁，封讀如窆，佛讀如弼，紛讀如豳，繁讀如婆，亹讀如門，妃讀如配，負讀如背，茀讀如孛，軷讀如勃，鳳讀如鵬，凡今人所謂輕唇者，漢魏以前，皆讀重唇，知輕唇之非古矣。呂忱字林，方穱為方遙，反邺為方

沃，反襪爲方代。穮，襪，邞皆重脣，則方之爲重脣可知也。忱，魏人，其時反切初行，正欲人之共曉，豈有故設類隔之例，以惑人者乎？神珙五音九弄反紐圖，有重脣無輕脣，即涅槃經所列脣吻聲，亦無輕脣。輕脣之名，大約出於齊梁之後，而陸法言切韻因之，相承至今，然非敷兩母，分之卒無可分，亦可知不出於自然矣。〔註76〕

大昕於《十駕齋養新錄》中，集經傳中今讀輕脣之字，證其古讀爲重脣，而脣音古不分輕重之論遂定，其証如下：

非紐古讀邦紐

古讀第如蔽，詩：「翟茀以朝傳」第，蔽也。周禮注引作「翟蔽以朝」，「簟笰魚服」。笺：第之言蔽也，簟笰朱鞹，傳：「車之蔽曰第」。古讀蕃如卞，漢書成帝紀引書：「於蕃時雍」，於蕃即於變也。孔宙碑又云：「於卞時雍」，卞變蕃皆同音。

古讀甫如圃。詩：「東有甫草」，韓詩作圃草，薛君章句：「圃，博也」，有博大茂草也。鄭笺云：「甫草，甫田之草也，鄭有圃田。」釋文：「鄭音補」。左傳：「及圃田之北竟」，釋文：「甫，布五反，本亦作圃。」

方又讀如謗。論語：「子貢方人」，鄭康成本作謗人。廣雅：「方，表也，邊，戶也」，說文：「方，併船也」，古人讀方重脣，與邊、表併聲相近。

古讀封如邦。論語：「且在邦域之中矣。」釋文：「邦或作封，而謀動干戈於邦內」，釋文、鄭本作封內，釋名：「邦封也，有功於是故封之也。」

封又讀如窆。檀弓：「縣棺而封」，注，封當爲窆，下棺也，春秋傳作堋。周禮鄉師：「及窆，執斧以涖匠師」，鄭司農云：窆，謂葬下棺也。春秋傳曰：日中而堋，禮記所謂封者。太僕，窆亦如之。鄭司農云：「窆謂葬下棺也」，春秋傳所謂日中而堋，禮記謂之封，皆葬下棺也，音相似，窆讀如慶封氾祭之氾。左傳：「日中而堋」，釋文：「堋，北鄧反，下棺也」，禮家作窆，彼驗反，義同。說文：「堋，

喪葬下土也，禮謂之封，周官謂之窆。」封，府容切，窆，方驗切，堋方鄧切，聲皆相似，故可互轉。

古讀非如頒。說文：「賦事也，讀若貧，一曰，讀若非」。周禮太宰：「匪頒之式」，鄭司農云：「匪分也，匪頒雙聲。」古讀匪如彼，詩：「彼交匪敖」，春秋襄廿七年傳引作「匪交匪敖」，詩：「彼交匪紓」，荀子勸學篇引作「匪交匪紓」。春秋襄八年傳，引詩「如匪行邁謀，注，匪，彼也。廣雅：「匪，彼也」。

古讀反如變。詩：「四矢反兮」，韓詩作變，說文：「汳水即汴水」。

古讀法如逼。釋名：「法逼也，人莫不欲從其志，逼正使有所限也。」

古讀發如撥。詩：「鱣鮪發發」，釋文：補末反，此古音也。一之日觱發，說文作滭冹，此雙聲，亦當爲補末切。釋文云如字，誤矣。

敷紐古讀滂紐

敷亦讀如鋪。詩：「鋪敦淮濆」，釋文：「韓詩作敷」。又敷時繹思，左傳引作鋪，蓼蕭箋：外薄四海。釋文云：諸本作外敷。注，芳夫反，是亦讀如鋪也。（公羊隱元年釋文，扶普顏反，舊敷閒反是，古讀敷如普。）古讀副如劈，說文：「副，判也」，判、副雙聲，引周禮副辜，籀文作疈辜。詩：「不坼不副」，讀孚逼反。字林：「副，判也，匹亦反」。

古文妃與配同。詩：「天立厥配」，釋文：「本亦作妃」，易：「遇其配主」，鄭本作妃。

奉紐古讀並紐

詩：「凡民有喪，匍匐救之」，檀弓引詩作「扶服」，家語引作「扶伏」。又「誕實匍匐」，釋文本亦作「扶服」，左傳昭十二年：「奉壺飲冰以蒲伏焉」，釋文本又作匍匐。蒲，本亦作扶，昭廿一年，「扶伏而擊之」。釋文本或作匍匐，史記蘇秦傳「嫂委蛇蒲服」。范睢傳，「膝行蒲服」。淮陰侯傳：「俛出袴下蒲伏」。漢書霍光傳：「中孺扶服叩頭」，皆匍匐之異文也。

古讀扶如酺，轉爲蟠音。漢書天文志：「晷長爲潦，短爲旱，奢爲扶」，鄭氏云：「扶當爲蟠，齊魯之間，聲如酺，酺，扶聲近蟠，止不行也。史記五帝本紀：「東至蟠木」，呂氏春秋：「東至扶木」，又云：「禹東

至榑木之地」，扶木謂扶桑也，説文作「榑桑」，古音扶如蟠，故又作蟠木。

服又轉爲犕音，説文引易犕牛乘馬，犕牛即服牛也。左傳：「王使伯服游孫伯」，史記鄭世家作伯犕，後漢書皇甫嵩傳：義眞犕未平，注：犕，古服字。

服又轉爲瓝音。漢書東方朔傳：「舍人不勝痛呼瓝」，服虔云：「瓝音暴」。鄧展云：「瓜瓝之瓝。」師古曰：「痛切而叫呼也」，與田蚡傳呼服音義皆同，田蚡傳，蚡疾一身盡痛，若有擊者，謼服謝罪。晉灼云：服音瓝，關西俗謂得杖呼及小兒啼爲呼瓝。

廣韻：「菢，薄報切，鳥伏卵，伏，扶富切」。鳥菢子，伏菢互相訓，而聲亦相轉，此伏羲所以爲庖犧，伏犧氏亦稱庖犧氏。説文：「戲迫也，讀若易虙羲氏」，唐韻：「虙，平祕切」。風俗通：「伏者，別也，變也」，伏羲始別八卦以變化天下。

古讀附如部。左傳：「部婁無松柏」，説文引作「附婁」，云：「附婁小土山也。」詩：「景命有僕」，傳僕，附也。廣雅：「薄，附也。」苻即蒲字，左傳取人於萑苻之澤。釋文：「苻音蒲」，晉書：「蒲洪孫堅，背有草付字，改姓苻。」

古讀佛如弼，亦如勃。詩：「佛時仔肩」，釋文：「佛毛，符弗反，大也」，鄭音弼，輔也。學記：「其求之也佛」，正義：「佛者，佛戾也」，釋文：「本又作拂，扶弗反」。曲禮：「獻鳥者佛其首」，注：佛，戾也，釋文作拂，本又作佛，扶弗反。晉書：赫連勃勃，宋書作佛佛。

古讀汾如盆。莊子，逍遙游篇：汾水之陽。司馬彪，崔譔本，皆作盆水。

古讀罰如軷，周禮：「大馭犯軷」，注：「故書軷作罰」，杜子春云：「罰當爲軷，讀軷爲別異之別。」

腓與芘同。詩：小人所腓，箋云：腓當作芘，毛於此文，及牛羊腓字之，皆訓腓爲辟，蓋以聲相似取義。

古讀馥如苾。詩：「苾芬孝祀」，韓詩作馥芬。

古讀復如愎。釋言：「狃復也」，孫炎云：「狃忕前事復爲也」。春秋

傳：愎諫違卜，謂諫不從而復爲也。說文無愎字，蓋即狙復字，後儒改從心旁耳。今人呼鰒魚曰鮑魚，此方音之存古者。

古讀房如旁。廣韻：「阿房宮名，步光切」，釋名：「房，旁也，在堂兩旁也」。史記六國表，秦始皇二十八年，爲阿房宮，二世元年，就阿房宮，宋本皆作旁，旁、房古通用。

微紐古讀明紐

古音勿如沒。爾雅：蠠沒，即詩密勿也。詩：「黽勉從事」，劉向傳引作「密勿從事」，禮記祭義：「勿勿諸其欲其饗之也」，注：「勿勿猶勉勉」。大戴禮曾子立事篇：「君子終身守此勿勿」，注：「勿勿猶勉勉」，曲禮：國中以策彗卹勿，注：「卹勿，搔摩也」，古人讀勿重脣，故與勉摩聲相轉。

浼與浘通。詩：河水浼浼。釋文：浼，每罪反，韓詩作浘浘。

娓即美字，詩：「誰侜予美」，韓詩作娓，說文：「娓，順也，讀若媚。」

古音微如眉。少牢禮：「眉壽萬年」，注：「古文眉爲微」，春秋莊廿八年，築郿，公羊作微。詩：「勿士行枚」，傳：「枚，微也。」

廣韻六脂部，眉紐有瞡、䁲、徽、微、薇六字，皆古讀，後來別出微韻，乃成鴻溝之隔矣。

古讀無如模。說文：「楙」或說規模字，漢人規模字或作橅。易：「莫夜有戎」，鄭讀莫如字，云：「無也」，無夜非一夜。詩：「德音莫違」，箋：「莫，無也。」廣雅：「莫，無也」。曲禮：「毋不敬」，釋文云：「古文言毋，猶今人言莫也。」釋氏書多用南無字，讀如曩謨，梵書入中國，繙譯多在東晉時，音猶近古，沙門守其舊音不改，所謂禮失而求諸野也。

無又轉如毛。後漢書馮衍傳：「飢者毛食」，注云：「按衍集毛字作无」，漢書功臣侯表序：「靡有孑遺耗矣」，注：孟康曰，耗音毛。師古曰：「今俗語猶謂無爲耗。大昕按：今江西湖南方音讀無如冒，即毛之去聲。

無轉訓爲末，檀弓：「末，吾禁也」。注：「末，無也。」又轉訓爲靡，釋言：「靡，無也。」

古讀蕪與蔓通，釋艸蔓菁。釋文云：「蔓，音万，本又作蕪，音無。」

古讀膴如模，詩：「民雖靡膴」，箋：「膴，法也」，釋文：「徐云鄭音模，又音武，韓詩作靡腜。」詩：「周原膴膴」，文選注引韓詩，作腜腜，莫來切，模、腜聲相近。説文，膴讀若模。

瑈從無聲，周禮弁師：「瑉玉三采」，注：「故書瑉作瑈」，説文：「膴三采玉也」，瑈、瑉聲相近。

古讀文如門。水經注漢水篇：「文水即門水也」。書：「岷嶓既藝，岷山之陽，岷山導江」。史記夏本紀，皆作汶山。漢書武帝紀文山郡注，應劭曰：「文山今蜀郡崏山」。禮記：「君子貴玉而賤碈，碈或作玟」，釋文：「玟，武巾反，又音枚」漢書高帝紀：亡諸身帥閩中兵，如淳曰：「閩音緡」，應劭曰：「音文飾之文」，文、閩同音，皆重脣也。

史記魯世家平公子文公世本作湣公，湣與閔同，閔亦从文聲。〔註77〕

大昕於《音韻答問》及《十駕齋養新錄》二文舉証確鑿，謂輕脣音非、敷、奉、微四紐，古音讀同重脣音幫、滂、並、明四紐，其言當屬可信。陳師新雄更舉方音、譯語、對音及就語音學理推言，以証古無輕脣音之無可疑，陳師云：

一者，錢氏所舉揳，除通假文字外，尚舉有方音爲證，就現代各地方言觀之，若閩、粵、吳各地方音，其輕脣非、敷、奉、微四紐之字仍多讀重脣者，而重脣幫、滂、並、明，四紐之字，則未嘗變輕脣，由各地方音中所保留之語音痕跡，尚足證古無輕脣音之説，非無據也。二者，今吾人讀輕脣之字，就譯語對音觀之，尚多爲重脣。如梵音 Buddha 譯爲「浮圖」，又譯作「佛」。Yambu 譯作「剡浮」，又爲「閻浮」。Namah 譯作「南無」，其「浮」「佛」「無」等字，今讀輕脣音，而對所譯之梵文爲 b 爲 m 屬重脣，足見對譯梵音之時，其「浮」「佛」「無」等字亦必讀重脣而非輕脣也。三者，高本漢等就語音學理推言，其重脣音，_{即雙脣塞音，}_{雙唇鼻音。}’ppbm 等因受合口音 m 之影響而變爲輕脣音_{即脣齒塞擦音，唇齒}_{擦音，唇齒鼻音。}pf pf’ bv’ mfv 等亦屬可能之事。有此三故，錢氏古無輕脣音之説出，故後世咸以爲然也。於今日而言古無輕脣音，殆無可疑者矣。〔註78〕

〔註77〕以上所引均見《養新錄》卷五，古無輕脣音條，頁266～288。

〔註78〕陳師新雄《古音學發微》，第二章，古聲紐說，頁594～595。

陳師之舉證，益証古無輕唇音之說則確然可信矣。

（三）舌音類隔不可信說

林師景伊曰：「類隔說，昔人多未能明，即切韻指掌圖，亦僅知同爲舌音。同爲舌音，或同爲唇音，或同爲齒音，雖聲類相隔，如舌頭之與舌上，重唇之與輕唇，齒頭之與正齒，皆可相互爲功，至其所以如此通用之故，則尚不能甚明也」〔註79〕自錢大昕著古無輕唇音及舌音類隔之說不可信二文以後，始知以今聲讀之，輕唇與重唇，舌頭與舌上，雖各不同，而古聲則唇音無輕重之別，舌音無舌頭，舌上之分，可謂類隔，實即古今聲音變遷之不同也。然其說亦非始於錢氏，錢氏之前有徐用錫者著《字學音辨》嘗曰：「等韻舌音，端、透、定、泥是矣。知、徹、澄，娘不與照，穿等同乎？曰此古今異耳，今惟娘字尚有古音，然亦有順知、徹、澄而讀若穰者，知古讀若低，今讀支，徹，古讀若鐵，今讀若，赤折切，澄古讀若登之下平，今讀若懲，故曰舌上音。自端、透、定、泥爲舌頭，知、徹、澄、娘爲舌上，精、清、從、心、邪爲輕齒，照、穿、床、審、禪爲重齒，幫、滂、並、明爲重唇，非、敷、奉、微爲輕唇，皆分兩類，今閩音尚於知、徹、澄、娘一如古呼，不爾，豈舌音出四聲，而齒音獨多四聲，斯亦不倫之甚矣」〔註80〕然亦僅發其端，疏通證明者，則由錢氏完成之也。大昕《十駕齋養新錄》卷五有舌音類隔之說不可信條云：

> 古無舌頭舌上之分，知、徹、澄，三母，以今音讀之，與照、穿、牀無別也，求之古音，則與端、透定無異。〔註81〕

並歷考載籍以証其說：

知紐古讀端紐

> 古音中如得，周禮師氏，掌王中失之事，故書中爲得。杜子春云：「當爲得，記君得失，若春秋是也」，三倉云：「中，得也」，史記封禪書，「康后與王不相中」。周勃傳：「勃子勝之尚公主不相中」，小司馬皆訓爲得。呂覽：「以中帝心」，注：「中猶得」。
>
> 古音陟如得，周禮太卜，掌三夢之法，三曰咸陟，注：「陟之言得也，

〔註79〕林師景伊《中國聲韻學通論》第二章，四十一紐之正聲變聲，頁43。
〔註80〕劉頤，《聲韻學表解引》。
〔註81〕《養新錄》卷五，頁288～289。

讀如王德翟人之德」。詩:「陟其高山」,箋:「陟,登也」,登得聲相近。

古音竹如篤,詩:「綠竹猗猗」,釋文:「韓詩竹作藩,音徒沃反」,今北音定母去聲字多誤入端母,古音當不甚遠,詩麟之定,定之方中,皆丁佞反。與篤音相近,皆舌音也,篤竺並从竹得聲。論語:「君子篤於親」,汗簡云:「古文作竺」書曰:篤不忘,釋文云:本又作竺,釋詁,竺厚也,釋文云:「本又作篤」。按說文:竺,厚也,篤厚字本當作竺,經典多用篤,以其形聲同耳。漢書西域傳:「無雷國北與捐毒接」,師古曰:捐毒即身毒,天毒也。張騫傳:吾賈人轉市之身毒國,鄧展曰:毒音督,李奇曰,一名天竺,後漢書杜篤傳:攄天督,注:即天竺國,然則竺、篤、毒,督四文同音。

古讀禂如禱。周禮甸祝、禂牲、禂馬,杜子春云:「禂,禱也」,引詩云:「既伯既禱」,後鄭云:「禂,讀如伏誅之誅,今侏大字也。按說文引詩:既禂既禱,禱與禂文異義同,後鄭讀禂爲誅,是漢時誅、侏亦讀舌音。

古讀豬如都檀弓:「洿其宮而豬焉」,注:「豬,都也,南方謂都爲豬。」書禹貢:「大野既豬」,史記作既都。滎波既豬,周禮注作滎播既都。
古讀追如堆,士冠禮追注,追,猶堆也。郊特牲母追,釋文:「多雷反」。枚乘七發:「踰岸出追」,李善注:「追古堆字」。詩:「追琢其章」,傳:「追雕也」,彫追聲相近,故荀子引詩彫琢其章,釋文:「追對回反」。追琢又作敦琢。詩:「敦琢其旅」,釋文:「敦,都回反」,徐又音彫。古讀卓與的相近,覲禮:「匹馬卓上」,注:「卓猶的也」,以素的一馬爲上。

古讀倬如菿。詩:「倬彼甫田」,韓詩作菿。

古讀味如鬬。詩:「不濡其咮」,釋文:「咮,陟救反」,徐又都豆反,即徐仙民音也,古陟得同音,陟救與都豆本無二聲,唯救在宥部,豆在候部,故別而出之。廣韻五十候部有噣字,或作咮,都豆切,與鬬同音。後之講字母者,以徐音爲類隔,非音和,失之遠矣。

古讀涿如獨,周禮壺涿氏注,故書涿爲獨,杜子春云:「獨讀爲濁」,其源之濁,音與涿相近,書亦或爲濁。

徹紐古讀透紐

古讀禠如扡。易：「終朝三禠之」，釋文：「禠徐較紙，又直是反」，鄭本作扡，徒可反。說文：禠，奪衣也，讀若池，池即扡之譌，扡奪聲相近。

古讀抽如搯。詩：「左旋右抽」，釋文云：「抽，敕由反」，說文作搯，他牢反。

澄紐古讀定紐

古讀直如特。沖子猶童子也，字母家不識古音，讀沖爲蟲，不知古讀蟲，亦如同也。詩：「蘊隆蟲蟲」，釋文：直忠反，徐，徒冬反，爾雅作爞爞。郭，都冬反，韓詩作烔，音徒冬反，是蟲與同音不異。
（春秋成五年，同盟于蟲牢，杜注，陳
　留封邱縣北有桐牢，是蟲桐同音之証）

古音趙如掉。詩：「其鎛斯趙」，釋文：「徒了反」，周禮考工記注引作「其鎛斯掉，大了反」，荀子楊倞注：「趙讀爲掉」。

古音直如特，詩：「實惟我特」，釋文：「韓詩作直，云相當值也」，孟子：「直不百步耳」，直，但也，但直聲相近。呂覽尚廉篇：「特王子慶忌爲之賜而不殺耳」，注：「特猶直也」。檀弓：「行并植于晉國」，注：「植或爲特」。王制：「天子犆礿」，注：「犆猶一也」，釋文：「犆音特」。玉藻：「君羔幦虎犆」，注：「犆讀如直道而行之直」。士相見禮：「喪俟事，不犆弔」，定本作特。穀梁傳，犆言同，時本亦作特。

古讀棖如棠。論語或對曰申棖，釋文：「鄭康成云，蓋孔子弟子申續」，史記云：「申棠字周」，家語云：「申續字周也」。王應麟云：「今史記以棠爲黨，以續爲績，傳寫之誤也。後漢王政碑，有羔羊之節，無申棠之欲，則申棖、申棠一人耳。大昕案：詩：「俟我於棠兮」，箋云：「堂當作棖」，棖與棠堂同音，黨亦音相近，非由轉寫之譌。古文庚續同聲，家語申續，蓋讀如庚，與棠音亦不遠，今本史記作績，則轉寫誤也。因棖有棠音，可悟古讀長，丁文切，與黨音相似，正是音和，非類隔。

古讀池如沱。詩：「滮池北流」，說文引作淲沱，（據宋本）周禮職方氏：「并州，其川虖池」。禮記：「晉人將有事於河，必先有事於惡池」，即滹沱之異文。

古讀沈如潭，史記陳涉世家：「夥頤，涉之爲王沈沈者」，應劭曰：「沈
沈，宮室深邃之貌」，沈音長含反，與潭同音。韓退之詩：「潭潭府
中居」，即沈沈也。

古讀廛如壇。周禮廛人注：「故書廛爲壇」，杜子春讀壇爲廛，載師，
以廛里任國中之地，注：「故書廛或爲壇，司農讀爲廛」。

古讀秩如𧴪。書：「平秩東作」，說文引作𧴪，爵之次弟也，從豐，
弟聲。秩又與𢿭通，說文：「𢿭，大也，讀若詩𢿭𢿭大猷」，𢿭大聲
相近，秩又與𨙻通，說文：「𨙻，走也，讀若詩：威儀秩秩」，凡從
失之字，如跌、迭、瓞、䤵、䤨，皆讀舌音，則秩亦有迭音可信也。
（詩胡迭而微，韓詩作𢿭）

姪，娣本雙聲字，公羊釋文：「姪，大結反，娣，大計反，此古音也」，
廣韻姪有徒結，直一兩切，今南北方音皆讀直一切，無有作徒結切
者，古今音有變易，字母家乃謂舌頭上交互出切，此昧其根源而強
爲之詞也。

古讀陳如田說文：「田，陳也，齊陳氏後稱田氏」，陸德明云：「陳完
奔齊，以國爲氏」，而史記謂之田氏，是古田、陳聲同。呂覽不二篇：
「陳駢貴齊」，陳駢即田駢也。

詩：「維禹甸之」。釋文：「毛田見反，治也，鄭，繩證反，六十四井
爲乘，周禮小司徒：「四邱爲甸」，注：「甸之言乘也，稍人，掌邱乘
之政令」，注：「邱乘四邱爲甸，讀與維禹敶之之乘同。禮記郊特牲：
「邱乘共粢盛」，注：「甸，或謂之乘」，左傳：「渾良夫乘衷甸兩牡」，
釋文：甸時證反，說文引作中佃，古者乘甸，陳、田聲皆相近，乘
之轉甸，猶陳之轉田，經典相承，陳，直覲反，乘，繩證反，後世
言等韻者，以陳屬澄母，乘屬牀母，由於不明古音，徒據經典相承
之反切而類之，而不知其本一音也。

爾雅：「堂塗謂之陳」，詩：「胡逝我陳」，傳：堂，塗也，中唐有甓，
傳：堂，塗也。正義云：「爾雅，廟中路謂之唐，堂塗謂之陳，唐之
與陳，廟庭之異名耳，其實一也」。<small>陳田同音，故與
唐塗聲相近。</small>〔註82〕

以上所舉經典通假文字例證，足証古音，舌頭與舌上不分，其說甚塙，後之

〔註82〕以上所引見《養新錄》卷五，舌音類隔之說不可信條，頁289～298。

論者，無以易之，陳師新雄又舉王了一氏與高本漢氏之說，以考明古無舌上音，並列其分化之式，大昕此說遂成定論。陳師云：

> 然古聲究無舌上抑無舌頭，則王君了一嘗論之矣。其言曰：「所謂舌上音，高木漢假定爲舌頭及前腭與牙齦接觸所發的破裂音。^{按高氏以舌上音 t t'd' 爲舌面前破裂音，其發音方法爲舌面前與硬腭接觸形成之阻塞爆發音。即知系也。}此種音不若舌頭之常見，舌頭音既係世界各民族所常有的音，當中國古代舌上與舌頭不分時，我們當然傾向於相信是舌上歸入舌頭，而古代沒有舌上音了。」舌上音古讀同舌頭音，錢氏所舉經典通假文字例證已頗詳備。晚近高本漢氏又從形聲字形諧聲偏旁發現舌頭音，^{高氏謂之舌尖前破裂音，即 t t'd' 等。}與舌上音，^{高氏謂之舌面前破裂音，即 ȶ ȶʻ ȡ 等。}可以隨便互諧。於是考明舌上音乃從上古舌頭音支分而出者，以爲舌頭音 t t'd' 於上古時本四等俱全，演變至中古時，僅一四等韻保存，而二三等韻則變爲舌上音，ȶ ȶʻ ȡ 。^{參見趙元任譯高本漢的諧聲說，載清華國學論叢內。}而董同龢氏又以爲反切中若干「舌音類隔」現象，如廣韻「貯」字「丁呂切」，「罩」字「都教切」，亦頗富啓示性，而此類切語於愈早韻書出現愈多，至集韻時始近消滅，此類切語正 ȶ 系字（舌上音）於古代讀舌尖音之遺跡，（參見董著上古音韻表稿）。由此觀之，謂上古無舌上音，蓋已確定無疑矣。至其分化之式，則有如下表：
>
> $$t\,t'd'\,（端、透、定）\begin{cases} t\,t'd' & （舌頭音端，透、定在一四等）\\ ȶ\,ȶʻ\,ȡ & （舌上音知，澈、澄在二三等）〔註83〕\end{cases}$$

（四）古人多舌音，後世多變齒音說

大昕《十駕齋養新錄》卷五云：

> 古人多舌音，後代多變爲齒音，不獨知、徹、澄三母爲然也，如詩重穋字、周禮作種稑，是重種同音，陸德明云：禾邊作重，是重穋字，禾邊作童，是種藝之字，今人亂之已久，予謂古人重、童同音。嶧山碑動从童，說文童从童。左傳予髮如此種種。徐仙民作董董，古音不獨重穋讀爲種，即種藝字，亦讀如種也。後代讀重爲齒音，

并从重之字亦改讀齒音，此齊、梁人強爲分別耳，而元朗以爲相亂，誤矣。今人以舟、周屬照母，輈啁屬知母，謂有齒舌之分，此不識古音者也。考工記：「玉栭雕矢磬」。注：「故書彫或爲舟」。是舟有雕音。詩：「何以舟之」？傳云：「舟，帶也」。古讀舟如雕，故與帶聲相近。彫、雕、琱、鵰皆从周聲，調亦从周聲，是古讀周亦如雕也。考工記：「大車車轅摯」。注：「摯，輈也」。釋文：「輈音周，一音弔，或竹二反」。陸氏於輈字兼收三音，弔與雕有輕重之分，而同爲舌音，周摯聲相近，故又轉爲竹二反，今分周爲照母，竹爲知母，非古音之正矣。至、致本同音，而今人強分爲二，(至、照母 致，知母)，不知古讀至亦爲陟利切，讀如懫，舌頭非舌上也。詩：「神之弔矣」。「不弔昊天」。毛傳皆訓弔爲至。以聲相近爲義。咥、臺皆从至聲，可證至本舌音，後人轉爲齒音耳。古讀支如鞮，晉語：「以鼓子苑支來」，苑支即左傳之鳶鞮也。說文引杜林說芰作茤，古讀專如耑，舌音非齒音也，叀爲專之古文，剬即斷字，或作劙。象本舌音，橡从象聲，徐仙民左傳音切，橡爲徒緣，此古音也。而顏之推以爲不可依信，後來韻書，遂不收此音。〔註84〕

又〈音韻答問〉云：

> 豫象以凶與正韻，中正本雙聲字。自注云：古無知、照二母之分，
> 醫書有怔忡，亦取雙聲。

按：陳師新雄云：「此五母後經陳澧考証當分爲近舌一類，照、穿、神、審、禪五紐是也，又近齒一類，莊、初、牀、疏四紐是也，錢氏所謂古人多舌音，後代多變齒音者，乃指照、穿、神、審、禪五紐後世爲齒音，而古代多讀爲舌音也。高本漢以爲照、穿、神，在上古爲舌面前破裂音者，*ȶ ȶʻ ȡ* 與舌尖前破裂音 tt'd' 發音部位相近，故形聲字偏旁多相通諧，而蘄春黃君則以爲照、穿、神、審、禪五紐，古亦讀同端、透、定」，〔註85〕此黃氏受大昕之說之啓悟，而立論者也。

（五）影喻曉匣爲雙聲說

大昕謂影喻曉匣四母不甚區別，《顏氏家訓》云：「字書焉者，鳥名，或

〔註84〕〈音韻答問〉，《文集》卷十五，頁298～299。
〔註85〕陳師新雄《古音學發微》，第二章古聲紐說，頁603。

曰語辭，皆音於愆反」，大昕謂：「據顏氏說，知古無影喻之分」則影喻二母，古時又混爲一也。《養新錄》云：

> 凡影母之字，引而長之，則爲喻母，曉母之字，引長之，稍濁，即爲匣母。匣母三四等字，輕讀亦有似喻者，故古人於此四母，不甚區別。如榮懷與机陘均爲雙聲，今人則有匣、喻之別矣，噫嘻、於戲、於乎、嗚呼皆疊韻兼雙聲也，今則以噫、於、嗚、屬影母。嘻、戲、呼，屬曉母，乎屬匣母矣，于於同聲亦同義。今則以于屬喻母，於屬影母，此後來愈推愈密，而古書轉多難通矣。〔註86〕

〈音韻答問〉亦云：

> 問，古音於曉匣影喻四母，似不分別，曰，凡影母之字，引而長之，即爲喻母，曉母之字，引長之稍濁，即爲匣母，匣母三四等字，輕讀有似喻母者，故古人于此四母，不甚區別，如榮懷與机陘，均爲雙聲，今人則有匣喻之別矣，噫嘻、於戲、於乎、嗚呼，皆疊韻兼雙聲，今則以噫、於、嗚、屬影母，嘻、戲、呼屬曉母，乎屬匣母矣。于於同聲亦同義，今則以于屬喻母，於屬影母矣。此等分別，大約始於東晉。考顏之推家訓云：字書，焉者鳥名，或云語辭，皆音於愆反。自葛洪字苑，分焉字音，訓若、訓何、訓安當音於愆反，若送句及助詞，當音矣愆反。江南至今行此分別，而河北混同一音。雖依古讀，不可行于今也。據顏氏說，知古無影喻之分，葛洪強生分別，江南學者靡然從之，翻謂古讀不可行於今，失之甚矣。〔註87〕

《十駕齋養新錄》卷一云：

> 于，於兩字，義同而音稍異，尚書，毛詩，例用于字，唯金縢，「爲壇於南方北面，乃流言於國，公將不利於孺子」。酒語：「人無於水監，當於民監」。邶風：「俟我於城隅」。齊風：「俟我於著乎而，俟我於堂乎而，俟我於庭乎而」。秦風：「於我乎夏屋渠渠，於我乎每食四簋」。曹風：「於女歸處，於女歸息，於女歸說」。豳風：「於女信處，於女信宿」，大雅：「於萬斯年」，仍用於大雅：「不實于亶」，宋本間有作於者誤也。論語例用於字，唯引詩、書作于，而「乘桴

〔註86〕《養新錄》卷五，字母條，頁261。
〔註87〕〈音韻答問十二〉，《文集》卷十五，頁220～221。

浮于海。餓于首陽之下」。仍用于。〔註88〕

按三十六字母以影、喻、曉、匣爲喉音，大昕進而謂此四母與見溪諸母，又不能判然者，嘗曰：

> 玉篇卷末所載沙門神珙四聲五音九弄反紐圖，喉舌齒脣牙五聲，各舉八字，以見例，喉聲則何我剛鄂詞可康各也，牙聲則更硬牙格行幸亨客也，此二聲者，分之實無可分，吾是以知古無牙音也。翁，從公聲。扞，從干聲。鎬，從高聲。浩從告聲。嫌從兼聲，酣從甘聲。挾從夾聲。見有現音。降有洪音。皋有浩音。茄有荷音。嚚有敖音。亢有杭音。感有憾音。甲有狎音。夏有貫音。然則牙音喉音，本非兩類，字母家別而二之，非古音之正矣。〔註89〕

餘杭章太炎先生有古雙聲說，謂「喉牙二音，互有蛻化」。易言之，即古音發音部位相同者，得爲雙聲，其說即本諸大昕。且三十六字母之喻母，廣韻切語上字分爲二類，一爲「喻類」，韻圖恆居四等。一爲「爲」類，韻圖恆居三等，古音爲之與匣，實同出一源，此曾運乾氏所創而亦淵源於大昕也，其影，喻無別之說，則啓蘄春黃君喻爲影之變聲說。章氏言：「審紐莫辨乎錢」，世所服膺於大昕者，正以其考証古音聲類，關後來之先路耳。

（六）古音心審無別

《十駕齋養新錄》卷五，翻切古今不同一文，引《顏氏家訓・音辭》篇云：「字林音看爲口甘反，音伸爲辛」。辛，息鄰切，心紐，錢大昕先生所謂古無心、審之別者指此也，然三十六字母審母，廣韻切語上字分爲二類，一爲書、舒、傷、商、施、失、矢、試、式、識、賞、詩、釋、始之爲審類，一爲山、疏、疎、沙、砂、生、色、數、所、史之爲疏類，其疏類字據蘄春黃季剛氏及董同龢氏所証明古音正讀同心，此大昕之言有以啓之也，陳師新雄於《古音學發微・古聲紐說章》云：

> 雖則伸字屬審類爲正齒音之近於舌音者，與齒頭之心無涉，然本師林先生嘗謂「照、穿、牀、審、禪爲聲變之總樞紐，或由見、溪之變，或由知、徹之變，或由精，清之變」。其言正足與錢氏相參，足見錢氏立言之精審有微矣。〔註90〕

〔註88〕《養新錄》卷一，于於條，頁79。
〔註89〕〈音韻答問十二〉，《文集》卷十五，頁218。
〔註90〕陳師新雄，《古音學發微》，第三章，古聲紐說，頁605。

又云：

> 蓋審紐錢君玄同以爲其音值爲 C，而心紐爲 S，S 遇細音 i 則齶化
> 爲 C，實極爲自然之事也」。〔註91〕

錢大昕此論與其古人多舌音；古音影喻匣雙聲之說，皆引而未發，非如論脣
舌二音之完備，然予後人古聲類研究之線索，貢獻至鉅。

三、論古聲調

　　清人論列古聲調者雖多，終以觀點相異，而所見各殊，或曰古無四聲，
或曰古有平、上、入而無去，或曰古有平、上、去而無入，或曰古四聲均已
具備，斯可謂異說紛紜，雜然並陳。蓋自明陳第首倡四聲之辨，古人未有之
說，顧氏承之而有四聲一貫之論，爾後江永服膺顧說，復舉詩中四聲通韻之
例爲証，由是古無四聲之論乃風靡一時，大昕沿顧炎武之說，然於結論多所
發揮，並加闡揚，由大昕之論，可知其獨見，《十駕齋養新錄》觀條：

> 古人訓詁，寓於聲音，字各有義，初無虛實動靜之分。好惡異義，
> 起於葛洪字苑，漢以前無此別也，觀有平去兩音，亦是後人強分。
> 易觀卦之觀，相傳讀去聲，象傳大觀在上，中正以觀天下，象傳風
> 行地上觀，並同此音，其餘皆如字，其說本於陸氏釋文。然陸於觀
> 國之光，兼收平去兩音，於中正以觀天下，云：徐唯此一字作官音，
> 是童觀闚觀觀我生觀其生觀國之光，徐仙民並讀去聲矣。六爻皆以
> 卦名取義，平則皆平，去則皆去，豈有兩讀之理？而學者因循不悟，
> 所謂是末師而非古者也。〔註92〕

「長深高廣」條：

> 長深高廣，俱有去聲。陸德明云：「凡度長短曰長，直亮反。度淺曰
> 深，尸鳩反。度廣狹曰廣，光曠反。度高下曰高，古到反。相承用
> 此音，或皆依字讀」^{見周禮釋文}。又周禮前期之前，徐音昨見反，是前亦有
> 去聲也。此類皆出于六朝經師，強生分別，不合于古音。〔註93〕

「一字兩讀」條：

> 讀《顏氏家訓》，乃知好惡兩讀，出於葛洪《字苑》，漢魏以前，本

〔註91〕同上。
〔註92〕卷一，頁 64。
〔註93〕卷四，頁 213～214。

無此分別也，陸氏《經典釋文》，於《孝經》愛親者不敢惡於人，行
滿天下無怨惡，並云：惡，烏路反，舊如字，示之以好惡，而民知
禁。云：好，如字，又呼報反。惡如字，又烏路反。元朗本篤信字
苑者，而於此處兼存兩讀，可見人之好惡，物之好惡，義本相因，
分之無可分也。又如予訓我爲平聲，訓與爲上聲，廣韻分入魚、語
兩韻，然詩：四月維夏，六月徂暑，先祖匪人，胡寧忍予，將恐將
懼，維予與女，將安將樂，女轉棄予，訊予不顧，顛倒思予。楚辭
帝子降兮北渚，目眇眇兮愁予，皆讀上聲，未嘗讀平聲也。〔註94〕

〈答問〉云：

昔倉頡制字，黃帝正名，各指所之，有條不紊，許氏說文，分別
部居，以形定聲，不聞於聲之中，更有輕重異讀。易，觀卦六爻，
童觀、闚觀，觀我生，觀國之光，觀其生，皆從卦名取義。人之
觀我，與我之觀於人，義本相因，而魏晉以後經師強立兩音，千
餘年來，遵守不易，唯魏華父著論非之，謂未有四聲反切之前，
安知不皆爲平聲，此可謂先覺者矣。離騷：好蔽美而稱惡，與固
悟古爲韻，孰云察余之美惡，與字爲韻，是美惡之惡，亦讀去聲。
左傳隱三年：周鄭交惡，陸德明無音，是相惡之惡，亦讀入聲。
孝經：愛親者不敢惡於人，行滿天下，無怨惡。陸德明並云：惡，
烏路反，舊如字，又示之以好惡，而民知禁。陸云：好，如字，
又呼報反惡，如字，又烏路反。蓋好惡之有兩讀，始於葛洪字苑，
漢魏諸儒，本無區別，陸氏生於陳隋之世，習聞此說，而亦不能
堅守，且稱爲舊，則今之分別，非古音之舊審矣。予我之予，錫
予之予，今人分平上兩音，而詩三百篇楚辭，皆讀上聲，當直之
當，允當之當，今人分平去兩音，而孔子贊易，皆讀平聲，漢儒
言讀若者，正其義，不必易其音。如鄭康成注禮記，仁者人也，
讀如相人偶之人，自古訖今，未聞人有別音，可見虛實動靜之分，
皆六朝俗師，妄生分別，古人固未之有也。顏之推譏江南學士，
讀左傳，口相傳述，自爲凡例，軍自敗曰敗，打破人軍曰敗，此
爲穿鑿，而廣韻十七夬部，敗有薄邁補敗二切，以自破破它爲別，
即用江南學士穿鑿之例，蓋自韻書興，而聲音益戾于古，自謂密

于審音，而齟齬而不安者，益多矣。〔註95〕

大昕以同字異義之起始於葛洪《字苑》，漢前無別，且一字數讀，出於六朝經師，強生分別，不合於古音，故多有不合理之處。至於同字異讀時代，《十駕齋養新錄》引魏華父〈觀亭記跋〉云：

> 魏華父云：易觀卦象象，爲觀示之觀，六爻爲觀瞻之觀，竊意未有四聲反切之前，安知不皆爲平聲乎，於是聞、見、視、聽、高、深、先、後、遠、近、上、下之等，皆有二字，且考諸義，則二字固可一，而參諸易詩以後，東漢以前，則凡有韻之語，亦與孫炎，沈約以後必限以四聲，拘以音切，亦不可同日語。〔註96〕

可見大昕徵於亭林之說，益以己見，否定一字數讀，謂六朝經師於刱四聲反切之後，強生分別，無中生有，又以爲東漢之前，絕無此現象，若其興起時代，必孫炎、沈約之後，不合于古音，絕不可信。唯大昕忽略古人創以聲別義之目的及其事實，劉師培氏云：

> 蓋中國文字往往一字數義，甚難區別，若音讀又同，恐區別更不易矣，故一字分數音，亦中國文字不得不然之勢也。〔註97〕

周祖謨氏云：

> 如物體自有精麤，美惡、人心亦有愛憎、去取，物之精者、美者謂之好，音呼皓切，麤者、劣者謂之惡，音烏各切，而心之所喜愛則謂之好，音呼號切，所憎所惡則謂之惡，音烏故切。夫物之好惡，與人之好惡，義本相同，以其用於文句之地位不同，品詞有動靜之殊，故古人區爲二音，一讀上，一讀去，斯即以四聲別義之例也。〔註98〕

就事實言之，文字所以表義，一字由詞性變異而異義，或由本義而衍成數義，本屬中國文字之特性，然四聲既存，知其變化，因運用音讀差異，使一字具數音，用以區別本義與他義，使字義更爲明顯，亦爲正常方式，故異音別義之存在，殆無疑義也。

　　自民國以降，西學東漸，學者或取西洋語音學觀點方法，探究我國音韻，於異音別義說已取肯定意見，于其興起時代，則有其立論依據，周祖謨氏、〈四

〔註95〕　《文集》卷十五，頁215～216。
〔註96〕　《養新錄》卷五，一字兩讀條，頁246～247。
〔註97〕　劉師培，《中國文學教科書》第一冊，第三十一課，論一字數音下，頁2449。
〔註98〕　〈四聲別義釋例·四聲別義之所始〉，《問學集》上冊，頁81。

聲別義釋例〉一文云：

> 以余考之，一字兩讀，決非起於葛洪、徐邈，推其本源，蓋遠自後漢始，魏晉諸儒，第衍其餘緒，推而廣之耳、非自創也。惟反切未興之前，漢人言音只有讀若譬況之說，不若後世反音之明切，故不為學者所省察。清儒雖精究漢學，於此則漫未加意，宜乎古音日晦而不彰也。……間嘗尋繹漢人音訓之條例，如鄭玄三禮注，高誘呂覽淮南注，與夫服虔，應劭漢書音義，其中一字兩音至多，觸類而求，端在達者。〔註99〕

周氏由兩漢注家所舉音讀獲致以下結論：

> 即諸儒之音觀之，以杜子春之音周禮儺讀難問之難為最早，爾後鄭玄、高誘分別更廣，鄭與盧植同為馬融門人，而高誘又為盧植之弟子，原師友之淵源既深，故解字說音，旨趣亦同。後儒繼作，遂成風尚，迨夫盡世，葛洪徐邈，更趨精密矣，論其所始，不得不謂其昉自漢世也。〔註100〕

周氏以為四聲別義興於漢，而以杜子春之音周禮儺讀難問之難為最早，舉證翔實，獨具創見。

周法高氏受周祖謨氏之啟悟，而更進一步謂：

> 第一，某字的讀音最先見於記載的時期和他存在語言中的時期，並不見得一致，他可能在見諸記載以前早已存在於口語中，也可能雖見於記載而只是書本上的讀法，在口語裏並不存在，根據此點，那些討論一字兩讀，起於葛洪、徐邈，抑起於後漢的人，只能証明其早出現於記載的時期，而不能斷定其在語言中使用的時期。第二，某些字讀法上的區別，發生是後起的，並不能証明所有屬於這類型的讀音上的區別都是後起的，可能某些字讀音的區別發生很早，而某些字則是後來依著這類型而創造的。〔註101〕

周法高氏之說，異音別義興起時代擬定為上古，又肯定同類字創造之規則性，口語及紙面讀音時代之差別，凡此均見獨特之見解。故劉師培氏云：

> 一字兩讀，其法實始於上古，顧氏謂分言輕重之間，其說甚確，特

〔註99〕同上，頁83。
〔註100〕同上，頁91。
〔註101〕周法高，《中國古代語法》構詞篇第一章。

古無韻書，故其法仍未著明，漢魏以後始以四聲區字音，而一字之
兩讀者，韻書遂分別之，此實聲音進化之一公例也。〔註102〕

綜上可知以音讀區別同字異義之法，此固漢語特色。蓋吾國文字以單音語為
通行，字義可無限引申，且音同義異之字特多，遂出以異音別義之方式。大
昕忽略此目的及事實，亦賢者失慮一失也。

四、論反切

　　中國傳統之標音方法，以反切為主。反切者，或言反，或言切，或言翻，
或言紐，乃合二字以為一字之標音方法也，以今言之，即拼音之道。反切前
之標音方式有譬況，讀若，直音諸法，皆不免有弊，於是乃有反切以濟其窮，
由整個字音之比擬，進而分析為聲韻兩部份。故反切之出現，為時甚晚，唐
以前學者大抵認為起源於漢末魏初之孫炎（字叔然），大昕亦主此說，云：

　　自三百篇啟雙聲之秘，而司馬長卿、揚子雲作賦，益暢其旨，於是
　　孫叔然制為反切，雙聲疊韻之理，遂大顯於斯世。〔註103〕

更引述諸家之說以証之曰：

　　顏氏家訓云，鄭玄注六經，高誘解呂覽、淮南，許慎造說文，劉熹
　　製釋名，始有譬況假借，以證音字，而古語與今殊別，其間輕重清
　　濁，猶未可曉，加以外言、內言、急言、徐言、讀若之類，益使人
　　疑。孫叔然枌爾雅音義，是漢末人，獨知翻語，至於魏世，此事大
　　行，高貴鄉公不解反語，以為怪異，自茲厥後，音韻鋒出。〔註104〕

又云：

　　陸德明經典釋文，古人音書，止為譬況之說，孫炎始為翻語，魏朝
　　以降漸緐。〔註105〕

主此說者甚夥，有清諸大家亦仍相沿此說。江永《音學辨微》：

　　漢以前注書者，但曰某字讀如某音，或不甚明，孫炎爾雅音義始有
　　反切之法。

東原《聲韻考》亦曰：

〔註102〕劉師培，《中國文學教科書》第一冊，第三十一課，論一字數音下，頁2449。
〔註103〕〈音韻答問〉，《文集》卷十五，頁215。
〔註104〕《養新錄》卷五，孫炎始為翻語條，頁239。
〔註105〕同上。

經傳字音,漢儒箋注,但曰讀如某,魏孫炎始作反語,厥後考經論
韻,踵相師法。

大昕之弟子邵晉涵畢沅、洪亮吉等,承大昕之說亦曰:

孫叔然制反語,薛綜注張平子賦,已有反語,則知叔然之說,在晉
當時已屬盛行。

孫炎,韋昭務為反語,切韻雖始叔然,然古訓不可為巨,何不為益
之類,已合二聲而為一字。

止於魏晉,以反語之作,始於孫炎,而古音之亡,亦由于是。

皆篤信孫炎始作反切,惟至鄭樵《通志‧藝文略》,獨謂反切之學,傳自西域
曰:「切韻之學,起自西域。」〔註106〕

陳振孫《直齋書錄解題》曰:「反切之學自西域入中國,至齊梁間盛行,
然後聲病之學詳焉」。〔註107〕

二說皆本於沈括《夢溪筆談》:「音韻之學,自沈約為四聲,及天竺梵學
入中國,其術漸密」。又曰:「切韻之學,本出於西域,今切韻之法,先類其
字各歸其母,凡三十六」。〔註108〕

宋元以來,相沿其說,大昕更力斥此說:

李肩吾云:貫遠只有音,自元魏胡僧神珙入中國,方有四聲反切,
此宋人疏於考證也。反切始于孫炎,乃曹魏時人,在元魏之前。神
珙唐時僧,非元魏僧。〔註109〕

知雙聲而後能為反語,孫叔然其先覺者矣。叔然鄭康成之徒,漢魏
儒家,未有讀桑門書者,謂聲音出於梵學,豈其然乎」。〔註110〕

天下之口相似,古今之口亦相似也,豈古昔聖賢猶昧於茲,直待梵
夾西來,方啓千古之長夜哉?魏世儒者,刱為反切。〔註111〕

而與大昕同時之東原,亦力辨傳自西域之非。曰:

漢末叔孫然創立反語,厥後考經論韻悉用之,釋氏之徒,從而習其

〔註106〕《通志‧藝文略》第二,頁586。
〔註107〕《直齋書錄解題》卷三,韻補五卷,頁393。
〔註108〕沈括《夢溪筆談》卷十五,〈藝文二〉。
〔註109〕《養新錄》卷五,孫炎始為翻語條,頁240。
〔註110〕《養新錄》卷五,字母條,頁262。
〔註111〕〈杜詩雙聲疊韻譜序〉,《文集》卷廿五,頁378。

法，因竊爲己有，謂來自西域，儒者數典不能記憶也。〔註112〕

又曰：

> 今經傳、字書所有反切，仍魏、晉、齊、梁、隋、唐相傳之舊，方
> 漢時崇治經藝，鄭康成氏尤爲世所宗，其後樂安孫炎，受學康成之
> 門人，稱東州大儒、顏之推家訓、陸德明經典釋文、張守節史記正
> 義皆曰：孫炎創立反語，崇文目序曰：「孫炎始作字音，於是有音韻
> 之學」，王伯厚曰：「世謂倉頡制字、孫炎作音、沈約撰韻，爲椎輪
> 之始」。此唐宋人論反切字音，咸溯源叔然也，逮乎末矣，則謂出神
> 珙，出梵僧矣。〔註113〕

錢、戴所辯，乃欲歸之顏氏家訓之說，以及反切緣起於孫炎也。然亦有持論
反切不始於漢末，始作反切者，服虔也。如：

> 古來音反，多以旁紐爲雙聲，始自服虔。〔註114〕

> 服虔始作反音。〔註115〕

顧炎武《音論》曰：

> 按反切之語自漢以上即已有之。〔註116〕

清馬國翰亦曰：

> 東漢初已有切字，鄭氏經音所本，世謂始於孫炎，非篤論也。〔註117〕

郝懿行亦曰：

> 反語在叔然前，確乎可信，或自叔然始暢其說，後世遂謂叔然作之
> 耳，即其實非也。〔註118〕

既以反切之語，自漢以上即已有之，必謂肪自孫炎，恐有未合，故章太炎先
生曰：

> 案經典釋文序例謂漢人不作音，而王肅周易音，則序例無疑辭，所錄
> 肅音用反語者十餘條，尋魏志王肅傳云：「肅不好鄭氏，時樂安孫叔
> 然授學鄭玄之門人，肅集聖証論以譏短玄，叔然駁而釋之」，假令反

〔註112〕〈與是仲明論學說〉，《東原文集》卷九，頁398。
〔註113〕〈書玉篇卷末聲論反紐圖後〉，《東原文集》卷四，頁355。
〔註114〕景審序慧琳《一切經音義》。
〔註115〕日安然悉曇藏引武元之《韻詮反音例》。
〔註116〕顧炎武《音論》卷下，《叢書集成三編》二七，頁262。
〔註117〕馬國翰，《玉函山房輯佚書》，小學類古文官書提要。
〔註118〕郝懿行，《曬書堂文集》。

語始于叔然，子離豈肯承用其術乎？又尋漢地理志廣漢郡梓潼下，應
劭注：「潼水所出，南入墊江，墊音徒浹反，遼東郡沓氏下」，應劭注：
「沓水也，音長荅反」，是應劭時已有反語，則起于漢末也。〔註119〕

章氏以王肅、孫炎為論敵，孫炎作反切，王肅斷不應用反語。漢書地理志應
邵注之反語，應邵乃在孫炎之前，更謂孫炎爾雅音義之反語用字不一，以証
其承襲前人之說，非其所創，而劉申叔〈正名隅論〉亦舉例証明反切不始於
漢末：

試舉其証，如孔安國尚書音云：「疇，直留反」，見毛詩釋文，毛公
詩音云：「施，以鼓反，殄，徒典反，祝，之六反」，均見毛詩釋文，
而馬融注易，鄭眾注周官，均有反切之音，皆其証也。

林師景伊亦曰：

至謂反切始創于孫炎，証之故記，亦尚未能盡合。蓋反切之語，自
漢以上即已有之，謂孫炎取「反切」以代直音則可，謂反切刱自孫
炎則不可也。

高師對以上各家之看法，審慎辨別而提示反切始於服虔或應劭之說法所應存
疑之見：〔註120〕

（一）漢人的經音用反切的都是後人依義翻出的，所謂孔安國尚書
音、毛公詩音雖有反語，但並不能証明西漢的孔安國和毛公已用反
切，東漢經師鄭眾、鄭玄等的經音，雖有反語，也不能証明他們已
用反切。

（二）古書注中，只有不習見的字或特殊的話，恐怕人不知讀法，
才標注字音，「每字下反章甚詳」，實與古書注音的通例相反。

（三）顏之推明顯地說明「逮鄭玄注六經，高誘解呂覽、淮南、許
慎造說文，劉熙制釋名，始有譬況假借以証字音耳」，還沒有曉得使
用反切，如果鄭玄、許慎、劉熙等已用反切，精於辨音的顏之推，
不會看不到，更不會說孫炎「獨知反語」。

又曰：

由此類推，可知玉篇，經典釋文，廣韻裏所引的許慎反切，都是後
人根據說文的諧聲或讀若翻出來的，決不是許慎所自作……劉熙釋

〔註119〕章太炎，《國故論衡》，頁 428。
〔註120〕《高明小學論叢》。

名，後人根據音訓翻出反切，標注於字下，也決不是劉熙所自作，從漢書注所引服、應二氏的音來看，則仍以借讀和直音爲主，可見他們對於反切的應用還不習慣」。故高師於反切起源論一文，提出客觀又持中之論。〔註121〕

高師曰：

把兩字拼合成一音，用這種方法來標注字音，可能是始於服虔或應劭，到了孫炎，才把反切訂得精密，爲後來注家和編韻書的人所遵用，所以南北朝以來大家都推他爲反切的鼻祖。〔註122〕

又曰：

所以研究韻書反切的聲韻學家，稱他爲反切的始祖也不能算錯。

〔註123〕

高師所論益見大昕論學，執中而允當也。

五、論韻書

大昕論平水韻云：

古韻分二百六部，唐宋相承，雖先後次弟，及同用獨用之注，小有異同，而部分無改，元初黃公紹古今韻會，始併爲一百七韻，蓋循用平水韻次弟，後人因以併韻之咎，歸之劉淵。〔註124〕

今淵書已不傳，黃公紹《古今韻會舉要》云：

舊韻上平聲廿八韻、下平聲廿九韻、上聲五十五韻，去聲六十韻，入聲卅四韻，……近平水劉氏壬子新刊韵始併通用之類以省重複，上平聲十五韻，下平聲十五韻，上聲卅韻，去聲卅韻，入聲一十七韻。〔註125〕

劉氏之書，世所稱之平水韻也，顧炎武《音論》云：

唐韻分部雖二百有六，多注同用，宋景祐又稍廣之，未敢擅改昔人相傳之譜，至平水劉氏，師心變古，一切改併，其以證嶝併入徑韻，

〔註121〕高師仲華，〈反切起源論〉，《高明小學論叢》。

〔註122〕同上。

〔註123〕同上。

〔註124〕《養新錄》卷五，平水韻條，頁255。

〔註125〕黃公紹《古今韵會舉要》卷一，頁86～25。

則又景祐之所未許，毛居正之所不議。^{居正議併}^{東冬等韻}而考之于古，無一合焉者也。〔註126〕

顧氏音論以併二百零六韻爲一百零七部之始作俑者爲劉氏，然大昕見元槧本《平水韻略》，知併韻非始於劉淵，亦不始於時夫，其云：

> 據黃氏韻會凡例，稱江南監本免解進士毛氏晃增修禮部韻略，江北平水劉氏淵壬子新刊禮部韻略，互有增字，而每韻所增之字，於毛云毛氏韻，於劉云平水韻，則淵不過刊是書者，非著書人矣。予嘗予吳門黃孝廉丕烈齋見元槧本平水韻略，卷首有河閒許古序，乃知爲平水書籍王文郁所撰，後題正大六年己丑季夏中旬，則金人，非宋人也。考己丑在壬子前廿有三年，其時金猶未亡，至淳祐壬子，則金亡已久矣，意淵竊見文郁書，刊之江北，而去其序，故公紹以爲劉氏書也。〔註127〕

又云：

> 王氏平水韻，并上下平聲各爲十五，上聲廿九，去聲三十，入聲十七，皆與今韻同。文郁在劉淵之前，則併韻始于劉淵者非也。論者又謂平水韻，併四聲爲一百七韻，陰時夫又併上聲拯韻入迥韻，今考文郁韻，上聲拯等已併於迥韻，則亦不始於時夫矣。〔註128〕

平水韻乃王文郁所撰，大昕於跋《平水新刊韻略》所言尤詳：

> 向讀崑山顧氏，秀水朱氏，蕭山毛氏，毘陵邵氏論韻，謂今韻之併，始於平水劉淵，其書名曰壬子新刊禮部韻略，訪求藏書家，逷不可得，未審劉淵爲何許人，平水何地。頃吳門黃蕘圃孝廉，得平水新刊韻略元槧本，予假讀之，前載正大六年己丑季夏中旬，河間許古道眞序，其略云，平水書籍王文郁，攜新韻見頤庵老人曰，稔聞先禮部韻略，或譏其嚴且簡，今私韻歲久，又無善本，文郁累年留意隨方，見學士大夫，精加校讐，又少添注語，不遠數百里，敬求韻引，是此韻爲文郁所定也。……此書初刻於金正大己丑，重刻於元大德丙午……不得云併韻始於劉淵。〔註129〕

〔註126〕顧炎武《音論》卷上，《叢書集成三編》二七，頁251。
〔註127〕《養新錄》卷五，頁255～256。
〔註128〕同上，頁256。
〔註129〕《文集》卷廿七，頁416～417。

大昕於此問題，蘊藏心中已五十年，遍訪南北藏書家而不得，及得丕烈《平水新刊韻略》元槧本，得明以平水屬之劉淵之誤也，其〈與謝方伯論平水韻書〉云：

> 近儒論韻學者，皆謂今韻二百六部，併爲一百七部，始於平水劉淵，
> 今案劉淵壬子新刊禮部韻略，不見於欽定四庫書目，惟邵長蘅古今
> 韻略，卷首歷敘所見韻書，曾載之。然某五十年來，徧訪南北藏書
> 家，有著錄者，獨吳門黃孝廉家，有平水新刊韻略五卷，係元刊本，
> 前載河間許古序，乃知爲平水王文郁所撰，序末題正大六年己丑，
> 則金哀宗年號也。於宋爲紹定二年，其時金猶未亡，至淳祐壬子，
> 則金亡已久矣。己丑在壬子前二十四年，淵所刊者，殆即文郁之本，
> 或失其序文，而讀者誤以爲淵所作耳……劉淵乃刊平水韻之人，而
> 後人乃以平水屬之劉淵，毋乃誤耶。〔註130〕

得大昕之說，始知劉淵乃刊平水韻者，而後人以平水屬之劉淵之說，乃得以廓清。

大昕並有論廣韻，以廣韻本唐韻，但云二萬六千一百九十四言，唐韻增字至四萬有奇，其不可信。此說見於〈與戴東原書〉：

> 孫愐唐韻序，稱前後總加四萬二千三百八十三言，今檢廣韻卷首云，
> 凡二萬六千一百九十四言。廣韻本於唐韻，不應廣韻所收之字，轉
> 倍於唐韻，若然，則雍熙之所修者，當云刪韻，不當云廣韻矣。意
> 孫愐序所云增加者，兼注中字而言，邵長蘅遽謂孫愐增字至四萬有
> 奇，似可未信，惟高明示之。〔註131〕

此外亦有論唐宋韻同用獨用之不同，及韻書次第不同等之論。其論唐宋韻同用獨用不同條云：

> 許觀東齋記事，景祐四年，詔國子監以翰林學士丁度，所修禮部韻
> 略頒行，其韻窄者十三處，許令附近通用。王應麟玉海，謂景祐中
> 直講賈昌朝，請修禮部韻略，其窄韻凡十有三，聽學者通用之，兩
> 書皆不言所併何部，今以廣韻集韻目錄參考，乃知昌朝所請改者，
> 殷與文同用也，隱與吻同用也，焮與問同用也，迄與物同用也，廢
> 與隊、代同用也，嚴與鹽、添同用也，凡與咸、銜同用也，儼與琰、

〔註130〕《文集》卷卅六，頁 559～560。
〔註131〕同上，頁 559。

－329－

忝同用也，范與豏、檻同用也，釅與豔，㮇同用也，梵與陷，鑑同用也，業與葉、帖同用也，乏與洽、狎同用也，廣韻殷、隱、焮、迄、廢五部皆獨用，嚴與凡同用，儼與范同用，釅與梵同用，業與乏同用，此唐時相承之韻，而昌朝輒請改之。鹽、添、咸、銜、嚴，凡本三部，而輒并爲二，宋韻，異於唐韻，蓋自此始，後來平水韻特因其同用之部而合之，非有改作也。〔註 132〕

周益公云，廣入聲三十一洽，與三十二狎通用，三十三業，與三十四乏通用，自唐迄天禧皆然，此舊韻也，仁廟初，詔丁度等撰定集韻，於是移業爲三十二，而以狎乏附之，此今韻也。〔註 133〕

論韻書次第不同條云：

顏元孫干祿字書，依韻之先後爲次，而與廣韻頗異，如覃談在陽唐之前，蒸在鹽之後是也。夏竦古文四聲韻，其次第與干祿字書同，鄭樵七音略内外轉四十三圖，以覃、談、咸、銜、鹽、添、嚴，凡列陽唐之前，蒸登列侵之後，與干祿字書又小異。

徐鍇説文篆韻譜，上平聲痕部，并入魂部，下平聲一先二仙後別出三宣一部，夏辣古文四聲韻，亦有宣部，與徐鍇同。

魏了翁序吳彩鸞唐韻云，其部敘於二十八刪，二十九山之後，繼之以三十先，三十一仙。又云：今韻降覃、談于侵後，升蒸、登於青後，升藥、鐸于麥、陌、麥、昔之前，置職德於錫緝之間，是彩鸞本亦同顏本次第也。〔註 134〕

吳彩鸞韻，別出移臡二字爲一部，注云，陸與齊同，今別，夏氏古文四聲韻亦有此部。〔註 135〕

吳彩鸞韻，於一東下注云，後紅反，濁滿口聲，自此至三十四乏皆然。〔註 136〕

雖所論不多，前人不乏論之，然由此亦可一窺大昕讀書之博，所論之明辨諦當也。

〔註 132〕《養新錄》卷二，頁 253～254。
〔註 133〕同上，頁 254。
〔註 134〕同上，251～252。
〔註 135〕同上，頁 252～253。
〔註 136〕同上，頁 253

六、論三十六字母

　　三十六字母之產生甚晚，六朝時雖已知分析聲韻，但僅知類聚，未能將各類之發聲區以名義，故有聲而無目。至唐末宋初，三十六字母產生，發聲始有初步之分類，今所傳之卅六字母，相傳爲僧守溫所創。宋王應麟《玉海》有《守溫卅六字母圖》一卷，明呂介孺同文鐸云：「大唐舍利刱字母卅，後溫首座益以孃、牀、幫、滂、微、奉六字母，是爲三六母」，此即今傳《等韻圖》所列之卅六字母。近人劉復見敦煌石室之唐寫本《守溫韻學殘卷》所見之字母僅得卅，題爲南梁漢比丘守溫述，而羅常培氏據此而謂後增之六母，則後人依託守溫之名而增改，增改之人則又據邵雍《皇極經世聲音圖》上官萬里注疑三十六字母，即胡僧了義所訂，雖學者多有從之者，但並未得學者之公認。至其來原，大昕於《養新錄》及〈音韻答問〉所論，則謂實守溫采涅槃之文，參以中華音韻而去取之。大昕云：

　　　　大般涅槃經文字品字音十四字，哀、阿、壹、伊、塢、理、釐、釐、藹、污、奧、菴、惡。比聲二十五字，迦、呿、伽、陌、俄舌根聲。遮車闍膳若舌齒聲。吒、咃、茶、咤、挐，上咢聲。多、他、陀、蚨、那舌頭聲。婆、頗、婆、婆（去）摩脣吻聲。虵、邏、羅、縛、奢、沙、娑、呵。此八字超聲，此見於一切輕音義者也，與今華嚴經四十二母殊不合，元應音義首載華嚴經，終于五十八卷，初無字母之說，今所傳八十一卷者，乃實又難陀所譯，元應未及見也。然涅槃所載比聲二十五字，與今所傳見、溪、羣、疑、之譜小異而大同。前所列字音十四字，即影、喻、來諸母，然則唐人所撰之三十六字母，實采涅槃之文，參以中華音韻而去取之，謂出于華嚴則妄矣。〔註137〕

其說頗爲可信，陳蘭甫於《切韻考》外篇云：

　　　　錢氏謂比音廿五字與見、溪、羣、疑之譜小異大同者，迦、呿、伽、陌、俄即見、溪、羣、疑、也。遮、車、闍、膳即照、穿、禪，若即日也，吒、咃、茶、咤、挐、即知、徹、澄、孃也，多他陀馱那即端透定泥也，婆（疑當作波）、頗、婆、摩即幫、滂、並、明也，字音之理釐二字即來母，其餘裏阿諸字皆影母也。超聲之虵字牀母，

暹羅亦來母，縛奉母，奢沙審母，呵曉母也。非、敷、微、精、清、
從、心邪喻匣十母，則涅槃所無，可見三十六母據中華之音，非據
梵音也。其爲涅槃所有者，次第與涅槃同，可見其依倣涅槃也，涅
槃無字母名目，其謂之字母，則沿襲於華嚴也」。〔註138〕

故字母之產生雖由梵文所啓發，然其音則本於華語，即二氏所謂參以中華音
韻而去取之。林師景伊於《聲韻學通論》，依陳蘭甫氏將一切經音義所載之大
槃涅槃經文字品所載比聲二十五字與卅六字比較，知涅槃字母較三十六字母
少非、敷、微、精、清、從、心、邪、喻、匣十母，可証三十六字母確據華
音而成。林師又謂三十六字母之次第與涅槃同，其依倣涅槃顯然可見矣。大
昕於音韻答問，則詳論之，並斥今人但知華嚴不知涅槃，是逐末而遺本。〈答
問〉云：

問，鄭樵七音略，謂華人知四聲，而不知七音，以所傳三十六字母，
爲出于西域，後儒又謂字母，出于華嚴經，其信然乎？曰：字母兩字，
固出華嚴，然唐元應一切經音義，所載華嚴經，終於五十八卷，初不
見字母之說，今所傳華嚴八十一卷，乃實叉難陀所譯，出於唐中葉，
又在元應之後。而漢末孫叔然，已造翻切，則翻切不因于字母也。翻
切之學，以雙聲疊韻紐弄而成音，有疊韻，而後人因有二百六部。有
雙聲，而後人因有三十六母，雙聲疊韻，華學非梵學，即三十六字母，
亦華音，非梵音也。宋世儒家，言字母者，始于司馬溫公，而溫公撰
切韻指掌圖，無一言及于西域，則三十六母爲華音，又何疑焉。且華
嚴之母，四十有二，與三十六母多寡迥異，其所云二合三合之母，華
人皆不能解，而疑非、敷、奉諸母，華嚴又無之，則謂見溪群疑之譜，
本於華嚴者妄矣。特以其譜爲唐末沙門所傳，又襲彼字母之名，夾漆
不加詳考，遂誤仞爲天竺之學耳。予嘗讀一切經音義，載大般涅槃經，
有比聲二十五字曰舌根聲、舌齒聲、上腭聲、舌頭聲、脣吻聲，頗與
見、溪、群、疑之序相似，而每聲各五字，與今譜異，別有字音十四，
則今所謂影、喻、來母也，日母列於舌齒聲，不別爲類，亦與今譜異。
竊意唐末作字母譜者，頗亦采取涅槃，而有取有棄，實以華音爲本，
若華嚴之字母，則與今譜風馬牛不相及矣。華嚴雖有字母之名，而涅
槃實在華嚴之前，其分部頗有條理，不似華嚴之雜糅，今人但知華嚴，

　　不知涅槃，是逐末而遺本也。〔註139〕

並以之爲沙門所傳，又襲彼字母之名而誤認爲得自西域之不稽。大昕云：

　　三十六字母，唐以前未有言之者，相傳出於僧守溫，溫亦唐末沙門也，

　　司馬溫公切韻指掌圖，言字母詳矣，初不言出於梵學。至鄭樵作七音

　　略，謂華人知四聲而不知七音，乃始尊其學爲天竺之傳。今考華嚴經

　　四十二字母，與三十六母多寡迥異，四十二母梵音也，三十六母華音

　　也，華音疑非、敷、奉、諸母，華嚴皆無之，而華嚴所謂二合三合者，

　　又非華人所解，則謂見、溪、群、疑之譜出於華嚴者非也，特以其爲

　　沙門所傳，又襲彼字母之名，夾漈好奇而無識，遂誤認爲得自西域，

　　後人隨聲附和，并爲一談，大可怪也。〔註140〕

而論字母之訂名則云：

　　聲同者互相切，本無子母之別，今於同聲之中，偶舉一字以爲例，

　　而尊之爲母，此名不正而言不順者也。〔註141〕

按：見、溪、群、疑等三十六字實聲類之標目，與東、冬、鐘、江之爲韻部標目，初無二致，於東、冬、鐘、江則稱之曰韻目，於見、溪、群、疑則獨稱之曰字母，宜乎大昕謂此名不正而言不順者也。蓋字母之名出於佛書，印度梵文原爲拼音文字，其文字係綴數個字母（Letters）以成字（word），字既由字母連綴而成，稱之字母，其義則允是。我國聲類標目取法於梵文，故亦隨而號之曰字母也。葉光球氏云：「我國之造見、溪、群、疑等聲類標目實取法於梵文，梵文既稱其 Letters 曰字母，故亦隨而號之曰字母耳，初未留意，於華梵文字性質之不同也，後人以其便於指說，故相沿不廢耳」。〔註142〕則補大昕說之不足。

參、訓詁學

　　訓者道也，說教也。詁者故也，故者古也。道物之貌，順其意以告人謂之訓，古今異言通之使人知謂之詁。錢大昕曰：有文字而後有詁訓，有詁訓而後有義理，詁訓者，義理之所由出，非別有義理出乎詁訓之外者也。〔註143〕其重

〔註139〕《文集》卷十五，〈音韻答問〉，頁217～218。

〔註140〕《養新錄》卷五，字母條，頁259～260。

〔註141〕《養新錄》卷五，字母條，頁262。

〔註142〕葉光球，《聲韻學大綱》，頁49。

〔註143〕〈經籍纂詁序〉，《文集》卷廿四，頁349。

要若此。是故書稱粵若稽古，詩稱古訓是式，古訓即詁訓也。孔子之信而好古，好古敏求，亦自謂詁訓是信，詁訓是求也。蓋時有古今，地分南北，益以同時同地之人，或因觀點之差異，雅俗之有別，名物之殊稱，而有同名異實，或異名同實之異，致使詞義難明，欲解決此一問題，訓詁於焉而起。

訓詁之學，發皇於爾雅，秦漢以還，其緒益宏，師弟相傳，各為家法，依經而釋，遂成專學。夷考事實，秦漢之際，大抵僅有訓詁，而無訓詁學之存在。蓋凡稱為學，必具有學術上之方法。然其時學者，無一完整之訓詁理論系統，唯以一些片斷之方法，以從事訓詁之工作而已，故其成績，多半亦僅為訓詁書之著作，而非訓詁學之系統發明。真正稱上訓詁學，則至清始，故胡樸安氏云：

> 訓詁之法，至清朝漢學家，始能有條理，有系統之發現。〔註144〕

而大昕則為促成此一學術理論及實際之主要人物。大昕云：

> 夫窮經者必通訓詁，訓詁明而後知義理之趣，後儒不知訓詁，欲以鄉壁虛造之說，求義理所在，夫是以支離而失其宗。〔註145〕

又曰：

> 六經者，聖人之言，因其言以求其義，則必自詁訓始。〔註146〕

而暢發於〈經籍纂詁序〉，其言云：

> 有文字而後有詁訓，有詁訓而後有義理，詁訓者，義理之所由出，非別有義理出乎詁訓之外者也。〔註147〕

於〈小學攷序〉云：

> 六經皆載於文字者也，非聲音，則經之文不正，非訓詁，則經之義不明。〔註148〕

類此之言，屢見於文集中，而訓詁立本之治學方法，斯義已於本書「治學記略」中發之，故不再贅言，唯大昕

> 每念通經必研小學。（按：大昕以六書之學，古人所謂小學也）〔註149〕

> 欲窮六經之旨，必自爾雅始。〔註150〕

〔註144〕胡樸安《中國訓詁學史》，自敘，頁3。
〔註145〕〈左氏傳古注輯存序〉，《文集》卷廿四，頁344。
〔註146〕〈臧玉林經義雜識序〉，《文集》卷廿四，頁348。
〔註147〕《文集》卷廿四，頁349。
〔註148〕《文集》卷廿四，頁350。
〔註149〕〈小學考序〉，《文集》卷廿四，頁351。
〔註150〕〈與晦之論爾雅書〉，《文集》卷卅三，頁526。

以讀經識字，宜自爾雅、說文入手，藉以明經之故訓。經之故訓明，乃可進通聖人之心志，此一治學理論，至大昕而闡述盡至。今就現存資料，述之於下，略窺其學之涯略。

一、大昕訓詁學之基礎

（一）以聲韻學為樞紐

錢大昕氏於〈詩經韻譜序〉云：「因文字聲音，以求訓詁，古義之興有日矣。」〔註 151〕又曰：「古人以音載義，後人區音與義而二之」。〔註 152〕又曰：「古之詁訓，音與義必相應」，〔註 153〕可知聲義共通之關係，為大昕疏証解經義之利器，其〈古同音假借說〉謂：「許氏書所云讀若，云讀與同，皆古書假借之例，假其音，並假其義，音同而義亦隨之」。〔註 154〕於〈音韻答問〉云：「古人之立言也，聲成文而為音，有正音以定形聲之準，有轉音以通文字之窮」。〔註 155〕大昕深明音同音轉之道，持此而求古義，自可破形體之拘束，而左右逢其原矣，故於疏証《爾雅》「矧之為陳」曰：

> 矧從矢聲，矢者，陳也，古文矧又與夷通。春秋傳：五矧為五工，正利器用，正度量夷民者也。服虔云：矧者，夷也，夷，平也。正義云：矧聲近揚。楊子雲甘泉賦，列新矧於林薄。服虔謂矧夷聲相近，新矧即辛夷也，秋官薙氏注：薙或作夷。釋文云：薙一本作矧，古音夷，如稊，稊陳聲相轉，春秋夷儀，公羊作陳儀，夷有陳義，故矧亦訓陳也。〔註 156〕

又猷假之為已

> 猷之與已，聲相轉，假之訓已，則經典數見之。曲禮，告喪曰：天王登假。注：登，上也，假已也，上已者，若仙去云爾，詩：烈假不瑕，鄭讀烈假為厲瘕，訓瘕為已，謂為厲瘕之行者，不已之而自己也，正義謂瘕已釋詁文，瘕之與已，聲亦相近，登假字亦讀若遐。

〔註 151〕《文集》卷廿四。

〔註 152〕同上。

〔註 153〕〈答孫淵如書〉，《文集》卷三十三，頁 523。

〔註 154〕《文集》卷三，頁 42。

〔註 155〕《文集》卷十五，頁 210。

〔註 156〕答問七，頁 126。

〔註157〕

鼉从軍聲，鼉轉爲熏也。祈从斤聲，祈轉爲芹也。贛即坎字，坎與空相轉，故贛爲贛省聲，乃與能相轉，故仍以乃得聲，曾與重相轉，故曾以四得聲。說文：艘，夐聲，而讀若宰。鞺，蚩聲，而讀若聘。鞣，弆聲，而讀若麿。舌，占聲，而讀若耿。倗，朋聲，而讀若陪。璹，壽聲，而讀若淑。諽，革聲，而讀若戒。敊，豈聲，而讀若狠。蹁，扁聲，而讀若苹。𥬇，八聲，而讀若頌。又讀若非。^{古音非如悲} 睼，是聲，而讀若瑱。楯，盾聲，而讀若芝。邘，年聲，而讀若寧。蜦，侖聲，而讀若戾。棪，炎聲，而讀若導，^{三年導服，導即禫之轉。}皆聲轉之例也。〔註158〕

知大昕疏証經義，以義爲經，以聲爲緯，互爲貫穿者也。他如養新錄、聲類（按：^{雖言聲類，實爲詁訓之書，故其編次，多仿爾雅之名。}）恆言錄等著作，亦莫不如是也。故大昕云：「後人不達古音，往往含聲而求義，穿鑿傅會」，〔註159〕又曰：「古人訓詁，寓於聲音」。〔註160〕聲韻於大昕訓詁學至爲重要。

（二）以文字學爲輔翼

錢大昕〈小學攷序〉云：「因文字而得古音，因古音而得古訓，此一貫三之道，亦推一合十之道也」，〔註161〕因形得音，因音以得義，乾嘉學者，皆以文字之形音義交互爲用，以考求經義，故大昕云：「研覃經訓，由文字、聲音、訓詁而得義理之眞」。〔註162〕大昕雖年至四十三始讀說文，其於〈答孫淵如書〉亦謙稱：「僕中歲而讀《說文》，早衰善病，偶有所得，過後輒忘，坐是不能成一家之言」，〔註163〕然大昕於《說文》，卻有深邃之研究。其釐詁群經，亦頗引《說文》、《玉篇》、《類篇》之屬爲資料，或訂字書之誤、或引字書以訂群籍之誤、或引字書以証說經義，務求所說允當而後止。

大昕於〈說文答問〉一卷，每有補許說之闕。於《養新錄》一書，並就六書結構及碑銘所見而駁後人之誤解、誤引之失，若下列則大昕証《說文》之誤：

〔註157〕《文集》卷十，答問七，頁131。
〔註158〕〈答孫淵如書〉，《文集》卷卅三，頁522～523。
〔註159〕〈小學攷序〉，《文集》卷二十四，頁351。
〔註160〕《養新錄》卷一，觀條，頁64。
〔註161〕《文集》卷廿四，頁351。
〔註162〕〈臧玉林經義雜識序〉，《文集》卷廿四，頁347。
〔註163〕《文集》卷卅三，頁522。

問，説文訓泜為水吏，何也？曰：水吏不見於經典，當是水文之譌。廣韻：踰泜，水文聚，於易，物相雜為文，凡从丑之字，粗鈕皆為雜飯，則泜為水文，審矣。〔註164〕

問，説文訓紫為識，未審其義。曰：釋詁：呰與茲、斯、咨、已竝為此，皆語絕之詞。楚辭招魂些字，即呰之異文。許君以呰為呰苛字，呰為呰瘛字，而以紫為楚些字，大徐不知些即紫之俗，而別補些字，非也。〔註165〕

師氏掌以媺，詔王，媺，古美字，此字不見説文，非漏落也。古文微與尾通。堯典孳尾，史記作字微。論語微生畝，漢書作尾生畮，媺从微，當與娓通。詩：誰侮予美，韓詩美作娓。説文女部有娓字，則該乎媺矣，帥與率亦古通用字，悉蟀即悉蟀。説文有蟀無蟀，非謂蟀不可作蟀也，徐鉉以蟀為俗，蓋未諭許君之例。〔註166〕

此大昕舉徐鉉未諭許君之例，《文集》云：

王伯厚引王去非云：學者學乎孝，教者教乎孝，故皆從孝字。又引慈湖，（楊簡）蒙齋（袁甫）説，古孝字只是學字。案古文學作斈，斈从爻，孝从老，判然兩字，豈可傅會為一，宋人不講六書，故有此謬説。〔註167〕

《文集》又云：

問，慎而無禮則葸，葸字説文未收，从艸亦義，曰葸當為諰字之譌。説文：諰，思之意。荀子議兵篇，諰諰然懼天下之一合而軋已也。漢書刑法志引作葸，蘇林讀如慎而無禮則葸之葸，諰正字，葸假借字，葸則俗字也。〔註168〕

苟非大昕精於文字學，曷克臻此。《養新錄》云：

哀元年，宿有妃嬙嬪御焉，唐石經嬙作牆。陸氏釋文云：嬙本又作廧，或作牆，案説文無嬙字，當依石經為牆，漢隸爿旁字或變从广，廧牆實一字也。〔註169〕

〔註164〕答問八，《文集》卷十一，頁151。
〔註165〕同上，頁152。
〔註166〕《養新錄》卷二，媺條，頁109～110。
〔註167〕《養新錄》卷四，宋人不講六書條，頁197。
〔註168〕答問六，《文集》卷九，頁110。
〔註169〕《養新錄》卷二，妃牆條，頁138。

又云：

> 瞿中溶云：禮經朴字，鄉射篇凡十五見，取朴一，倚朴一，去朴六，搢朴六，與朴一。大射篇凡廿一見，取朴一，去朴七，搢朴九，倚朴三。石經初刻並從木，後磨改从才，其有未經磨改而作朴者，皆朱梁補刻，案古無扑字，說文木部，朴訓木皮，鄭注取朴云：朴所以撻犯教者，蓋古人止用木皮撻人，以爲教學之刑，其物即名之曰朴，虞書所謂「朴作教刑」是也，後人緣朴有撻意，遂改从手，張參知朴不从手，故五經文字手部不收此字，九經字樣乃收之，則此磨改之弊，或即出唐元度之手，今本皆沿其謬矣。〔註170〕

引石經及就六書結構以爲訓詁之輔翼，《養新錄》一書，隨處可見。

（三）以斠讎學爲前題

斠勘爲訓詁之首要工夫，乾嘉以來，經學大師之重要訓詁著作，皆兼訓詁、斠讎爲一者。蓋以古書年代久遠，或漫漶殘缺，或傳鈔錯誤，不加斠讎，逕于訓詁，則不能識其原文，明其本義，大昕爲有清考証派之校勘家，非只求校文字之異同，而是經由文字之校勘。以訂補史實，疏証經義，以爲訓詁之用，以達考據之目的，亦即以精湛之斠讎復古書之面目，而作爲訓詁之憑藉。近人羅炳綿先生以大昕先生校勘史籍之方法，而歸納爲十七例：

1. 以本書証本書
2. 用同類事蹟的記載以証異說或謬誤
3. 從文字、方言及譯音以校勘
4. 憑個人的識見以校勘。
5. 利用輿地僑置常識以校勘。
6. 利用天文曆法校勘
7. 用官制校勘
8. 以書之義例校勘
9. 用金石文字校勘
10. 用避諱常識校勘
11. 利用版本
12. 以古代文物制度校勘

〔註170〕《養新錄》卷二，朴條，頁107。

13. 從人名或別字校勘

14. 從行文氣勢及用字校勘

15. 以姓氏校勘

16. 選用恰當資料校勘

17. 以唐人行第及句讀校勘

據以上之例，推求致誤之由，如此而後譌誤者正之，不可解者得解之，其於訓詁之助大矣。如因避諱，故不稱名氏：

> 朱文公集注，引劉聘君說者三，聘君，謂白水劉勉之致中也。李心傳繫年要錄，紹興七年四月，中書舍人呂本中等奏，建州進士劉勉之學有淵源，行可師法，閩中士人，無不推仰，伏望特賜錄用，詔召赴行在，故有聘君之稱，聘君，避仁宗嫌名也。文公早年師事致中，且係婦翁，故不稱名氏。〔註171〕

又：

> 論語：莫己知也，斯己而已矣。今人讀斯己而已，兩己字皆如以。
> 攷唐石經：莫己斯己，皆作人己之己而已，作己止之己。釋文：莫己音紀，下斯己同，與石經正合。集解：此硜硜者徒信己而已。皇氏義疏申之云：言孔子硜硜不宜隨世變，唯自信己而已矣。是唐以前論語，斯己字皆不作止解，由於經文作己不作已也，己與已絕非一字，宋儒誤讀斯己爲以，未免改經文以就己說矣。〔註172〕

雖然大昕訓詁學之基礎，不止文字、聲韻、斠讎諸學，舉凡經史、文學、哲學、民俗、禮制、氏族、金石，以至古人爵里事實、年齒算術、及歐羅巴弧三角諸法，無不與訓詁有關，然文字聲韻斠讎乃其犖犖大端者也。今見大昕《養新錄》一書，及《廿二史考異》諸書，以見大昕校勘範圍之廣泛，如校衍文及補脫漏，校義之蘊而未宣者，校出後人改動文字之處，校錯誤之俗字……等等，皆予訓詁之助甚鉅。

二、大昕訓詁學之內容

大昕之著作，若《養新錄》、〈說文、聲韻、爾雅答問〉及《考異》等，多邊斠邊釋，期使釋義通暢有徵，今捨斠讎專就訓詁而言，其內容大可分三類。

〔註171〕《養新錄》卷三，劉聘君條，頁 160～161。

〔註172〕同上，斯己而已矣條，頁 152。

（一）補　釋

舊無注釋，而新為之注釋，〈說文答問〉，「戠从戈，从音而闕其義」條，大昕云：

> 戠與埴同義。說文：埴，黏土也。禹貢：厥土赤埴墳。鄭康成本作戠，徐鄭王皆讀曰熾。考工記：搏埴之工，鄭亦訓埴為黏土，是埴戠同物也。弓人職云：凡昵之類不能方。注：故書昵或作樴。杜子春讀為不義不昵之昵，或為𣒍，𣒍也，元謂樴，脂膏䐈敗之䐈，䐈亦黏也，埴與䐈，戠與樴，文異而義同，皆取黏𣒍之意也。詩：俶載南畝。凡三見，鄭皆讀為熾菑。方言：入地曰熾，反草曰菑，熾即戠也。戠，菑即俶載之轉，或譏鄭好改字，此未達於古音也，土之黏者曰戠，必以耟入之。詩三言俶載。其上文或五覃耟，或云良耟，或云有略其耟，故知熾菑當用鄭義，毛公傳不訓俶載意，當與鄭不殊，以俶為始，出於王肅，雖本釋詁，未必合毛意也。人戠曰戠，猶之治亂曰亂，故其文从戈，而取意省聲，許君所闕，請以鄭義補之。〔註173〕

按：戠，闕義，大昕特取鄭義予以注釋，並舉毛詩鄭箋，考工記等為証明，以釋戠與埴同義，斯亦懼後人之誤釋而為之補釋耳。

（二）疏　証

雖有舊注而艱深澀碍者，為之疏通証明，《養新錄》「薆」條：

> 洛誥：汝乃是不薆，孔馬鄭皆訓薆為勉，而說文無此字，經典亦止一見，更無它証。予攷釋詁，孟勉也，郭注云，未聞，古讀孟如芒，戰國策有芒卯，淮南子作孟卯，是孟芒同音。莊子、孟浪之言，徐仙民音武黨武莽二切，即芒之上去音也。釋文：薆，莫剛反，蓋馬鄭舊音，而同訓勉，則薆即孟審矣，薆从侵無義，疑即㜄字，孟，夢音相近，皆黽勉之轉聲，隸變譌為薆耳。〔註174〕

案：此乃隸變而譌作薆也。

又「耄荒」條：

> 呂刑：「耄荒」。釋文：耄又作薹，此說文正字也。羣經音辨禾部云：秏，老也，音耄。書：王秏荒，鄭康成讀，案古書無以秏當耄字者，當是旄字轉寫之譌。周禮大司寇：掌建邦之六典，注引書「耄荒」，

樂記：宮亂則荒，注引書「王耄荒」，釋文皆作「旄荒」，^{依釋之單行本，其散入注}作耄矣^{疏者，今皆}。是鄭本作旄不作耄矣。禮八十九十曰耄。射義：旄期稱道不倦，釋文皆用旄字。賈昌朝偶據誤本，仍旄爲耄，非也。〔註175〕

又「壺」條：

> 既醉，室家之壺，傳訓壺爲廣。國語叔向引此章，而云：壺也者，廣裕民人之謂也，是壺之爲廣，自昔有此訓矣。古人先齊家而後治國，父子之恩薄，兄弟之志乖，夫婦之道苦，雖有廣廈，常覺其隘矣，室家之中寬然有餘，此之謂壺。〔註176〕

（三）正　誤

糾正舊注之誤者，約言之有原文不誤而妄解，有不知原文譌誤而誤解者，茲條述之：

1. 原文不誤而妄解者

《論語答問》，「固天縱之將聖」條曰：

> 問，固天縱之將聖，集注訓將爲殆，頗難曉，曰：將聖之義，當從古注爲長。釋詁云：將，大也，詩：有娀方將，我受命溥將之將，並訓爲大，然則將聖者，大聖也。孔安國云：天固縱大聖之德，此以大訓將之明證也。子貢之稱孔子也，或擬諸日月，或擬諸天之不可階而升。又云：自生民以來，未有夫子，此豈猶有疑於夫子之聖，而不敢質言之乎，且智足以知聖人，亦無庸謙也。〔註177〕

案：此不明古義而妄解者，大昕以集注訓將爲殆不若從釋詁：將，大也，舉詩，孔安國及論語之文等爲之証明，以釋將即大也。

又古書無句讀，離經斷句乃讀者之事，非著者之責，先儒解經有誤句讀而誤解者，如《養新錄》「修爵」條云：

> 鄉飲酒義：降說屨，升坐，修爵無數，熊氏以修爵爲行爵，後儒無異說。愚案鄉飲酒禮云：說屨，揖讓如初，升堂，乃羞，無算爵，經文本無修字，始悟修乃羞之誤，聲相近也，羞字爲句，禮所云，乃羞也，爵無數爲句，禮所云無算爵也。〔註178〕

〔註175〕《養新錄》卷一，頁83。
〔註176〕《養新錄》卷一，頁98。
〔註177〕〈答問六〉，《文集》卷九，頁110。
〔註178〕《養新錄》卷二。

又「衡流而方羊」條云：

> 哀十七年，如魚竄尾，衡流而方羊，裔焉大國，滅之將亡。杜氏
> 以裔焉連上爲句，劉炫謂當以方羊爲句，其説當矣。而孔穎達曲
> 護杜義，辨之甚力，然毛詩正義，亦出穎達之手，而汝墳疏引左
> 傳如魚頳尾，衡流而彷徉，正與劉氏讀合，且引鄭眾注爲證，仍
> 不取杜説。〔註179〕

案：杜預注以「衡流而方羊裔焉」爲句，穎達疏云：「劉炫以爲卜繇之詞，文
句相韻，以裔焉二字宜向下讀之，知不然者，詩之爲體，文皆韻句，其語助
之詞，皆在韻句之下，即齊詩云：俟我於著乎而，充耳以素乎而。王詩云：『君
子陽陽左執簧，其樂只且』之類是也。此之方羊與下句將亡自相爲韻，裔焉
二字爲助句之辭，且繇辭之例，未必皆韻，此云：闔門塞竇，乃自後踰，不
與將亡爲韻，是或韻或不韻，理無定準」。〔註180〕是曲徇杜氏，非定訓也。以
毛詩正義出孔氏之手，而汝墳疏引左傳，如魚頳尾，衡流而彷徉，正與劉氏
讀合，此乃不識古韻，以誤讀而妄解也。

亦有不知假借而妄解者，如「勉即俛」條云：

> 矢人，前弱則俛，後弱則翔，唐石經俛作勉，顧寧人以石經爲誤，
> 予謂勉與俛古人多通用。黽勉，漢碑多作僶俛。陸機文賦：在有無
> 而僶俛。李善注引詩：何有何無，僶俛求之。漢書谷永傳：閔免遁
> 樂，師古注：閔免猶黽勉也。表記：俛焉日有孳孳，讀如勉，此經
> 又讀勉爲俛，音同義亦同也。瞿中溶云：古人訓故假借，多取聲相
> 近之字，以訓故言之。孔穎達左傳衰冕疏，賈公彥儀禮士冠禮，周
> 禮弁師疏，俱云：冕俛也，其説蓋本白虎通。白虎通云：十一月之
> 時，陽氣冕仰，黃泉之下，萬物被施，前冕而後仰，故謂之冕是也。
> 以假借言之，白虎通以冕當俛字，此經又以勉當俛字，此古免免同
> 音之確據也，後世言字學者，不知免有免音，遂以增減一筆，強分
> 爲二，轉疑説文漏載免字，失之甚矣。〔註181〕

又「涅」條：

> 既夕記：隸人涅廁，注：涅，塞也。案説文：涅，黑土在水中也，

〔註179〕同上，頁 134～138。
〔註180〕《十三經注疏》，左傳，卷六十，頁 1046。
〔註181〕同上，頁 112～113。

涅無塞義，蓋即敁字。書，費誓：敁乃穽，敁，塞也，涅敁聲相近，

故借用涅字。〔註182〕

案：涅無塞義，即敁字，大昕舉說文、尚書以証之。

古籍所載各種名物，或因古今語變，或因南北語異，故有失其傳者，而致後人生妄解，若〈論語答問〉，「紺緅飾」條：

問，君子不以紺緅飾，孔安國云：一入曰緅，三年練，以緅飾衣，

爲其似衣喪服，故不以爲飾衣。邢昺以緅爲淺絳色，據周禮：五

入爲緅，則緅非淺絳，且練衣不以緅飾緣何故？曰：孔氏經文，

當是緛字。爾雅云：一染謂之緛，即孔所云一入也。檀弓云：練，

練衣，黃裏，緛緣，注云：小祥練冠，練中衣，以黃爲内，緛爲

飾，即孔所云：三年練，以飾衣者也。然則孔本經注，皆當作緛，

不作緅矣。考工記：鍾氏，三入爲纁，五入爲緅，注：謂染纁者

三入而成，又再染以黑，則爲緅，緅今禮俗文作爵，言如爵頭色

也，先鄭司農以論語君子不以紺緅飾，證五入爲緅之文，則先鄭

所受論語，本作緅，與孔本異也。士冠禮：爵弁，服注：爵弁，

色赤而微黑，如爵頭然，或謂之緅。許氏說文無緅字，而有纔字，

云：帛雀頭色，又云：微黑色，如紺，纔，淺也，古人繩與才通，

才亦讀爲哉，與爵聲近，則緅纔爵三者同物。^{徐鉉校說文，附入緅字，不}

^{知纔即緅也，濛瀎雙聲字，}

^{詞賦家往}

往用之。賈公彥云：三入之纁，入赤汁則爲朱，若不入赤而入黑汁，

則爲紺，更以此紺入黑，則爲緅，紺緅相類之物，故連文云：君

子不以紺緅飾也，今文論語作緅，古文作緛，微黑爲緅，淺絳爲

緛，不能混而一之，明矣。〔註183〕

案：自何平叔集解采孔氏說，經文仍从緅字，又改注文之緛，亦爲緅而二文相亂，此不辨名物而妄解者。

又《養新錄》「樲棘」條：

今有場師，舍其梧檟，養其樲棘，趙注：樲棘，小棘，所謂酸棗也。

按爾雅：樲棗，不聞樲棘爲小棘。朱注改爲小棗，亦無據。梧、檟，

既二物，則樲棘必非一物，樲爲酸棗，棘即荊棘之棘也。〔註184〕

〔註182〕同上，頁108。

〔註183〕答問六，《文集》卷九，頁111。

〔註184〕《養新錄》卷三，頁173～174。

亦有不知文例而致妄者，《養新錄》卷一：

> 何人斯，云何其盱，唐石經無其字，予初疑爲脱漏，頃見臧在東云：卷耳，云何盱矣。都人士，云何盱矣。文法與此同，即三字爲句，未始不可。箋云：於女亦何病乎，既何病連文，知中無其字矣。〔註185〕

又有不知辨字而妄解者，如《養新錄》：

> 臧在東云：毛詩凡憯字皆訓爲曾，慘字皆訓爲憂戚，如節南山：憯莫懲嗟。傳：憯，曾也。十月之交：胡憯莫懲。傳：憯曾，民勞，憯不畏明，傳，憯曾也。雲漢：憯不知其故，箋云，曾不知爲政所失，而致此害，是憯訓曾之証也。月出：勞心慘兮。釋文：憂也。正月：憂心慘慘。傳：慘慘猶戚戚也，抑我心慘慘。傳：慘慘憂，不樂也，是慘訓憂戚之証也。雨無正，憯憯日瘁，據箋云：憯憯憂之，則當作慘，今各本皆作憯，誤也。攷釋文十月之交云：胡憯，亦作慘，民勞云：慘不，本亦作憯，則唐以前，二文已混，陸氏不能定所適從，故雨無正慘，誤作憯民勞憯，又誤爲慘也。〔註186〕

大昕于天算之學所得甚深，貫兼中西之長，通古今之奧，如據《春秋》十二公紀年考歲日生，超辰之限，以析浚儀王氏之疑，辨太陰不同太歲，以糾班掾漢志之失，皆其犖犖者，《養新錄》卷二，大昕特舉不明曆法而致誤者：

> 公羊傳，襄公二十一年，十一月庚子，孔子生，注：時歲在乙卯，_{疏作己卯二文}當有一誤，疏云：何氏自有長歷，不得以左氏難之。案魏晉以來，推襄廿一年，皆云己酉，而何氏乃云乙卯，故疏家依違其詞，謂何氏別有長歷，亦無明文可證，今以三統歲術超辰之法計之，襄二十一年，歲在實沈，太歲當是乙巳，則何注乙卯必乙巳之譌也。_{襄廿一年，距上元十四萬二千六百七十九，滿歲數一千七百廿八去之，歲餘九百八十三，以百四十五乘之，得十四萬二千五百三十五，盈百四十四而一，得九百八十九，爲積次，滿六十去之，大餘十九，}起丙子算外，正得乙巳歲。自襄二十一年孔子生，距漢元年三百四十六歲，又自漢興距光武建武元年二百三十歲，合五百七十六算，正當超四辰，故知何所據者，超辰古術，非別有長歷也。左氏襄

〔註185〕《養新錄》卷一，云何盱條，頁94。

〔註186〕《養新錄》卷一，憯慘條，頁93～94。

二十八年，歲在星紀，歲星與太歲常相應，星在星紀，則歲當在子，而今人以爲丙辰，亦差四算，然則孔子生必爲乙巳，非己卯無疑矣。〔註187〕

2. 不知原文譌誤而誤解

經傳子史譌誤之現象，約有誤、脫衍、乙、亂等，大昕《養新錄》一書，舉古籍原文譌誤而生誤解者，其類亦不外此。如《養新錄》云：

> 說卦：兌爲剛，鹵，爲妾，爲羊。釋文：羊，虞作羔。今李鼎祚集解引虞仲翔注：亦作羔。云：兌爲羊，已見上文，此爲重出，非孔子意也，武進臧鏞堂在東，謂羔乃養字之誤。攷虞注爲妾云：三小女位賤，故爲妾，其注爲羔云：羔女使，皆取位賤，故爲羔。虞以羊爲再出，若作羔，爲小羊，意亦不異，故知本是養字，傳寫脫其下半耳，又鄭康本作爲陽，注云：此陽，謂養無家女，行賃炊爨，今時有之，賤於妾也，然則此字當爲廝養之養，鄭虞兩家正合，其作羊作陽，皆養字聲近之誤。〔註188〕

又「建柶誤作捷柶」條云：

> 士冠禮：筵末坐啐醴，捷柶興。唐石經捷作建，案士昏禮亦有「坐啐醴建柶興之文，則石經是也，鄭注當云：建柶扱柶于醴中。陸德明所見本，扱柶之扱作捷，故音義云：捷柶，初洽反，又作錔，又作扱，此爲注音，非經有捷字也。宋人刻釋文者，誤疑經文作捷柶，并注中建字，亦改爲捷，曾不一檢士昏禮文，沿譌數百年，賴有石經正之，此石經所以可貴也。^{予見小字宋本儀禮，經注，俱是建字。}〔註189〕

又「風俗通義」條：

> 盧學士紹弓，嘗寓書問愆禮篇載徐孺子負笥斗涉齎一盤醊，笥斗二字何義？予答云：此必算字之譌，史記鄭當時傳，其餽遺人，不過算器食。徐廣云：算，竹器也，算與匴同。說文匴，渌米籔也。士冠禮：爵弁，皮弁，緇布冠各一匴。注：匴，竹器名，本算字，誤分爲兩字，遂不可識矣。〔註190〕

〔註187〕同上，何氏注公羊傳條，頁141～142。
〔註188〕《養新錄》卷一，兌爲妾爲養條，頁74～75。
〔註189〕《養新錄》卷二，頁105。
〔註190〕《養新錄》卷十四，風俗通義條，頁732。

凡此皆不知字誤而誤解者，又因衍文而誤解者如：

> 「予有亂十人」，尚書、論語各一見，春秋傳兩見，唐石經皆無臣字，今石刻旁添臣字者，宋人妄作耳。陸氏釋文亦同，云：本或作亂臣十人，非。五代國子監，校刊九經，始據誤本添入臣字，邢昺論語疏，亦承監本，於是劉原父有子無臣母之疑，蘇子瞻太皇太后挽詞，亦有允矣才難十亂臣之句。〔註191〕

> 惡居下流而訕上者，惠定宇云：蔡邕石經無流字，當因子張篇惡居下流，涉彼而誤。鹽鐵論文學，居下而訕上，漢書朱雲傳，小臣居下訕上，是漢以前皆無流字。〔註192〕

亦有因脫文而誤解者：

> 小功章，大夫之妾，爲庶子適人者，唐石經初刻，爲下有君之二字，後磨改去之。予案注云：君之庶子，女子子也，則經文當有君之二字。大功章：大夫之妾，爲君之庶子，正與此文同。今本皆無此二字，蓋從唐人磨改本，予嘗謂石經初刻本有勝於改本者，惜其文多曼滅，不能一一辨仍耳。〔註193〕

大昕在訓詁學上之貢獻，雖不若王氏父子執清代訓詁學之牛耳，然其所舉，皆犁然有法，乃讀書得間者也。

三、大昕訓詁學之著作

　　就實際而論，大昕不乏有關訓詁學之著作，計有《爾雅述義》、《恆言錄》、《聲類》（前三卷）、《潛研堂文集‧卷十‧爾雅、廣雅答問》一卷、《養新錄》等，惜《爾雅述義》今不傳（案：據趙損之懷人詩：東華輭土萬人海，獨有錢郎愛著書。貞石吉金搜討盡，不妨試手注蟲魚。其注云：梓楣太史近撰爾雅述義，今潛研堂集無此目，或係未成書），《恆言錄》捃摭極廣，常言俗語，而探索其語源，考經徵史，旁証諸子百家，簡化通俗篇之分卅八類爲十九類，較之通俗篇爲精密，又複音詞、雙聲疊韻之複音詞，收集頗豐，亦兼及對等義詞、近義詞等，一一引書，加以考証，並補充引伸通俗篇之內容，可爲研究漢語詞彙之參考。

〔註191〕《養新錄》卷一，有亂十人條，頁80。
〔註192〕《養新錄》卷三，居下訕上條，頁152。
〔註193〕《養新錄》卷二，君之庶子條，頁106。

　　《聲類》一書共四卷，前三卷屬訓詁之作，惟其以聲為主，以韻為附，然其中有聲不相通，而以音近為訓與該書體例不合者，亦有宜為兩條而誤作一條者，有可併一條而分作兩條者，更有種出者。其門人汪恩稱「當時止輯以備用」，蓋大昕此書，為備忘而錄，未為定稿故耳。《養新錄》則多短條說明，至其〈爾雅答問〉，雖亦短書札記，然時有精言，以補郭邢之闕誤，大昕以郭注之未詳，緣於：

（一）失於徵引望文生義

　　大昕於〈爾雅答問〉屢責郭注之疏，其曰：「景純於經義甚疏，故失於徵引」。

　　　問過遴之為逮，何也？曰：過即曷字，詩小雅：曷云能穀。傳云：
　　　曷，逮也，遴即噬字。詩，唐風：噬肯適我。傳云：噬，逮也，此
　　　皆經典正文，而景純不能疏通証明之，故云景純於經術疏。〔註194〕

以其疏於經義，故失於徵引，其曰：

　　　問周禮壺涿氏，以牡橭午貫象齒，杜子春以枯榆當之，然否？曰：
　　　牡橭即無姑，牡無聲相近。易：枯楊生稊，鄭讀枯為姑，謂無姑山
　　　榆也。稊，鄭本作荑。荑，木更生，讀如夷，謂山榆之實，爾雅之
　　　文，皆出六經，景純於經義甚疏，故失於徵引。〔註195〕

而因不考古訓，故每望文生義，大昕曰：

　　　景純於經術本疏，往往不考古訓，望文生義，如鴻之訓代，鴻即洪
　　　字。唐誥：乃洪大誥治。鄭釋洪為代可証，而景純乃以鴻雁知運代
　　　為說。肫之訓厚，本詩「福祿肫之」，韓詩作肫，而郭乃以肫輔為說。
　　　窕之訓閒，本詩窈窕淑女，毛釋窈窕為幽閒，窈為幽，則窕當為閒
　　　矣，而郭乃以閒隙為說。〔註196〕

（二）未喻聲音相轉之原

　　上古典籍，載之文字，文字者，合形聲義三者而成者，三者之中，聲韻尤為重要，不明聲韻之原，即無以通訓詁之旨，爾雅一書雖為義書，然仍以聲韻為其關鍵，胡樸安氏云：

　　　爾雅一書，為漢以前訓詁名物之總匯，而訓詁名物之推求，皆以聲

〔註194〕答問七，《文集》卷十，頁131～132。
〔註195〕同上，頁140。
〔註196〕答問七，《文集》卷十，頁127。

韻為之綱領，實因言語之發達，由聲韻而推演，見之于名物者尤顯，
所以爾雅一書之條例，當以聲韻求之也。〔註197〕

大昕精於音韻，考求聲韻之遞轉，以糾郭注之誤，其云：

景純注爾雅，未喻聲音相轉之原，故於文多所未詳。〔註198〕

於〈爾雅答問〉列舉其詳：

問省綵縠之為善，何也？曰：省與鮮連文，省即鮮聲之轉，物以少
者善，省鮮俱有少義。詩：帝省其山，禮大傳：大夫有大事，省於
其君，鄭君皆訓為善。史記太史公自序，所從言之，有省不省耳，
亦以省為善也。縠與攻縠介連文，聲皆相轉，縠者，射之善也⋯⋯
如雉與陳，孟與勉，蹶與嘉、猷與已，皆聲之轉，延轉為寅，故寅
有進義，動轉為迪，故迪有作義，皆景純所未喻也。〔註199〕

又曰：

問，倫敕之為勞，何也？曰：倫勞聲相近，敕當為勑，讀如來，來
勞亦相轉也，景純不知聲音為轉，乃云：倫理事務，以相約敕，亦
為勞，斯為鄉壁虛造矣。〔註200〕

問，邕支之訓載，郭以為皆方俗語，又云未詳，何也？曰：謝嶠謂
邕字又作擁。擁者，護之載也，古書載與戴通，故謝訓為擁護之義，
支之與載，則聲相轉也。〔註201〕

郭氏不明音之相轉，故譏孫叔然引方言說之義為「不了」：

問郭注，莫貈、蠾蝓、蚭，既以石蜴當之，又譏孫叔然引方言說此
義，亦不了，何也？曰：蠾蝓，即蠾蟓，叔然注已失傳。據方言，
蠾蝓謂之髦，或謂之虹，或謂之芊芊。髦即蚭之轉，芊芊即莫貈之
轉，則叔然所引，信而有徵矣。說文：貈即狐貉之貉，貉有陌音，
莫與貉古文又通用，則莫貈異文而同音，莫貈猶莫莫，亦猶芊芊也，
景純未喻古音，故譏其不了。〔註202〕

郭注致誤之由既如上述，故大昕考求聲韻之遞轉，証之於羣籍，並據古本、

〔註197〕胡樸安《中國訓詁學史》第一章爾雅派之訓詁，頁45。
〔註198〕《文集》卷十，〈答問七〉，頁126。
〔註199〕同上，頁125～126。
〔註200〕同上，頁126～127。
〔註201〕同上，頁132。
〔註202〕同上，頁141。

石本《爾雅》訂補郭注之失。

1. 正其斷句之誤

問蔦符止是何艸？曰：蔦符即貫眾，本艸有明文，止當屬下讀。蔦，
符也。止，濼也。貫，眾也。一物而三名也，土夫、王蕿、月爾，
亦一物而三名，王蕿蓋蕿之大者，猶艸有王蒭，魚有王鮪耳，郭必
讀三字爲句，分爲二物，蓋泥於女蘿馬舄之例，謂三、四名必重文，
其實未必然也。陸德明引說文，蕿，土夫也，與今說文不同，陸所
見，猶是唐初本，當取以正郭注之失。〔註203〕

又曰：

問，狄、藏、楰、貢，蒤、朹、檕、梅、朼、者、聊十一字，郭惟
解朹爲檕梅，餘皆未詳，何也？曰：石經藏爲藏。狄，玉篇、廣韻
皆作楸。楰，藏楰也，樊光本楰作楉。說文：楉，木也，疑即藏楰
矣，貢蒤疑與朹檕爲一物，聲相近也，梅字當屬下句，謂梅之朼者
名聊也，景純斷句似失之。〔註204〕

2. 以古本爾雅訂郭本之誤

問釋天，濟謂之霽，按洪範曰：雨曰霽。史記宋世家作濟，則霽濟本
一字。曰：說文雨部有霙字，注云：霽謂之霙，此經霽字，當爲霙之
譌，叔重引經典，往往不顯書名，如詞之耴矣。烝然鮊鮋，鱨鮪鲅鲅，
一之曰潭浟，雨雪瀌瀌，不云詩。水曰潤下，不云書。地反物爲袄，
不云春秋傳。成閒廣八尺，深八尺，謂之洫，不云周禮。足躩如也，
趨進翼如也，寢衣長一身有半，不云論語。戶牖之間，謂之扆，闔謂
之橘，一達謂之道，四達謂之衢，裳削幅謂之襂，不云爾雅。此霽謂
之霙，必古本爾雅之文，當據以訂郭本之誤。〔註205〕

3. 考求聲韻以補郭注

問，釋地，陵莫大於加陵，郭云：所在未聞，不識猶可考否？曰：
淮南人間訓：晉厲公合諸侯於嘉陵，嘉興加同，即春秋之柯陵也。
杜元凱云：鄭西地，柯加聲相近。〔註206〕

〔註203〕同上。
〔註204〕同上。
〔註205〕同上，頁134～135。
〔註206〕同上，頁135。

肆、金石學

金者，吉金也，以鐘鼎彝器爲主，旁及兵器、度量衡器、符璽錢幣、鐘鑑等物，凡古銅器之有銘識或無銘識者皆屬之。石者，石刻也，以碑碣墓誌爲主，旁及摩厓、造象、經幢、柱礎、石闕等物，凡古石刻之有文字圖象者皆屬之。三代金多而石少，秦漢以後石多而金少，是金石發展先金而後石。自考之載嘉量之銘，禮記述孔悝之鼎，法訓微言，闡昭後世。辨犧尊乃爲象形，識舜琯之用玉，而先王制器尚象之精，逐賴三代彝器，而有傳焉。秦漢石刻盛行，故漢書藝文志春秋家奏事示篇多秦刻石名山文。漢代經師聚訟，許叔重撰說文解字，凡山川鼎彝之銘及秦刻石字，多加摭採，此古文之賴以僅存者，而注史記者引泗水之碑，釋漢書者據優生之碣，官爵年月，世繫子姓，俱得因碑文，以補史家之闕遺，而辨章同異，考証眞僞，斯其有助於問學者甚鉅，大昕先生云：

> 金石之學，與經史相表裏，側菑異本，任城辨於公羊，夏臭殊文，
> 新安述於魯論，歐趙洪諸家，涉獵正史，是正尤多。蓋以竹帛之文，
> 久而易壞，手鈔板刻，展轉失眞，獨金石銘勒，出於前百載以前，
> 猶見古人眞面目，其文其事，信而有徵，故可寶也。〔註207〕

金石之爲用大矣，非僅考文字之變遷，傳小學之源流，更可資經典之考覈，証諸史之謬誤，補載籍之缺佚，非徒嗜其奇古，與夫波磔之足供臨撫也，是好古嗜命之彥，莫不博蒐而爭寶之。蓋金石之學，濫觴於漢，然未足以言學，至宋劉原父，歐陽公起，搜集考証，著爲專書，而學以立，更經呂大臨，王黼，薛尙功……等諸家，而學乃臻於極盛，大昕云：

> 金石之學，始於宋。〔註208〕

> 元明承極盛之餘，難乎爲繼，入清以後百年之間，海內承平，文化
> 溥合，承學之士，相率而循於樸學之途。金石則其一，故斯學乃復
> 興焉，其間名家，無慮千數。〔註209〕

大昕之於金石學，不但搜羅之富，超越前修，而且述載之勤，得未曾有之，至若考証之精，更非他人所能及。

閻百詩《潛邱箚記》舉古之爲金石學者七事，犧尊、象尊、律歷志、儒

〔註207〕〈關中金石記序〉，《文集》卷廿五，頁367。
〔註208〕〈山左金石志序〉，《文集》卷廿五，頁368。
〔註209〕朱劍心《金石學》第五章，金石學之復興創獲與整理。

林傳、地理志、銅棺、秦權。王西沚序竹汀《金石跋尾》，續舉十一事，讒鼎銘、考父鼎銘、孔悝鼎銘、嘉景銘、柏寢銅器、美陽鼎銘、金人銘、丹書銘、始皇刻石、大邦城碑、柏人城西門碑，可知大昕造詣之非凡。周中孚《鄭堂讀書記》予大昕《金石文跋尾》及《金石文字目錄》言之甚詳，其云：

> 竹汀博采，自三代迄元金石文字，以攷正經史之學，多歐趙前賢所未逮，家藏拓本二千餘種，著有跋尾八百餘篇，每積二百餘篇，輒為門弟子轉寫付梓，故先後共成四集。其再續三續兩刻，因無再字三字，各於卷首行以下，以利字貞字別之。跋中俱以辨別小學，考證史事為主，而評論詞章之美惡，品題書法之工拙，亦問及焉。王西沚（鳴盛）序稱其二十二史考異，固已得未曾有，出其餘技以治金石，而考史之精博，逐能超軼前賢之。然竹汀考證金石，十駕齋養新錄尚有一卷，計三十五通，潛研堂文集所載，尚有二十篇，試鈔取以刊附諸後，而錢氏一家之學全矣。〔註210〕

> 竹汀所藏金石拓本，除有跋尾八百餘種之外，尚多一千餘種。因仿歐陽氏集古錄之例，統有跋無跋，以時代年月次序合編為目錄八卷，因時有增補及身未刻，至沒後，其壻瞿鏡濤（中溶）許仲秋（蔭堂）始取以附刊，以見竹汀搜羅之富，與述載之勤云。〔註211〕

故李遇孫，譽之為古今金石學之冠，其云：

> 錢大昕著金石跋尾四冊，先生學問，無一不精到，此書在潛研文集之外，王光祿稱其盡掩永叔、德父、元敬、子涵、亭林、竹垞、虛丹七家，而出其上，遂為古今金石學之冠，殆非夸語。〔註212〕

李遇孫所言，誠非過譽，今試舉數事以為証：

（1）考 字

自周初迄今，垂三千年，文字變化之脈絡，不盡可尋，尤以古代文字，假借至多，自周至漢，音亦屢變，大昕參之彝器，據之碑刻以驗其文字之變化。如：

校官碑

說文叚，堅也。古文以為賢字。公羊經鄭伯堅卒。釋文作叚，疏云：穀梁

〔註210〕《鄭堂讀書記》，卷卅四，《叢書集成續編》七，頁404。

〔註211〕同上。

〔註212〕金石學條。

作賢，蓋叝賢本一字，古今文異爾。今本公羊穀、梁皆作堅，與左氏同矣，此碑，親叝寶晉師叝作朋，皆从古文，其書籩豆之籩爲匢，亦籀文之變也。〔註213〕

據碑文以証經文今古文字之可信：

> 趙天錫傳云：甲申，彭義斌據大名冠氏，元帥李全降之。又云：李全在大名，結其帥蘇椿，納金河南從宜鄭個，初疑同時有兩李全，及讀元遺山千戶趙公神道碑，乃知其人名泉，史家以音相近，譌爲全字，遂與益都之李全相溷矣。〔註214〕

此據〈趙公神道碑〉知李全乃李泉音相近而譌。更有據石鼓文以考古文斿、游本一字。云員亦相通：

> 右石鼓文今在國子監大成門左右各五，元國子司業潘迪撰音訓，刻石立其旁，稱其存三百八十六字，今距至元已卯又四百二十餘年。文之存者僅二百五十四，點畫或不具，然猶是周家之故物，非有神物護訶，安能久而不壞若此哉？古文籀文學者，不能盡通，諸家釋音不無傅會之失，楊用修任意增改，尤爲識者所憎。至如君子員員，邍邍員斿，鄭潘說皆不了。按古文斿游本一字，云與員亦相通，楊讀爲君子云獵，云獵、云游蓋得之矣，漢有薑，潘氏讀薑爲鱻，疑漢有重文。愚意薑當是小魚二字，小魚合爲薑字，猶大小合爲尖字也。〔註215〕

亦有據碑文以考文字之變遷者，皆考證精確，不盲從苟且，最見其校勘之認真。

> 沇州本因沇水得名，今尚書沇州之沇作兖，與沇水異文，而說文無兖字，篆書家不知兖字所从，難以下筆。予謂古文，从水者，或用立水，如江河之類，或用橫水，如益頻之類，沇本立水或從橫水作兖，而隸變爲兖爾，此碑與曹全碑俱作兖，亦 ☰☷ 之變文也。〔註216〕

（2）訂　史

趙明誠〈金石錄序〉：「蓋史牒出於後人之手，不能無失，而刻辭當時所立，可信無疑」，此言金石當時所立，可信不疑，足以訂正史傳。故大昕常據金石以訂正諸史之謬誤。如《養新錄》云：

> 突厥傳，可汗者，猶古之單于，其子弟謂之特勒，顧氏金石文字記，

〔註213〕《金石文跋尾》卷一，校官碑光和四年十月。
〔註214〕《養新錄》卷九，李全字誤條，頁498。
〔註215〕《金石文跋尾》卷一。
〔註216〕《金石文跋尾》卷一，淳于長夏承碑。

歷引史傳中稱特勒者甚多，而涼國公契苾明碑，特勤字再見。又柳
公權神策軍碑亦云：大特勤嗢沒，斯皆書者之誤，予謂外國語言，
華人鮮通其義，史文轉寫，或失其眞，唯石刻出於當時眞迹，況契
苾碑宰相婁師德所撰，公權亦奉勅書，斷無譌舛，當據碑以訂史之
誤，未可輕訾議也。通鑑亦作特勒，而攷異云，諸書或作敕勤，今
從新舊二唐書，按古人讀敕如忒，敕勤即特勤。〔註217〕

此據〈契苾碑〉、〈神策軍碑〉，以考特勒當从石刻，以斥顧氏《金石文字記》
之誤說，並據以訂史之謬誤。又《養新錄》云：

海鹽黃錫蕃椒升，得古銅印，駞紐，文曰：晉率善佽伯長。訪諸摹
印家，莫知佽爲何義。昨訪予吳門，以此印出示，予謂佽必南蠻部
族之稱。攷後漢書板楯蠻傳，殺人者得以佽錢贖之，章懷注引何承
天纂文云：佽，蠻夷贖罪貨也，予謂錢已是貨，何必更言佽。據下
文云：七姓不輸租賦，餘户歲入賨錢口四十，則賨與佽皆蠻部落之
號，徵賨錢以代租賦，徵佽錢以贖罪，其義一也。章懷以佽爲贖貨
之名，蓋失其旨，得此印證之，益明白矣。〔註218〕

得見古銅印銘文以証章懷以佽爲贖貨之名之說誤，另有據碑文以訂史書朔日
之誤：

碑末題中平二年十月丙辰造，同年紀編修昀嘗疑其僞，云：
後漢書靈帝本紀，是年十月有庚寅，距丙辰前二十六日，天文志十
月有癸亥，距丙辰後七日，其間不得有丙辰月，恐是後人妄作，予
以四分術推之。是歲入庚子蔀，四十一年，積月五百有七，閏餘二，
積日一萬四千九百七十二，小餘一百三十三天，正壬申朔，加朔實
十一，得十月丙申朔，丙辰月之二十一日，癸亥月之二十八日，是
月無庚寅，庚寅乃九月二十四日，本紀誤，而碑不誤也。〔註219〕

大昕精通天算，三統上下，無不推而明之，以其所長四分術推之，並証以曹
全碑，得知本紀誤而碑不誤。又以遼史不可信，故旁採洪遵泉志所載，証以
東都事略、文獻通考，又証以遼人避諱，又恐有誤，復証以家藏碑刻，然後
壽隆年號之譌，乃大暴白：

〔註217〕《養新錄》卷六，特勤當從石刻條，頁361～362。
〔註218〕《養新錄》卷十五，晉率善佽印條，頁795。
〔註219〕《金石文跋尾》卷一，郃陽令曹全碑。

道宗初改元清寧，次咸雍，次太康、次大安，各十年，次壽隆，至七年止，此見於遼史者也。按洪遵泉志引李季興東北諸蕃樞要云：契丹主天祐年號壽昌。又引北遼通書云：天祚即位，壽昌七年，改元乾統，黽公邁歷代紀年，遼道宗改元清寧，咸雍，太康，大安，壽昌。東都事略附錄，紹聖三年，改元壽昌^{今刊本作昌壽，誤}。文獻通攷，洪基在位四十七年，其紀元自咸熙改太康，又改大安，皆盡十年，然後爲壽昌，至七年終。予家所藏遼石刻，作壽昌者多矣，文字完好，灼然可信，且遼人謹於避諱，道宗爲聖宗之孫，斷無取聖宗諱紀元之理，此遼史之誤，不可不改正。〔註220〕

除正諸史之謬誤外，亦有補史之闕者，如養新錄云：

錢唐何元錫夢華，言嘗見東鎮廟時享記云：至正八年正月，遣翰林學士承旨臣咬住，翰林待制臣遠者圖，以二月初有六日，至于岱宗，以初有七日，至於東海，咸致享焉，所□非有先後之殊，蓋從驛傳便也。越十有四日，至于東鎮沂山元德東安王廟廷，其儀則香一，銀盒幣二，錦旛寶楮伍百兩，有司具牲酒庶品以薦。案祭祀志，嶽鎮海瀆代祀，自中統二年始，凡十九處，分五道，後分爲東南西三道，既而以驛道迂遠，復爲五道，東嶽、東海、東鎮爲東道也，其禮物則每處歲祀銀香盒一，重二十五兩，五鎮銷金旛二，鈔二百五十貫，較之石刻寶楮五百兩，僅得其半，豈史所載爲初制，其後倍增之歟？順帝紀至正八年不載此事，蓋史之闕也。〔註221〕

大昕考証如此類者，不勝枚舉，舉一可概其餘者也。

（3）証　經

漢儒治經，分今文、古文兩家，兩家之學，文字不同者，動以百數，即同治一家之學，文字亦多錯出。蓋師以口授，弟以耳受，授受之間，音讀稍異，形體遂別，大昕據金石碑版，或証其通假，或明其錯誤，如：

右仙人唐公房碑文有云，屬蠱不退，去其螟蟘，皆用詩語，大雅思齊篇：烈假不瑕。鄭讀烈假爲屬瘝，皆訓爲病，蠱假聲相近，知屬蠱即詩之烈假矣。瑕、退古書亦多通用。釋文瑕音遐，遠也。後儒譏康成

〔註220〕《養新錄》卷八，壽隆年號誤條，頁446～447。
〔註221〕《養新錄》卷十五，東鎮廟元碑條，頁836～837。

解經好改字，碑立于東漢之世，其時鄭學未行而闇與之合，可證康成所改，皆本經師相承之訓，非若後人之師心妄作也。〔註222〕

又：

石淳于長夏承碑，字體奇怪，天秋澗以爲蔡中郎書，雖出臆揣，要是漢隸之佳者，今再經翻刻，古意盡失矣。碑云：策薰著于王室，薰即勳字，攷易良九三屬薰心，苟爽本薰作勳，蓋勳之譌。孟子太王事獯鬻。說苑太王有聖人之恩故一事，勳育，史記周本紀作薰育，此薰，勳相通之證也。〔註223〕

右卯敦銘文十二行百四十九字，首云：惟王十有一月，既生霸。又云：卯立中阼共伯乎，令卯末云：卯其萬年，子子孫孫永寶用，文字奇古，不能盡通，大約述其先祖考之，勳令，卯嗣厥職，錫以彝器土田之詞。其云：拜手、𪩲手，即稽首。春秋曹公子首之傳，或作手，聲同假借也。〔註224〕

又：

右衛尉卿衡方碑，衡氏家于平陸，祖父以來，世爲大官，范史不立公卿表，故方之拜罷年月無考，祖，左馮翊並佚其名矣，云：恩降乾太威肅剝巛，太即泰字，巛即坤字，說文：太古文泰，義無二訓，故卦名亦可作太也。云：「感背人之凱風」，陸德明釋文：邶本又作鄁，顏師古注漢書亦云然。碑蓋從鄁，而省其邑也」。云：不虞不陽，即不吳不揚之別。古人吳、虞多通用，泰伯弟仲雍，以居吳稱吳仲雍，而左氏傳論語皆作虞仲，是其証也。說文吳姓也，亦郡也，一曰吳大言也，是吳敖之吳，與吳越之吳無別體矣。陸德明謂：吳說文作吳，又引何承天從口下大之說，毋乃誤讀說文乎。孔氏詩正義謂鄭讀不吳爲不娛，人自娛樂，必讙譁爲聲，今此碑作虞，虞娛亦通用字也，碑又以寬懍爲寬㮚，聲香爲馨香，邵虎爲召虎，疵爲庇，謐爲謚，尅長尅君，尅即克字，謇謇王臣，謇即寒字，樂旨君子，旨即只字，皆歐陽洪氏所未及舉也。〔註225〕

〔註222〕《金石文跋尾》卷一，仙人唐公房碑。
〔註223〕《金石文跋尾》卷一，淳于長夏承碑（建寧三年）。
〔註224〕《金石文跋尾》卷一，（利）卯敦銘。
〔註225〕《金石文跋尾》卷一，（元）衛尉卿衡方碑（建寧元年九月）。

又

> 右竹邑侯相張壽碑，僅存上一段，每行十餘字，中間又鑿去四十字，
> 即明時人斷爲碑趺者，今在城武縣孔廟戟門壁閒，說文眈，視近而
> 志遠也。覘，内視也，覘與眈音同而義亦相近，先儒傳易，皆作虎
> 視眈眈，此碑乃作覘覘，是古人固通用矣。王輔嗣釋眈眈，以爲威
> 而不猛，碑云覘覘虎視，不折其節，意亦相類也。婁機云：碑在單
> 州，城武，宋時本隸單州也。〔註226〕

凡此均引石碑或彝銘以證經籍異文之有據。

近人杜維運氏云：

> 錢氏博采金石文字，所過山崖水畔，黌宮梵宇，得一斷碑殘刻，必
> 剔蘚拂塵，摩挲審讀而後去，其好殆至老而益篤，家藏拓本二千餘
> 種，著潛研堂跋尾八百餘篇，其鑑賞之精，考釋之密，方之歐趙，
> 蓋有過之。

大昕於王彙英家藏古錢歌云：「平生最嗜金石刻，鐘鼎款識窮爬搔。」大昕於
金石之癖，訪碑之勤，而又邃於小學，鈐鍵在握，說經自較翔實，故立論每
有凌越前人之處，江藩譽爲「一代儒宗」，當之無愧也。

第二節　周易學

《四庫全書總目・經部・總敘易類》云：

> 易之爲書，推天道以明人事者也。左傳所記諸占，蓋太卜之遺法，
> 漢儒言象數，去古未遠也。一變而爲京焦，入於禨祥。再變而爲陳，
> 邵，務窮造化，易遂不切於民用，王弼盡黜象數，說以老莊，一變
> 而胡瑗，程子，始闡明儒理。再變而李光、楊萬里，又參証史事，
> 易遂日啓其論端，此兩派六宗，已互相攻駁。〔註227〕

古來易學之傳授有兩派六宗之說，而清初易學，專以辭闢宋儒圖書爲務，二
黃、毛、胡之書出，圖書之學即已無人信之，自此以降，論易者多家，然大
抵以惠棟、張惠言、焦循三人爲清儒易學之代表。陳澧《東塾讀書記》云：「惠
定宇易學，傾動一世」。皮錫瑞《經學通論》云：「近儒說易，惟焦循，張惠

〔註226〕《金石文跋尾》卷一，（亨）竹邑侯相張壽碑（建寧元年五月）。
〔註227〕《四庫全書總目》，藝文本上冊，頁1。

言最善。」梁啓超云：「可以代表清儒易學者不過三家，曰：惠定宇，曰：張
皋文，曰：焦里堂。」〔註228〕綜各家之說，多以漢易爲歸。

　　大昕論易，承惠棟漢易之學，頗重訓詁考據，與經文義理一貫之旨，遠
取漢之鄭康成，唐之李鼎祚，近參朱子，而於王輔嗣之易注，程伊川之易傳
所陳之義理，亦兼採而不廢，大昕於〈周易讀翼揆方序〉謂：「予於易素非
專家。」〔註229〕而〈與程秀才書〉云：「此僕之所以不敢言易也」。〔註230〕雖
然，其論易亦有可觀者，今就《潛研堂文集》、《養新錄餘錄》，及其所撰其
他序跋文字，引述其說以言大昕之易學。

一、特取易簡之義

　　易之取義，解者紛紜，漢人說易大抵主於一名而含三義之說，如《易緯·
乾鑿度》云：

> 易一名而含三義，所謂易也，變易也，不易也。又云：易者，其德
> 也，光明四通，簡易立節，天以爛明，日月星辰，布設張列，通精
> 無門，藏神無穴，不煩不擾，澹泊不失，此其易也。變易者其氣也，
> 天地不變，不能通氣，五行迭終，四時更廢，君臣取象，變節相移，
> 能消者息，必專者敗，此其變易也，不易者其位也，天在上，地在
> 下，君南面，臣北面，父坐子伏，此其不易也。

鄭玄依此義而作易贊及易論：

> 易一名而含三義，易簡一也，變易二也，不易三也。

後儒言易之定義，類多偏於變易之說，孔穎達《周易正義》云：

> 易者變化之總名，改換之殊稱，自天地開闢，陰陽運行，寒暑迭來，
> 日月更出，孚明庶類，亭毒羣品，新新不停，生生相續，莫非資變化
> 之力，換代之功，然變化運行，在陰陽二氣，故聖人初畫八卦，設剛
> 柔兩畫，象二氣也，布以三位，象三才也，謂之爲易，取變化之義。
> 〔註231〕

大昕論易之要旨則在易簡，此說本於《易·繫辭》：「乾以易知，坤以簡能，

〔註228〕〈清代學者整理舊學之總成績〉，頁199。《中國近三百年學術史》，十三。
〔註229〕《文集》卷廿四，頁340。
〔註230〕《文集》卷卅六，頁566。
〔註231〕孔穎達〈周易正義〉卷一，論易之三名，頁3。

易則易知，簡則易從，易知則有親，易從則有功，有親則可久，有功則可大，可久則賢人之德，可大則賢人之業，易簡而天下之理得矣。天下之理得，而成位乎其中矣。及夫乾，確然示人易矣。夫坤，隤然示人簡矣。所謂易簡而天下之理得矣」，其《養新錄》卷一，「易簡」條云：

> 易簡而天下之理得矣，四時行，百物生，天地之易簡也。無欲速，無見小利，帝王之易簡也，皋陶作歌，戒元首之叢脞，叢脞者細碎無大略，吳季札所謂其細已甚，民弗堪也，易簡之道失，其弊必至於叢脞。
> [註232]

易以六十四卦，三百八十四爻，包羅宇宙間一切事物之變化，是以簡御繁，陰陽變化以生萬物，一陰一陽之為道，簡而易明也，故古人說易多以易簡為言。左傳南蒯將叛，以周易占之，子服惠伯曰：「易不可以占險」，是易有平易之意，而不易之義，恐為附會。蓋既曰易，如何又謂不易哉？故大昕以易經之要旨在易簡，為儒家規勸帝王力戒叢脞之學說之所存。

二、論河圖洛書

《易·繫上》曰：「河出圖，洛出書，聖人則之」，正義曰：春秋緯云：河以通乾出天苞，洛以流坤吐地符，河龍圖發，洛龜書感，河圖有九篇，洛書有六篇，孔安國以為河圖則八卦是也，洛書九疇是也。河圖洛書之說，胡渭《易圖明辨》卷一，辨河圖洛書，辨之甚詳，大昕亦論及此曰：

> 河圖洛書兩圖，宋朱震周易卦圖始首列之，謂劉牧傳于范諤昌，諤昌傳于許堅，堅傳于李溉，溉傳于種放，放傳於希夷陳摶，河圖戴九履一，左三右七，二四為肩，六八為足，縱橫十有五，總四十有五。洛書一與五合而為六，二與五合而為七，三與五合而為八，四與五合而為九，五與五合而為十，一六為水，二七為火，三八為木，四九為金，五十為土，十即五五也太元曰，一與六共宗，二與七共朋，三與八成友，四與九同道，五與五相守，范望云：重言五者，十可知也。一、三、五、七、九奇數，二十有五，二、四、六、八、十偶數，三十故曰，天地之數，五十有五，數五即十也。故河圖之數，四十有五，而五十之數具。洛書之數，

五十有五，而五十之數在焉，唯十即五也，故甲己九，乙庚八，丙辛七，丁壬六，戊癸五，而不數十，十，盈數也。案：漢上朱氏，始列河圖洛書於易圖之首，依劉牧說，以九爲河圖，十爲洛書，至朱文公，用蔡元定說，以劉所傳河圖爲洛書，至朱文公，用蔡元定說，以劉所傳河圖爲洛書，洛書爲河圖，又引元定說，謂圖書之象，自漢孔安國劉歆，魏關子明，宋康節先生邵雍，皆謂如此，至劉牧始兩易其名，而諸家因之。〔註233〕

朱子以十爲河圖，九爲洛書，然朱子亦疑之，大昕曰：

劉牧易數鉤隱圖，以九爲河圖，十爲洛書，而朱文公易之，魏華甫云：朱文公以十爲河圖，九爲洛書，引邵子說，辨析甚精。而邵子不過曰：圓者河圖之數，方者洛書之文，且戴九履一之圖，其象圓，五行生成之圖，其象方，是九圓而十方也。安知邵子不以九爲圖，十爲書乎？朱子雖力攻劉氏，而猶曰：易範之數，誠相表裏，爲可疑耳。又曰，安知圖之不爲書，書之不爲圖，則朱子尚有疑於此也。〔註234〕

而大昕更指出朱子誤以盧說爲鄭氏注：

盧辯注大戴，有法龜文之說，辯，北齊人也。甄鸞注數術紀遺云：二四爲肩，六八爲足，左三右七，戴九履一，五居中央，亦與龜文之說暗合。鸞，後周人也，朱文公以九爲洛書，蓋用盧辯說而誤以爲鄭氏注。〔註235〕

又曰：

九宮之圖古矣，大戴禮明堂篇，二九四、七五三、六一八，明堂九室之制，蓋準乎此。易乾鑿度，四正四維，皆合於十五。亦謂此圖也，其原本出于易，與八卦方位相應，漢儒皆能言之，方士又以白黑碧綠赤黃紫記其方位，別爲太一遁甲之術，以占吉凶休咎，遂爲儒者所不道。陳希夷輩，依大戴爲圖，不用白黑等字，其識固高出方士一等矣。但此圖流傳已久，漢世河洛祕緯盛行，不聞指此爲河圖，亦不聞指爲洛書，未審後儒何所見而鑿鑿言之也。〔註236〕

大昕論學主實事求是，凡鑿鑿空言，一無憑據，爲大昕所不取也。

〔註233〕《養新錄》卷一，河圖洛書條，頁68～69。
〔註234〕同上，頁69～70。
〔註235〕同上，頁71。
〔註236〕同上，頁70。

三、先後天圖說

　　宋邵雍从李之才得陳摶之說，以伏羲易爲先天易，文王孔子易爲後天易，因作〈伏羲先天卦位圖〉，言乾南、坤北、離東、坎西、震東北、兌東南、巽西南、艮西北，與〈說卦傳〉所言方位不同，〈說卦傳〉云：萬物出乎震，東方也。齊於巽，巽，東南也，齊也者，言萬物之潔齊也。離也者，明也，萬物皆相見，南方之卦也，聖人南面而聽天下，嚮明而治，蓋取諸此也。坤也者，地也，萬物皆致養焉，故曰致役乎坤。兌，正秋也，萬物之所說也，故曰說言乎兌，戰乎乾，乾，西北之卦也，言陰陽相薄也，坎者，水也，正北方之卦也。勞，卦也，萬物之所歸也，故曰勞乎坎。艮，東北之卦也，萬物之所成終而所成始也，故曰成言乎艮。至清，漢易復興，對宋易先天後天說大肆攻擊，大昕以漢唐以前，儒家與方士均未有言先天圖者，宋初方士始言之，欲取以駕乎文王孔子之上。其言曰：

　　　　問，八卦方位，何以有先天後天之殊，曰：說卦傳孔子所作。其言曰：震東方，巽東南，離南方，乾西北，坎正北，艮東北，唯不見坤兌二方，兌爲正秋，則必正西方矣。坤介於離兌之間，亦必位西南矣。伏羲畫卦以來，蓋已有之，伏羲以木德王，而傳稱帝出乎震，是震東巽東南之位，必出於伏羲，不當別有方位也。漢唐以前，儒家與方士，均未有言先天圖者，宋初方士始言之，而儒家尊信其說，欲取以駕乎文王孔子之上，毋乃好奇而誣聖人乎。天地水火雷風山澤，各自相對，本無方位之可言，後儒援天地定位四語，傅會先天之說，尤爲非是，夫天高而尊，地下而卑，古今不易之位也。地勢北高而南下，君位北而南面，臣位南而北面，信如乾南坤北之說，上下顛倒甚矣，安得云定位乎。〔註237〕

《養新錄》亦云：

　　　　八卦方位，震東方，巽東南，離南方，乾西北，坎北方，艮東北，見於說卦傳，坤兌次于離後乾前，則坤西南，兌西方，可知也。伏羲始作八卦，以木德王，傳云：帝出乎震，謂伏羲也。然則說卦傳所言方位，出於伏羲所定，萬世無可變易之理，而後儒私造先天一圖，託於伏羲，欲駕文王孔子而上之，顛倒甚矣。推其意特以乾坤

〔註237〕〈答問一〉，《文集》卷四，頁52。

父母之卦，而列於四隅，與巽艮相對，於心有所不安，必改爲乾上
坤下，乃順乎人情耳，曾不思四正四維，均在平面，本無上下之分，
若以天地之形勢言之，則北高而南下。以朝廷之定分言之，則君之
南面者位在北，臣之北面者位在南，乾南坤北，正與高下尊卑相反，
吾不知其定位何在也。〔註238〕

宋儒或謂合於虞翻納甲之義，大昕深不以爲然。曰：

宋儒所稱先天八卦方位，乾南坤北，離東坎西，震東北，巽西南，
艮西北，兌東南，或謂合於虞翻納甲之義，其實則大不然，乾納甲
壬，甲壬非正南也。坎納戊，離納己，戊己非東西也。震納庚，庚
非東北也。艮納丙，丙非西北也。坤納乙癸，癸固北矣，而乙非北
也，是與納甲之方位大相背也。若以月行盈虧驗其方位，朔爲正北，
望爲正南，則上弦當居正東，下弦當居正西，今乃以坎離居東西，
非其理矣。〔註239〕

八卦之正確方位，大昕以爲應如下圖：

```
艮　震　巽
坎　　　離
乾　元　坤
```

而其解說：

月令以中央土列季夏之後，此坤位西南之明證。而乾位西北，其義
尤非淺人所能識，蓋陰陽往來之理，驗於四時，播於十二消息卦，
聖人扶陽而抑陰，故有純陽無純陰，十月純坤之卦，又當西北極陰
之鄉，惟純乾可以制之，故釋天十月爲陽，而於坤之上六有龍戰之
象，於傳言戰乎乾。又云陰陽相薄，相薄而陽必勝，非純乾不能，
此乾位西北之義也。〔註240〕

易者言天道而不離人事，大昕論易，以人事解易，一本於人事與義理。大昕云：

古之聖賢，求易於人事，故多憂患戒懼之詞。後之儒者，求易於空
虛，故多高深窈妙之論。聖人觀易，不過辭、變、象、占四者，今

〔註238〕《養新錄》卷一，八卦方位條，頁71～72。
〔註239〕同上，頁73～74。
〔註240〕同上，頁72～73。

舍象占而求卦畫，又舍卦畫而求畫前之易，欲以駕文王孔子之上，

自得得千聖不傳之秘，由是自處至高，自信至深，謂已之必無過，

且患人之言其過，辯論滋多，義理益昧，豈易之教固若是乎？〔註241〕

故舍象占而求卦畫，舍卦畫而求畫前之易，欲以駕文王孔子之上者，爲大昕所深斥也。

四、論卦變並斥虞翻之說易

虞氏纘述家業，旁搜而遠紹，既傳孟喜之學，復擇精諸說，集象數易學之大成，《繫辭上傳》云：「易有太極，是生兩儀」，兩儀即陰陽也，蓋陰陽同源而異變，理一而分殊，是以陽變爲陰，陰變則陽，仲翔研幾深賾，得其理而衍其用，因創爲旁通之例。旁通者，陰陽相對而相通，相變而相成也。大昕易學專承惠棟，惠棟專宗虞仲翔，故大昕亦宗虞翻之易說，然於虞翻說易專取旁通，則力斥之曰：

問，卦變之說，漢儒謂之之卦，諸家所說各殊，願聞其審。曰：虞仲翔說易，專取旁通，與之卦旁通者，乾與坤，坎與離，艮與兌，震與巽，交相變也。之卦則以兩爻交易而得一卦，乾坤者，諸卦之宗，復、臨、泰、大壯、夬、陽息卦、姤、遯、否、觀、剝，陰消卦，皆自乾坤來，而諸卦又生於消息卦，三陰三陽之卦，自泰來者九。恆，初四易也。井，初五易也。蠱，初上易也。豐，二四易也。既濟，二五易也，賁，二上易也。歸妹，三四易也。節，三五易也。損，三上易也。自否來者九，益，初四易也。噬嗑，初五易也。隨，初上易也。渙，二四易也。未濟，二五易也。困，二上易也。漸，三四易也。旅，三五易也。咸，三上易也。二陰二陽之卦自臨來者四，升，初三易也。解，初四易也。明夷，二三易也。震，二四易也。自遯來者四，无妄，初三易也，家人，初四易也，訟，二三易也，巽，二四易也。自大壯來者四，大畜上四易也。睽，上三易也。需，五四易也。兌，五三易也。艮，五三易也。臨二之五爲屯，觀上之初亦爲屯，臨初之上爲蒙，觀五之二亦爲蒙，故不從自臨觀來之例，於屯曰坎二之初，於蒙曰

艮三之二也，遯二之五爲鼎，大壯上之初亦爲鼎，遯初之上爲革，
大壯五之二亦爲革，於例不當從遯大壯來，而仲翔於鼎曰大壯上
之初，於革曰遯上之初，失其義矣。愚謂鼎蓋離二之初，革蓋兌
三之二也，臨初之五爲坎，觀上之二亦爲坎，遯初之五爲離，大
壯上之二亦爲離，臨二之上爲頤，觀五之初亦爲頤，遯二之上爲
大過，大壯五之初亦爲大過，此四卦亦不得從臨觀遯大壯來之例，
中孚小過二卦，則非臨、觀、遯、大壯所能變，且頤、大過、中
孚、小過、與坎、離、乾、坤，皆反復不衰之卦，故別自爲例，
於頤曰晉四之初，於大過曰訟三之上，於中孚曰訟四之初，於小
過曰晉三之上，而仲翔於大過，仍取大壯五之初，於頤兼取臨二
之上。又於坎云，觀上之二，於離云，遯初之五，皆自紊其例也。
一陰一陽之卦，仲翔說易未及之，今依其例，理而董之，則復初
之二爲師，初之三爲謙，剝上之五爲比，上之四爲豫，姤初之二
爲同人，初之三爲履，夬上之五爲大有，上之四爲小畜，每卦當
各生二卦也。而仲翔於謙云：剝上之三，（蔡景君說）於豫云：復
初之四，於比云師二之五，此別取兩象易爲義。其注大畜云。萃
五之二成臨，於豐云：噬嗑上之三，於旅云：賁初之四，亦兩象
易也。暌本大壯上之三，而仲翔注繫辭蓋取諸暌。又云：无妄五
之二，亦自紊其例也。〔註242〕

虞翻（仲翔）以大壯五之初爲大過，而不知遯二之上亦爲大過。以臨二之上
爲頤，而不知觀五之初亦爲頤。以觀上之二爲坎，而不知臨初之五亦爲坎。
以遯初之五爲離，而不知大壯上之二亦爲離。故大昕斥其自紊其例，而於六
十四卦云：

八卦皆兩兩相對，相對之例，或取交變，乾坤坎離震巽艮兌是也。
或取反復，震艮巽兌是也，乾坤坎離，反復不衰，故反復只有四卦，
說卦傳多以雷風山澤相對，陰陽奇耦之定位也。八卦重爲六十四卦，
雖有序卦一篇，列其先後之次，要亦以相對爲義。乾坤父母卦，爲
上下經之首。坎離得乾坤之中爻，故居上經之終。既濟未濟即坎離，
故居下經之終。頤大過，中孚小過，與乾坤坎離，同爲反復不衰之
卦，故各自爲對，列於坎離，既未濟之前，此八卦皆以旁通爲對者

〔註242〕〈答問一〉，《文集》卷四，頁53～55。

也。其餘五十六卦，皆取反復，震艮巽兌八純卦，亦取反復之例，
與說卦不同，說卦言天道，彖象明人事也。〔註243〕

並列〈六十四卦旁通圖〉：

乾[天] 坤[地]　　屯[水/雷] 鼎[火/風]　　蒙[山/水] 革[澤/火]　　需[水/天] 晉[火/地]

訟[天/水] 明夷[地/火]　　師[地/水] 同人[天/火]　　比[水/地] 大有[火/天]　　小畜[風/天] 豫[雷/地]

履[天/澤] 謙[地/山]　　泰[地/天] 否[天/地]　　隨[澤/雷] 蠱[山/風]　　臨[地/澤] 遯[天/山]

觀[風/地] 大壯[雷/天]　　噬嗑[火/雷] 井[水/風]　　賁[山/火] 困[澤/水]　　剝[山/地] 夬[澤/天]

復[地/雷] 姤[天/風]　　无妄[天/雷] 升[地/風]　　大畜[山/天] 萃[澤/地]　　頤[山/雷] 大過[澤/風]

坎[水] 離[火]　　咸[澤/山] 損[山/澤]　　恆[雷/風] 益[風/雷]　　家人[風/火] 解[雷/水]

睽[火/澤] 蹇[水/山]　　震[雷] 巽[風]　　艮[山] 兌[澤]　　漸[風/山] 歸妹[雷/澤]

豐[雷/火] 渙[風/水]　　旅[火/山] 節[水/澤]　　中孚[風/澤] 小過[雷/山]　　既濟[水/火] 未濟[火/水]

乾坤、坎離、頤大過、中孚小過，為反復不衰卦。泰否，既濟未濟，反
復兼兩象易，兼旁通。隨蠱，漸歸妹，反復兼旁通。〔註244〕

雖於虞翻易有所指斥，然亦有申釋虞翻說易者，大昕云：「虞翻說易，有
兩象易，後儒多不能解，今演其圖如左，乾、坤、坎、離、震、艮、巽、兌、
八純卦、上下兩象相同，不列。」

屯[水/雷] 解[雷/水]　　蒙[山/水] 蹇[水/山]　　需[水/天] 訟[天/水]　　師[地/水] 比[水/地]

小畜[風/天] 姤[天/風]　　履[天/澤] 夬[澤/天]　　泰[地/天] 否[天/地]　　同人[天/火] 大有[火/天]

謙[地/山] 剝[山/地]　　豫[雷/地] 復[地/雷]　　隨[澤/雷] 歸妹[雷/澤]　　蠱[山/風] 漸[風/山]

臨[地/澤] 萃[澤/地]　　觀[風/地] 升[地/風]　　噬嗑[火/雷] 豐[雷/火]　　賁[山/火] 旅[火/山]

无妄[天/雷] 大壯[雷/天]　　大畜[山/天] 遯[天/山]　　頤[山/雷] 小過[雷/山]　　大過[澤/風] 中孚[風/澤]

咸[澤/山] 損[山/澤]　　恆[雷/風] 益[風/雷]　　家人[風/火] 鼎[火/風]　　晉[火/地] 明夷[地/火]

睽[火/澤] 革[澤/火]　　困[澤/水] 節[水/澤]　　井[水/風] 渙[風/水]　　〔註245〕

虞翻六十四卦，兩象易圖，得大昕此圖，簡而易明也。

〔註243〕《養新錄》卷一，六十四卦條，頁59～60。
〔註244〕《養新錄》卷一，六十四卦旁通圖條，頁60～61。
〔註245〕《養新錄》卷一，六十四卦兩象易圖條，頁61～62。

於卦變外亦言不變之卦：

> 問，不變之卦，不云七而云八，何？曰：惠氏棟嘗言之，著圓而神，
> 七也，卦方以知，八也，六爻易以貢，九六也，七七四十九，著之
> 數，八八六十四，卦之數，九六變成三百六十四，爻之數，神以知
> 來，知以藏往，知來爲卦之未成者，藏往爲卦之已成者，故不曰七
> 而曰八。春秋內外傳，從無筮得某卦之七者，以七者筮之數，未成
> 卦也。〔註246〕

五、八卦皆取諧聲

《易‧上繫》曰：「河出圖，洛出書，聖人則之」，下繫辭曰：「古者庖犧
之王天下也，仰則觀象於天，俯則觀法於地，觀鳥獸之文，與地之宜，近取
諸身，遠取諸物，於是始作八卦，以道神明之德，以類萬物之情」。伏羲即上
繫所稱之聖人，取法河圖洛書而作八卦，八卦僅簡單之點畫，未知何所取義。
陰陽象數之說，後世聖哲所附益，然范文瀾《羣經概論》謂「太古至質之俗，
恐未必如此」，或謂河洛之文書係一形符，伏羲以其不便於用，改爲一種音符，
大昕八卦皆取諧聲，即主此音符之遺証。大昕云：

> 問，乾健，坤順，坎陷，離麗，兌說，皆取諧聲，而震、巽、艮獨
> 否，何也？曰：古書皆以音見義，古讀動如董，故說文東訓動，震
> 動或作振董，以動訓震，取同位之雙聲也。蒙象傳，以巽與實合韻，
> 人與納通，納亦與內通，巽可協實，亦可協人矣。艮從目從匕，亦
> 當兼取匕聲，古音支眞兩部相近，如振恆爲楮恆，祗敬爲振敬之類，
> 垠鄂亦作沂鄂，則艮止音亦相近也。〔註247〕

以動、震，同位雙聲，巽、實合韻，人與納通，故巽可協人，艮、止音亦相
近，故大昕更云：易象傳六十四卦皆有韻：

> 易象傳六十四卦皆有韻，唯革傳大人虎變，其文炳也。君子豹變，
> 其文蔚也。小人革面，順以從君也三句，以今韻求之，不合，顧氏
> 炎武撰易音，遂諱而不言。予案說文：彪虎，文彪也，從虍彬聲，
> 與易義相應，則許君所見周易必作彪，不作炳也。彬炳聲相近，故
> 今本作炳，猶彪、彪字本當作彪，而詞賦家多用彪炳耳，彪正字，

〔註246〕〈答問一〉，《文集》卷四，頁53。
〔註247〕〈答問一〉，《文集》卷四，頁52。

炳假借字，當讀如彪，與君爲韻也。蔚從尉聲，尉本作㷉，說文：
㷉，從上案下也，從尼，又持火以申繒也。今吳人呼㷉斗爲運斗，
是㷉有運音，則蔚亦可讀如運也。㷉斗亦謂之威斗。漢律婦告威姑，
威姑者，君姑也。說文著讀若威，威與君同音，則蔚與君協韻，又
何疑乎。說文斐字下引易，君子豹變，其文斐也。斐即蔚之異文，
斐與分聲相近，故亦可與君協韻也。未濟傳，濡其尾，亦不知極也，
九二，貞吉，中以行正也。朱文公疑極當爲敬，顧氏以極正非韻，
亦諱而不言，予謂極從亟，亟、敬聲相近。廣韻：亟，敬也。方言：
自關而西，秦晉之間，凡相敬愛謂之亟。則朱以極爲敬，甚合古音，
但不必破字耳，顧氏拘於偏旁，謂一字不當有兩音，故於此等未能
了了。〔註248〕

六、發明鄭康成爻辰之說

以爻辰說易，康成所獨創，爻辰者，以卦之陰陽六爻配十二辰也。乾六
爻自初至上，以配子寅辰午申戌，坤六爻自初至上以配未酉亥丑卯巳，說本
京房，復參取易緯之意以建立爻辰說，取象至廣，凡爻辰所值天星、時令、
卦氣、屬象、卦位、五行，皆取以說易，大昕特申爻辰之說云：

鄭氏爻辰之例，初九辰在子，頤初云：舍爾靈龜，子爲天黿，龜者，
黿屬也。同人初云，同人于門，隨初云，出門交有功，節初云，不出
戶庭，子上直危，危爲蓋屋，故有門戶之象。節九二不出門庭，二亦
據初，故云門也。明夷初云，三日不食，子爲元枵，虛中也，故有不
食之象。九二辰在寅，泰二云，用馮河，寅上直天漢。雲漢，天河也。
九三辰在辰，大壯三云，羸其角，辰上直角也。九五辰在申，萃五云，
大人虎變，申上直參，參爲白虎也。上九辰在戌，睽上云，見豕負塗，
戌上直奎，奎爲封豕也。初六辰在未，小過初云，飛鳥以凶，未爲鶉
首也。六三辰在亥，上直營室，營室爲清朝，萃渙之彖辭皆云：王假
有廟，謂六三也。六四辰在丑，大畜四云，童牛之牿，丑上直牽牛也。
上六辰在巳，小過上云，飛鳥離之，巳爲鶉尾也。小過六爻，惟初上
有飛鳥之象，此其義也。解上云，公用射隼，巳上直翼，翼爲羽翮，

有隼象也，此皆可以爻辰求之者也。〔註249〕

大昕以康成初習京氏易，後從馬季長授費氏易，費氏有周易分解一書，其爻辰之法所從出乎？

七、校訂譌字異文，剖析疑滯

後儒注經，各有師授，傳寫有譌，義蘊乃晦，疎於校讎，不審訛脫，致害經義。故大昕必本舊刊精校，究其微悎，通其大例，精思博考，不參成見，以是正文字譌舛，謂治經應得善本，如無善本，可從石經，或鳩集眾本，或旁証它籍，及援引類書，並以聲類通轉爲之鈐鍵，故能發疑正讀，奄若合符，而其成就亦不限於考証文字，訂譌補脫也。如：

> 繫辭傳，德薄而位尊，知小而謀大，力小而任重，三句中用兩小字，似覺偏枯，當從唐石經，作力少而任重爲正。後漢書朱馮虞鄭周傳贊注引易，與石經同。三國志王脩傳注引魏略，力少任重。〔註250〕

除引史注內容相同者，以校勘，並以唐石經作「力少而任重」謂小字當爲少字，更可信從。又：

> 序卦傳，傷於外者，必反於家，唐石經及岳氏本並同，今本作必反其家。〔註251〕

以唐石經及宋本皆作於字，據以是正經文。又：

> 說卦，兌爲剛，鹵爲妾，爲羊。虞作羔，今李鼎祚集解引虞仲翔注亦作羔，云：兌爲羊，已見上文，此爲重出，非孔子之意也。武進臧庸堂在東，謂羔乃養字之誤。攷虞注爲妾云：三小女位賤，故爲妾，其注爲羔云：羔女使，皆取位賤，故爲羔，虞以羊爲再出，若作羔，爲小羊，意亦不異，故知本是養字，傳寫脫其下半耳。又鄭康成本作爲陽，注云：此陽，謂養無家女，行賃炊爨，今時有之，賤於妾也，然則此字當爲廝養之養，鄭虞兩家正合，其作羊作陽，皆養字聲近之誤。〔註252〕

此以參稽諸家注之，以勘改正文，明傳寫脫落及聲近之誤之例。

〔註249〕〈答問一〉，《文集》卷四，頁55。
〔註250〕《養新錄》卷一，力少而任重條，頁67。
〔註251〕同上，傷於外者必反於家條，頁67。
〔註252〕同上，兌爲妾爲養條，頁74～75。

問，豐其屋天際翔也，諸家本各不同，説亦互異，未審宜何從？曰：
李鼎祚集解據孟喜本，際作降，翔作祥。云：天降下惡祥也。鄭康
成、王肅本，並作祥。蓋漢儒相承之本如此，際降字形相涉，故本
或爲際，鄭讀爲瘵，訓病，雖與孟本異，而意猶不甚遠，王弼改爲
翔，疏家申之，以爲如鳥之飛翔於天，則失之甚矣。〔註253〕

正其異文，謂應作「降祥」。降，際字形相涉而誤，並力申鄭讀爲瘵，訓病，
意猶不甚遠，而疏家以爲如鳥之飛翔於天之誤也。

問：豐上六「闃其无人」，説文無闃字，蓋漢儒附益之字。曰：孟喜
本作窒，許君偁易主孟氏，故不別出闃字，虞仲翔訓爲空，仲翔世
習孟氏易，當亦用窒字，窒本訓塞，反訓爲空，猶亂之訓治，徂之
訓存也。列子黃帝篇，至人潛行不空，注云：一本空作窒。莊子達
生篇引此文，亦作窒，是窒有空義也。或曰：闃當爲窲。説文：窲，
空貌。〔註254〕

孟喜本作窒字，並引申仲翔反訓爲空，及莊子達生篇引此文作窒，窒有空義，
然説文無闃字。大昕曰：或曰闃當爲窲。説文：窲，空貌，別出或曰釋之者，
蓋大昕以儒者之學貴乎闕疑存異，而不可專己守殘也。

大昕博極群書，廣攬兼徵，而論定其所以然，故有爲朱子之不誤而力辯者：

咸淳乙丑九江吳革所刻正義大字本，極精審，雜卦，遘，遇也，不
作姤，與唐石經同。案説文無姤字，徐鉉新附乃有之，古易卦名本
作遘，王輔嗣始改爲姤，後儒皆遵王本，唯雜卦傳以無王注，偶未
及改，宋本猶存此古字，明人撰大全者，盡改爲姤，自後坊本相承
皆用大全本，村夫子不復知有文公元本矣，大有象傳，明辨晢也，
亦與石經同。〔註255〕

又《日記鈔》云：

晤袁又愷，藏在東，見宋板爾雅疏，又翻刻朱文公周易本義十二卷，
前有易圖，卷末附筮儀，五贊。咸淳乙丑，九江吳革刊本，其雜卦
傳：遘，遇也，不作垢，與唐石經，岳倦翁本同，可証文公本猶未
誤也。向讀咸速也，恆久也，注惟咸速恆久四字，甚疑之。讀此本，

〔註253〕〈答問一〉，《文集》卷四，頁51。
〔註254〕〈答問一〉，《文集》卷四，頁50。
〔註255〕《養新錄》卷一，朱文公本義條，頁76。

乃是感速常久，乃悟俗本之誤。〔註 256〕

蓋明人撰《大全》者，盡改邁爲垢，其後坊本皆相承，大昕於又愷處見宋本，則其文公本不誤之說則信而有徵矣。此外並有旁引他記補朱子本義之未詳及衍文者。大昕云：

> 賁象傳本義云：先儒說，天文上當有剛柔交錯四字，不云先儒何人。案王輔弼注，剛柔交錯以成文，天文也。釋文、正義，俱不言經有脫文，唯李衡義海撮要，載徐氏說，天文也，上脫剛柔交錯四字，本義所稱先儒，即其人也，名字未詳，既濟亨小，當爲小亨，此胡瑗說也。能研諸侯之慮，侯之二字衍，此朱震說也。皆見義海撮要。〔註 257〕

無徵不信，與後世之鑿空臆說，但爲一人之私言者，迴不相侔矣。

八、參稽眾說，而定其確詁

清儒言經嘗謂不通諸經不能通一經，又謂以經証經。大昕宏通博達，於經史根柢尤深，博覽載籍，極盡熟讀強探之功，故能引經史及論家之說以解說經義，而得其確詁：

> 問，坤文言，蓋言順也，本義云：順當作愼，然否？曰：以愚所聞，馴與順古文相通，象傳之馴致，與文言之順，其義一也。攷尚書：疇若予工。疇若予上下草木鳥獸，先儒訓若爲順，而史記舜本紀云：誰能馴予工。誰能馴予上下草木鳥獸。又五品不遜，先儒亦訓爲順，而史記引其文云，五品不馴，是馴與順本一字矣。史記馴字，徐廣皆讀曰訓，而易馴致字，徐邈亦讀爲訓，訓者，順也。漢人書乾坤字皆作巛，馴順訓並从乾巛得聲，周官士訓，先鄭司農亦讀爲馴，北方人讀馴如訓之平聲，此古音之僅存音，順與馴義同，而音亦相近，不當破順爲愼也。蒙六三象傳云，勿用取女，行不順也，女以從一爲順，見金夫而不有躬，是爲不順，本義破爲愼，亦非經旨。〔註 258〕

大昕引《尚書》、《史記》以見馴順本一字，而謂順、馴義同而音亦相近，本義不當破順爲愼也。可謂以經史釋經，其範圍更溢出其他清儒所言之外矣。

〔註 256〕《日記鈔》卷一，所見古書條，頁 13～14。
〔註 257〕《養新錄》卷一，朱文公本義條，頁 75。
〔註 258〕〈答問一〉，《文集》卷四，頁 49。

亦有引《說文》故訓以釋易者：

> 問，雜卦，屯見蒙雜之義，曰，說文，屯从中貫一，一，地也，中，
> 艸木初生也，艸木初出地上，故有見義，古書蒙與厖通，詩，孤裘
> 蒙戎，春秋傳作厖茸，蒙伐有苑，鄭亦訓蒙爲厖，三國志魏文帝紀
> 注，或以雜文爲蒙，故蒙有雜義。〔註259〕

知蒙有雜義，〈答問〉又云：

> 問，履九四，愬愬終吉，諸儒皆以恐懼釋之，馬融本作虩虩，似亦
> 通。曰：說文引易，履虎尾，虩虩，訓爲恐懼，則漢儒固皆作虩矣。
> 震來虩虩，荀慈明本亦作愬愬，愬虩義同。公羊傳：靈公望見趙盾，
> 愬而再拜。注：愬者，驚貌。〔註260〕

引《說文》以証馬融本作虩虩之不誤。又引《說文》及馬融注訓耩爲鋤，指
器名，以明注家訓耩爲耘之非：

> 問，耒耩之利，注家訓耩爲耘，詞意似不倫。曰：耩與耒皆田器之
> 名，說文作樏，或作鎒，訓爲薅器。詩：寺乃錢鎛。毛公訓鎛爲鎒，
> 世本，垂作樏。釋器：斫斸謂之定。李巡云：鋤也。廣雅：定謂之
> 樏，然則鎛也，定也，斫斸也。鋤也，樏也，一物而異名也。呂氏
> 春秋任地篇：耩柄尺，此其度也，其耩六寸，所以間稼也。高誘云：
> 耩，所以耘苗也。馬融注易，訓耩爲鋤，亦指器名。〔註261〕

大昕易學亦如惠棟宗虞翻並參以荀鄭，故其詁易，每爲鄭而辨，或申鄭說而
紬疏家：

> 問，大畜象傳，剛健篤實，輝光日新，其德。鄭康成以日新絕句，
> 其德連下句，與王輔嗣異，何也？曰：二讀俱通，以大有象傳例之，
> 則鄭較長。劉邠問管輅，易言剛健篤實，輝光日新，斯爲同不？輅
> 曰：不同之名，朝旦爲輝，日中爲光，是輅亦從鄭讀也。王輔嗣雖
> 以其德二字連上句，然其傳云：凡物既厭而退者弱也，既榮而隕者
> 薄也。夫能輝光日新其德者，唯剛健篤實也，與鄭義亦不相遠。陸
> 德明釋文，以大畜剛健爲句，篤實輝光爲句，日新其德爲句，則失
> 輔嗣之旨矣。漢書禮樂志：輝光日新。晉張華四箱樂歌，濟我王道，

〔註259〕同上，頁52。
〔註260〕〈答問一〉，《文集》卷四，頁50。
〔註261〕同上，頁51。

輝光日新，皆與鄭合。〔註262〕

釐定其句讀，以鄭說日新絕句，其德連下句之說爲長。又小畜之有止義，乃始自孔疏，漢儒或訓積、訓養，皆無止義，後儒沿正義之誤，遂疑畜有止義。大昕云：

> 易小畜大畜卦釋文云：本又作蓄，救六反，積也，聚也。鄭，許六反，養也。大畜象傳，多識前言往行，以畜其德。序卦傳，比必有所畜，物畜然後有禮，有无妄然後可畜，物畜然後可養。釋文皆云，本又作蓄，唯大畜象傳有能止健之語，此言乾艮二卦之德，非釋卦名。蓋宣尼說易，未嘗訓畜爲止，漢儒或訓積，或訓養，皆無止義，王輔嗣注亦同，獨孔穎達小畜正義云：性又和順，不能止畜在下之乾。又云：若陽之上升，陰能畜止。又云：小畜之義，唯當畜止在下三陽。又云：總不能畜止剛健。又云：不能畜止諸陽，蓋疏家因大畜有止健之文，遂類及於小畜，不知巽主入，不主止，大畜艮在乾上，能畜而止之，小畜巽在乾上，能畜不能止，故有密雲不雨之象。大畜可言止，小畜不可言止也。後儒沿正義之誤，遂疑畜有止義，并孟子畜君何尤句，亦訓爲止矣。〔註263〕

大昕又謂非聲音則經之文不正。〔註264〕深得聲音之理，而審音讀通其訓詁云：

> 說文示部，有祇衹二字，一爲神祇字，從氏，地示提出萬物者也。一爲衹敬字，從氐，敬也。又別有禔字，從是，安福也，引易禔既平，今易亦作祇，古文氏是通用，則禔祇亦可通，但相承讀爲支音，與神祇音小異耳。復卦无祇悔，王肅作禔，九家本作多，字音支。案左氏襄廿九年傳，祇見疏也，服虔本，祇作多，論語：多見其不知量也，多與祇同，疏家謂古人多祇同音，祇訓適，史記韓安國傳：禔取辱耳。徐廣云：禔一作祇，漢書亦作祇，禔既訓福，訓安，安與適義亦相承，則祇訓適者，即與禔通之祇，非別有它字矣。乃玉篇於衣部添袛字，讀之移切，訓爲適，此六朝俗體，說文但有從氏訓短衣之袛，初無袛字也，而張參五經文字衣部，承玉篇之誤，亦收此字，訓作適，且以從示爲誤，則大謬

〔註262〕同上，頁50。
〔註263〕《養新錄》卷一，畜條，頁62～63。
〔註264〕〈小學攷序〉，《文集》卷廿四，頁350。

矣。唐石經，无祇悔，从示从氏，祇既平，从衣从氏，此又承張
參之誤。〔註265〕

古人訓詁，寓於聲音，字各有義，初無虛實動靜之分，好惡異義，
起於葛洪字苑，漢以前無此分別也。觀有平去兩音，亦是後人強
分，易觀卦之觀，相傳讀去聲。象傳，大觀在上，中正以觀天下，
象傳，風行地上，觀，並同此音，其餘皆如字，其說本於陸氏釋
文，然陸於觀國之光，兼收平去兩音，於中正以觀天下，云徐唯
此一字作官音，是童觀、闚觀、觀我生、觀其生、觀國之光，徐
仙民並讀去聲矣。六爻皆以卦名取義，平則皆平，去則皆去，豈
有兩讀之理，而學者因循不悟，所謂是末師而非往古者也。魏了
翁觀亭記云：觀卦象象，爲觀示之觀，六爻爲觀瞻之觀，竊意未
有四聲反切之前，安知不皆爲平聲乎，斯可謂先得我心者矣。大
學國治之治，陸德明音直吏反，而先治其國之治，無音，則當讀
平聲，此尤可笑。夫齊家家齊，脩身身脩，正心心正，誠意意誠，
格物物格，皆不聞有兩音，而獨於治字辨之，曾不審上下文，不
幾於菽麥之周辨乎。〔註266〕

蓋義之通變，繫乎韻者少，而繫諸聲者多，韻之通轉，人所易知，聲之正變，
世所難明，苟非尋其專變之理，則所謂貫通訓詁，實未易言，大昕專擅於聲
韻，於經義，所得獨多。

第三節　書經學

六經以《尚書》最古，亦以《尚書》之涵蘊爲最廣，莊子云：書以道事。
蓋其書備記遠古之政理，二帝三王之嘉謨要誥，學者可資以通方知遠，因革
損益，實爲政之宏觀，稽古之先務。故歷來說書者，皆視之爲大經大法，可
爲後世楷模。自漢唐以來，自天子以至於庶人，莫不誦習，在位者藉以明德
修政，以爲宰馭官人之方，士庶人則資以廣聽以爲辨物，治事之準，故忻羨
而首從事焉，故劉知幾云：

夫尚書者，七經之冠冕，百代之襟袖，凡學者必精於此書，次覽群

〔註265〕《養新錄》卷一，祇條，頁65～66。
〔註266〕《養新錄》卷一，觀條，頁64～65。

籍。〔註267〕

而清代經學，波瀾壯闊，學者之眾，著述之豐，迴邁前古，論者謂能轢宋軼唐，以上躋於兩漢而集其大成，《尚書》一經，尤爲特出。有關《尚書》一經之著作即達四百廿五部，以現存者計，亦有一百三十五部，作者百餘人，或事於通論雜纂，或事於考証故實，或事於訓詁義解，或事於文字音義，郁郁紛紛，於斯爲盛。〔註268〕歷來有關尚書學之問題，經此番綜理，大抵獲定解於此時。

　　大昕著述中有關《尚書》之作散見《文集》、《養新錄》及〈答問〉中，間有前人或時賢之說，然其通書經之法，可爲後人治書經學之途徑，今述之如下：

一、辨僞求眞，諟正積非

　　〈泰誓〉凡三篇，記武王伐殷渡師孟津時之誓辭，其次序，於《今文尚書》爲第十二、十三、十四，於《古文尚書》爲第卅三、卅四、卅五，於僞古文尚書爲第二十七、二十八、二十九，今所存〈泰誓〉係僞古文尚書，其今古文尚書中之〈泰誓〉皆已亡佚，今文〈泰誓〉之眞僞，惠棟於《古文尚書考》卷一云：

> 西漢之太誓，博士習之，孔壁所出，與之符同，是孔子所定之舊文
> 也，自東晉別有僞太誓三篇，唐宋以來，諸人反以西漢之大誓爲僞。
> 〔註269〕

直指唐人尊信晚出之〈太誓〉，而以今文〈太誓〉爲僞之非。大昕治學早年已深受惠氏影響，江藩《漢學師承記》云：

> 如王光祿鳴盛，錢少詹大昕，戴編修震，王侍郎蘭泉先生，皆執經
> 問難，以師禮事之。〔註270〕

其經學受惠氏影響可見，故惠氏譽大昕，「可與道古者」。其說書經與惠氏合，亦以今文〈太誓〉爲眞〈太誓〉，〈古文尚書考序〉云：

> 孔壁本有太誓，與今文同，太史公所載，許叔重所引，鄭康成所注，
> 皆眞太誓也。自梅書別有太誓，乃以舊太誓屬之今文，東晉之太誓

〔註267〕《史通通釋》卷四，斷限篇，頁46。

〔註268〕參古國順，《清代尚書》自序，及鮑國順，《戴東原學記》下篇第一章，東原之經學第二節，尚書學，政大博士論文。

〔註269〕《惠棟古文尚書》卷一，附閻氏若璩尚書古文疏証節。

〔註270〕江藩《漢學師承記》記之二，頁148。

固僞，西漢之太誓則非僞也。〔註271〕

於《書經答問》又論其詳：

> 問，今文尚書本有太誓三篇，馬季長言太誓後得。按其文若淺露，
> 又舉春秋、國語、孟子、孫卿、禮記所引五事以疑之，至東晉古文
> 出，別有太誓三篇，唐儒尊信古文，遂以今文太誓爲僞，若晚出古
> 文未可信，則今文太誓轉可信乎？曰：太誓，伏生所傳雖無之，然
> 伏所撰大傳，有八百諸侯俱至孟津，王升舟入水，皷鐘亞，觀臺亞，
> 將舟亞，宗廟亞，及白魚入王舟事，俱與今文太誓同。武帝初，董
> 仲舒對策，引太誓白魚入于王舟，有火復于王屋，流爲烏。周公曰
> 復哉復哉，二十二字，可証伏生壁藏百篇之太誓，與後得之太誓，
> 本無二本，以不在伏生口授二十八篇之數，故云後得。其實景武之
> 世，已有之，或謂宣帝本始中，河內女子所得者，妄也。孔安國得
> 壁中古文，以考二十九篇，得多十六篇，所云二十九篇者，即伏生
> 之二十八篇與太誓也。史遷嘗從安國問政，所載多古文說，而周本
> 紀稱武王上祭于畢，東觀兵，至於盟津，爲文王木主，載以車，中
> 軍，武王自稱太子發，言奉文王以伐，不敢自專，乃告司馬司徒司
> 空諸節，齊栗信哉？予無知，以先祖有德臣，小子受先功，畢立賞
> 罰，以定其功，遂興師，師尚父號曰：總爾眾庶，與爾舟楫，後至
> 者斬。武王渡河，中流，白魚躍入王舟中，武王俯取以祭。既渡，
> 有火自上復于下，至於王屋，流爲烏，其色赤，其聲魄云。是時，
> 諸侯不期而會孟津者，八百諸侯，諸侯皆曰，紂可伐矣。武王曰：
> 女未知天命，未可也，乃還師歸。又齊世家，稱武王欲修文王業，
> 東伐以觀諸侯集否，師行，師尚父左杖黃鉞，右把白旄以誓曰：蒼
> 兕蒼兕，總爾眾庶，與爾舟楫，後至者斬。遂至盟津，諸侯不期而
> 會者八百諸侯，諸侯皆曰：紂可伐也。武王曰：未可，遂還師，與
> 太公作此太誓。此二篇，皆采今文太誓之文。齊世家又明云：作此
> 太誓，然則孔壁中所得，安國所傳者，即此太誓，古今文初無二本
> 也。許叔重說文序云：其偁書孔氏，而引周書王出唉，又引孜孜無
> 怠，又引師乃搯，皆在今文太誓篇，然則孔氏古文太誓，與今文正
> 同。而東晉晚出之古文，斷非孔氏古文也。晉有樂安亭侯李長林集

注尚書，於今文太誓篇，每引孔安國曰，知安國嘗爲太誓作傳，安
國親見壁中古文，使果識其僞，必不爲作傳，以是知今文太誓之非
僞，而孔穎達詆爲僞者，妄也。書序稱武王作太誓三篇，史公周本
紀所載，武王上祭于畢云云，此太誓上篇也。又云：居二年，武王
徧告諸侯曰：殷有重罪，不可以不畢伐，此太誓中篇也。又云：十
一年十二月，戊午，師畢渡孟津，諸侯咸會，曰孳孳無怠，武王乃
作太誓，告于眾庶，今殷王紂，乃用其婦人之言，自絕於天，毀壞
其三正，離逷其王父母弟，乃斷棄其先祖之樂，乃爲淫聲，用變亂
正聲，怡說婦人，故今予發惟共行天罰，勉哉夫子，不可再，不可
三，此太誓下篇也。唐初作疏時，今文太誓尚存，而疏云：上篇觀
兵時事，中下二篇，伐紂時事，可證史記所書，本於太誓，史公既
親見古文，則今文太誓之爲眞太誓，審矣。〔註272〕

孔穎達《尚書正義》，以今文〈泰誓〉爲僞，〔註273〕而尊信東晉晚出之之〈泰
誓〉，惠棟斥其非，大昕繼起，辨析益明，又舉經文以言古文之所以可疑曰：

問，紂之不善甚矣，武王數其罪而伐之，可也，若泰誓所云：獨大
受，洪惟作威，乃汝世讎，又云，誕以爾多士，殄殲乃讎，武王世
爲殷臣，世讎之言，毋乃得罪於殷先王乎，曰，此古文尚書所以可
疑也。太誓曰：獨夫受，荀子書嘗引之，獨夫者，一夫也，故孟子
亦有聞誅一夫紂之語，若君之視臣如土芥，則臣視君如寇讎，孟子
爲齊宣王言之，蓋有爲言之也，非古有是言也，如太誓果有撫我虐
我兩言，孟子何不引書以實之邪，觀牧誓一篇，但云恭行天罰，初
無讎視其君之詞，然則僞書之誣武王甚矣。〔註274〕

於論孔壁中古文，得多十六篇，內有九共九篇，析之爲廿四，鄭康成所傳之
廿四篇，即孔壁眞古文，東晉晚出之二十五篇，與漢不合，可決其僞，唐人
詆鄭所傳爲張霸僞造者，閻氏辨僞已成定，至於康成不爲注之，故大昕則詳
論之云：

問，孔壁書增多二十四篇，康成既親見之，何以不爲之注？曰：漢

儒無無師之學，古文尚書，初得之屋壁，未有能通之者。孔安國始以今文讀之，而成孔氏之學，然安國非能自造也，亦由先通伏生書，古今文本不相遠，以此證彼，易于闉闍，惟文義不能相通者，乃別爲之說，以名其學。若增多之書，既無今文可相參攷，雖亦寫定，而不爲訓詁，故馬季長云：逸十六篇，絕無師說也。自安國以及衛、賈、馬諸君，皆未有說此逸篇者，康成又何能以無徵不信之說，著於竹帛乎？即如禮古經五十六篇，鄭亦親見之，其注儀禮，多以古文參定，而不注增多之三十九篇，亦以無師說故也。左氏得劉子駿扐通大義，故流傳至今，而逸書逸禮無師說，故皆亡於永嘉。自東晉古文出，乃有安國承詔爲五十八篇作傳之語。夫使安國果爲逸篇作傳，則都尉朝庸生輩，必兼受之，何以馬鄭以前，傳古文者，皆止二十九篇已哉。朱文公疑康成不解逸禮三十九篇，予向亦未諭其故，今因論古文逸篇，而并悟及之。〔註275〕

又據孔傳以正蔡傳之訛謬，並引〈多士〉、〈多方〉以爲証，而明〈畢命〉之僞：

問，召誥，王之讎民，蔡氏以爲殷頑民，於義似未安。曰：聖王以天下爲一家，豈有彼此之別，周之伐殷，誅無道，非讎其君也。殷命既黜，而讎其民，何以服天下。自古豈有勸王以讎民，而能享國長久者乎？孔傳訓讎爲匹，善矣，而說亦不了。予謂匹民，猶言匹夫匹婦，召公所言讎民，即堯典之黎民也。百君子，即堯典之百姓也。友民者，友邦之民，即堯典之萬邦也。頑民之文，僅一見於書序，然多士多方篇中，初未目殷士爲頑民，迨康王作畢命之時，已歷三紀，而篇中卻有「毖殷頑民」之語，吾以是知畢命之譌矣。〔註276〕

其博綜群籍，論斷詳辨，多可依據，諟正積非，蓄疑渙釋，厥功偉矣。

二、異文校勘，糾前人之誤

書有今古文之分，各家傳本文字亦不一致，大昕於周秦兩漢書，無所不讀，故重異文校勘。

鄭司農云：古者書儀但爲義，今時所謂義爲誼。^{周禮春官肆師注。}洪範：無偏

〔註275〕〈答問二〉，《文集》卷五，頁64～65。
〔註276〕同上，頁63。

無頗，遵王之義，本從古文作誼，開元詔書，以頗與誼不協，改經
文爲陂，曾不知誼從宜得聲，宜本作宀，又從多聲，以誼韻頗，正
合古音，即使依今文作義，而義亦从我得聲，與頗初無不叶也，蓋
小學之不講，唐人已然。〔註277〕

責唐人之不講小學，不知誼、頗，古音無不協，而逕改經文爲陂。又喜類比
歸納而別其異同：

問大誥篇首云：猷大誥爾多邦，馬鄭王本，皆猷在誥下。漢書載王莽
作大誥云：大誥道諸侯王三公列侯，以猷爲道，亦在誥下，惟僞古文
以猷字開端，於文義未順。曰：古文微子之命，開端亦用猷字，并移
此篇猷字，在大誥之上，皆誤也。班史翟義傳，載莽大誥，後人譏其
蕪累，卻於經學有功，如弗造哲迪民康。莽誥云：予未遭其明悊，能
道民于安，較之傳義爲優。爾丕克遠省，莽誥丕作不，較傳訓大尤善
也。天閟毖我成功所，傳訓閟爲愼，又解之云：天愼勞我周家，成功
所在。孔疏云：閟愼釋詁文，攷釋詁本云：毖，愼也，經既以閟爲毖，
不當重出毖字。據莽誥云：天毖勞我成功所，則知此經毖，乃勞之譌
字，形相涉，後人傳寫致誤，僞孔傳尚未誤也。〔註278〕

此引《漢書》載莽誥，以言猷在誥下，而丕作不，較訓大尤善。更證毖，乃
勞之譌，以其字形相涉，後人傳寫之誤，以申僞孔傳之未誤。《養新錄》云：

呂刑，苗民弗用靈，墨子引作苗民否用練，古書弗與不同，否即不
字，靈練聲相近，緇衣引作匪用命，命當是令之譌，令與靈古文多
通用，令靈皆有善義。〔註279〕

呂刑，泯泯棼棼，泯湣聲相近，漢書敘傳：風流民化，湣湣紛紛，
論衡寒溫篇：蚩尤之民，湣湣紛紛，湣湣即泯泯也。〔註280〕

論衡雷虛篇引尚書曰：予惟率夷憐爾，今多方篇夷作肆，憐作矜，
矜憐古今字，論語：則哀矜而勿喜，論衡引作憐。〔註281〕

呂刑，芼荒釋文：芼又作薈，此說文正字。羣經音辨，禾部云：秏，

〔註277〕《養新錄》卷一，遵王之誼條，頁81〜82。
〔註278〕〈答問二〉，《文集》卷五，頁62。
〔註279〕《養新錄》卷一，苗民弗用靈條，頁84。
〔註280〕同上，泯泯芬芬條，頁84。
〔註281〕同上，矜條，頁84。

老也，音耄，書：王耗荒，鄭康成讀。案古書無以耗當耄字者，當
是旄字轉寫之譌。周禮大司寇：掌建邦之六典，注引書耄荒。樂記：
宮亂則荒，注引書王耄荒，釋文皆作旄荒，是鄭本作旄，不作耗矣。
禮八十、九十曰耄。射義：旄期稱道不倦，釋文皆用旄字，賈昌朝
偶據誤本，仍旄爲耗，非也。〔註282〕

或就諸經而類比，或就一經之諸篇類比，以經證經，或引注證經，可備見大
昕治經之法，清儒萬充宗謂「非通諸經，不能通一經，非悟傳注之失，則不
能通經，非以經解經，則亦無由悟傳注之失」，其治經之方法，亦與大昕爲近，
唯萬充宗僅以經學名家，而大昕則於經之外，並旁及子史集三部之群籍，又
兼及歷代典制，此則唯亭林能與之相近也。故大昕治經特喜援史以證經，又
雜采子史集三部之群籍，力闢榛蕪：

問：堯典，象恭滔天。宋儒疑滔天二字，因下文洪水滔天相似而誤，
然乎？曰：史記夏本紀，引此文作似恭漫天，與傳訓滔爲漫合。漢
書王尊傳，亦有靖言庸違，象龔滔天之語，可證尚書古本皆作滔天，
無可疑者。詩：天降滔德，毛公亦訓爲漫，今本作慢。滔天，猶言
慢上也，史記于洪水滔天，不易其字，而此獨爲漫，文同義別，僞
孔傳則均訓爲漫矣。〔註283〕

案：滔天猶左傳昭公廿六年官不滔，杜注：滔，慢也。大昕據史記引堯典異
文，以正宋儒之失，而合傳訓，更舉漢書爲之證。又云：

説文無譌字，堯典：平秩南譌。漢書王莽傳作南僞。史記索隱本作
爲。小司馬云：爲，依字讀，春言東作，夏言南爲，皆是耕作營爲，
勸農之事，孔氏強讀爲譌字，雖則訓化，解釋亦甚紆回也。今本史
記皆作譌，蓋後人附會孔傳，輒加言旁，非史公之意，古書僞與爲
通。荀子性惡篇云：人之性惡，其善者僞也。又云：不可學不可事
而在天者，謂之性，可學而能，可事而成之在人者，謂之僞，是僞
即爲字，史漢文異，而意不異也，古音爲如譌，故僞孔傳轉作譌，
而有譌化之訓。〔註284〕

據〈堯典〉，「南譌」，《漢書・王莽傳》作「南僞」，《史記索隱》作「南爲」，

〔註282〕同上，耄荒條，頁83。

〔註283〕〈答問一〉，《文集》卷五，頁57。

〔註284〕《養新錄》卷一，南譌條，頁78～79。

古書「爲」與「僞」通（案采苓人之爲言，正義云：人之詐僞之言，亦爲與
僞字通之證）辨正荀子性惡善僞，僞當讀爲，使蘭陵莫白之冤，一言而剖，
攷訂至此，抉聖賢之心，動鬼神之泣矣，豈復尋常人之所爲。

> 問：常伯常任之名，不見於周官王制，注疏家以常伯爲三公，常任
> 爲六卿，然乎？曰：立政篇先稱王左右，而後言常伯常任準人，又
> 與綴衣虎賁同列，則是左右親近之臣，位不甚尊，而所繫實重，故
> 嘆知憂之魅。漢書谷永對策，言習善在左右，誠敕正左右齊栗之臣，
> 戴金貂之飾，執常伯之職。師古云：常伯，侍中也。一曰，常任使
> 之人，此爲長也。後漢書楊賜傳：樂松處常伯，松時爲侍中也，胡
> 廣侍中箴，亦惟先正，克慎左右，常伯常任，實爲政首，文選注引
> 揚雄侍中箴，亦有光光常伯之文，則常伯常任，即漢之侍中審矣。
> 說文引書作常故，故訓迲，亦有近義。〔註285〕

據《漢書》師古注，《後漢書·楊賜傳》，以言常伯常任即漢之侍中，則援據
賅洽。朱駿聲《尙書古注便讀》：「常伯，秦漢侍中之職，常任，漢官中常侍
之職」，亦可佐証大昕之說不誤。又曰：

> 問：劉淵林注魏都賦，引書盤庚優賢揚歷之語，揚歷爲歷試，今盤
> 庚無此文，何故？曰：予聞之江叔澐氏矣，盤庚下篇云：心腹腎腸，
> 古文作優賢揚，而以歷字屬上句，鄭康成固如是讀也，請以尚書正
> 義證之。正義曰：鄭注古文尚書，篇與夏侯等同，而經字多異，夏
> 侯等書心腹賢，腸曰憂腎陽，說者不解憂腎陽爲何語，徵諸太冲之
> 賦，淵林之注，始悟優爲憂，賢爲腎，揚爲陽，三字皆傳寫之譌。
> 邢子才所云：日思誤書，更是一適，斯言果不誣也。太冲生於晉初，
> 鄭學猶行，故徵引有據，自豫章梅氏之書出，名爲古文，實襲今文，
> 由是鄭氏古文不傳，而文選之注，遂不可通矣。〔註286〕

此據《文選》注以解〈商書·盤庚〉篇之憂腎陽，爲傳寫之譌。蓋豫章梅氏
之書出，鄭氏古文不傳，而義遂晦而不顯。大昕釋書經，雖尊鄭崇古，尤重
實事求是，其不同意鄭以〈洪範〉「思曰容」之容字爲睿字之誤，即其一例。
大昕引《春秋繁露·五行五事》篇，及《漢書·五行志》引《洪範傳》等以
証之云：

〔註285〕〈答問二〉，《文集》卷五，頁 63。
〔註286〕同上，頁 58。

問洪範思曰睿，睿作聖，伏生五行傳作容，鄭康成以爲字之誤，先生謂漢儒多作容，以容義爲長，請言其詳。曰：漢儒傳經，各有師承，文字訓詁，多有互異者，即以洪範一篇言之，如霽之爲濟，驛之爲圛，豫之爲舒，皆文殊而義不殊，若敬用之爲羞用，與睿之爲容，則文異而義亦從之，伏鄭所傳，有古今文之別，要未必鄭是而伏非也。伏生五行傳云：思心之不容，是謂不聖，厥咎霧，厥罰恆風，厥極曰短折，說者曰，思心者，心思慮也，容，寬也。孔子曰：居上不寬，吾何以觀之哉。言上不寬大，包容臣下，則不能居聖位也。董生春秋繇露，述五行五事，亦云：思曰容，容者，言無不容，容作聖，聖者，設也，王者心寬大，無不容則聖，能施設事，各得其宜也。西京經師說洪範，以容爲思之德，其義昭著如此。許叔重說文解字云：思，容也，亦用伏生義也。古之言心者，貴其能容，不貴其能察。泰誓云：其心休休焉，其如有容。論語云：君子尊賢而容眾，我之大賢與，於人何所不容。老子曰：容乃公，公乃王，王乃天，天乃道，道乃久。荀子曰：君子賢而能容眾，知而能容愚，博而能容淺，粹而能容雜。孟子以仁爲人心，仁者必能容物，故視主明，聽主聰，而思獨主容，若睿哲之義，已於明聰中該之矣。聖人與天地參，以天下爲一家，中國爲一人，由其心之無不容也，故曰：有容德乃人。〔註287〕

《養新錄》亦云：

洪範一篇多韻語，貌曰恭，言曰從，視曰明，聽曰聰，思曰容，五句皆韻。自鄭康成破容爲睿，晚出古文因之。案春秋繁露述五行五事篇云：思曰容，容者言無所不容。又云：容作聖，聖者設也，王者心寬大，無所不容，則聖能施設，事各得其宜也。漢書五行志引洪範傳云：思心之不容，而又爲之說曰：容，寬也。孔子曰：居上不寬，吾何以觀之哉，言上不寬大包容臣下，則不能居聖位。然則古本洪範，皆是容字，今漢書刊本作睿，蓋淺人所改，幸其說尚存，與董生相印證，可見西京諸儒，傳授有自，許叔重說文：思，容也，亦用伏董說。〔註288〕

按：以容爲思之德，說文：思，容也，古之言心者，貴其能容，不貴其能察。

〔註287〕〈答問二〉，《文集》卷五，頁61～62。
〔註288〕《養新錄》卷一，思曰容條，頁80～81。

鄭訓爲睿，睿哲之義，已於明聰中該之矣。帝王之德，有容乃大，能推誠用賢，則臣之德，亦君之德也。此說於專制時代誠儒家思想予後世影響甚鉅者也。故大昕於《古文尚書撰異》卷十三，語玉裁云：「洪範貌曰恭，言曰從，視曰明，聽曰聰，思曰容，此可補入尊著六書音韻表。春秋繁露、漢書、說文皆作容，容字義長，思主於睿，則恐失之深刻。」

三、考文辨音，明經義之旨

諸經難解，尚書尤甚，經義不僅難明，即句讀亦不易，他如制度，天文曆法，地理，名物……之類，亦復說之不易，故大昕治書經，首及經文之辨僞，次則考校異文，繼之則以小學貫穿經義，考文辨音，明經義之旨。大昕〈小學攷序〉云：六經皆載於文字者也，非聲音則經之文不正，非訓詁，則經之義不明。〔註289〕故大昕由文字而得古音，由古音而得古訓，其運用於實際者如：

> 問康誥，汝丕遠惟商耇成人，傳訓丕爲大，周初去商尚近，不可言大遠。曰：丕即不字。詩所云：殷鑒不遠也，丕本以不聲，古文往往通用。詩不顯不承，譌丕爲不。書：丕克遠省，丕遠惟商耇成人，又譌不爲丕，非經文之譌，說經者淆之也。〔註290〕

丕本從不聲，古文通用，丕遠即不遠。又

> 問，祭之明日又祭曰肜，見于尚書、爾雅，而說文肉部無肜字，或謂肜乃漢人俗字，然否？曰：說文舟部有肜字，云：船行也，從舟彡聲，即高宗肜日之肜。玉篇：肜訓祭，又訓舟行，足證肜繹字從舟，不從肉，六朝人尚識古文，此必顧野王元本，非唐以後儒所能附益，古音肜，當爲余箴切，轉爲余弓切，侵東兩部聲相近也。孫炎云：肜者相尋不絕之意，古人音與義協，以尋訓肜，知古音肜在侵部，其讀如融，乃轉聲，非正音也。俗儒不通六書，誤疑肜當從肉，乃別肜肜爲二字，又分爲兩音，僂到甚矣。〔註291〕

大昕以肜從舟不從肉。案：〈尚書序〉謂此篇高宗祭成湯，祖已作此以訓于主，故此肜祭，即後世之繹祭。《爾雅・釋天》：繹，又祭也，周曰繹，商曰肜，夏曰復胙，說文無肜字，但有肜，二字實乃一字。從舟隸書作月，如𦣞作朕，

〔註289〕《文集》卷二十四，頁350。
〔註290〕〈答問二〉，《文集》卷五，頁63。
〔註291〕同上，頁59。

俞作俞，亦即卜辭中之彡也。俗儒不通六書，誤疑肜當从肉，乃別肜肜爲二字，此大昕究明其文，審辨其音而有得者。

　　秦政滋煩，人趨約易，程邈變古文大小篆作隸書，以施官事急速之用，秦隸一變，六義浸失，顏元孫有言：「自改篆行隸，漸失本眞」。劉師培氏亦曰：「自篆改爲隸，而字形與字義不符」。以致睹字莫由知義，而六書之旨遂荒，大昕深明文字紛紜蛻變及孳乳之跡，按跡尋踪，窮源竟委，如：

> 洛誥：汝乃是不蘉，孔馬鄭皆訓蘉爲勉，而說文無此字，經典亦止
> 一見，更無它證，予攷釋詁，孟，勉也。郭注云：未聞，古讀孟如
> 芒，戰國策有芒卯，淮南子作孟卯，是孟芒同音。莊子，孟浪之言，
> 徐仙民音武黨、武莽二切，即芒之上去音也。釋文：蘉，莫剛反，
> 蓋馬鄭舊音，而同訓勉，則蘉即孟審矣。蘉从侵無義，疑即懜字，
> 孟夢音相近，皆黽勉之轉聲，隸變譌爲蘉耳。江處士聲，邵學士
> 晉涵，皆采予說。〔註292〕

大昕以蘉即孟字，蘉从侵無義，疑即懜字，隸變譌爲蘉，其後江聲及大昕弟子邵晉涵皆採大昕此說，孔、馬、鄭、訓蘉爲勉，其義乃明。又曰：

> 問，畢命傳訓弼亮爲輔佐，疏引釋詁：亮，佐也。今釋詁無此文，
> 疑疏誤。曰：釋詁篇中，亮訓信，又訓導，訓右，又以左右訓亮，
> 亮字凡四見，無訓佐者，佐當作左，俗師增加人旁，亮與左右皆訓
> 導，而左右又訓亮，展轉相訓，則亮之爲佐宜矣。亮亦漢時俗字，
> 故許叔重說文不收，今尚書爾疋皆用晉人本，孟子注雖出漢儒，亦
> 經俗師轉寫，故皆有亮字，它經無之也。尚書亮采，亮天工，亮陰，
> 寅亮，皆訓信，當用諒字，此弼亮訓佐，當用倞字。詩：涼彼武王。
> 毛訓涼爲佐，涼曰不可，鄭訓涼爲信，則諒、倞俱通作涼，而倞、
> 諒亦自相通，漢人分隸，往往以亮爲倞，蓋隸變移人旁於京下，本
> 作亮，又省中一筆，遂爲亮爾。〔註293〕

此乃漢人隸變而譌爲亮，另有字形相涉而誤者：

> 問堯典，蠻夷猾夏，傳訓猾爲亂，說文無猾字，或謂當爲滑，然乎？
> 曰：潛夫論氏姓篇，引此文本作蠻夷滑夏。史記酷吏傳：滑賊任威，
> 漢書亦作猾，蓋篆體从水从犬之字，偏旁相涉而誤爾。〔註294〕

〔註292〕《養新錄》卷一，蘉條，頁82。
〔註293〕〈答問二〉，《文集》卷五，頁64。
〔註294〕同上，頁58。

問伊洛瀍澗皆八河之水，說文水部有洛澗而無瀍，不審此字何从？

曰：古書从系與从水之字多相混，漢周憬碑有曲紅長，即曲江也。

王稚子闕云：河內緼令，即溫也。春秋傳有酒如澠，淮南子本作繩，今俗本亦作澠，竊意澠本作繩，以水回曲得名，俗師轉寫作水旁爾，江叔澐云，古塵字本不从水，淮南本經訓導塵澗可證。〔註295〕

大昕靡不殫心竭慮，窮究萬原，以爲定詁，良由小學之根底深厚有以致之。除考文辨音申前人之說外，於諸家傳注之乖誼並糾而正之：

問，西伯戡黎，乃罪多參在上。釋文馬云：參字累在上，此語頗難解。曰：玉篇，厽，累塹爲牆壁也，尚書以爲參字，然則古本尚書作厽，東晉本乃改爲參耳。釋文述馬融說，正當如此，而傳寫譌謬，遂至不可讀。竊意釋文本當云：馬作厽。云：累也，累在上，或宋開寶中陳鄂等刪改釋文時妄易之也。〔註296〕

大昕疑或宋人刪改釋文時妄易之。按累即纍字，通絫，初文作厽也。又：

問，盤庚傳云：相隱括，共爲善政，孔沖遠云：隱括必是舊語，不知本出何書，惟引公羊序隱括使就繩墨爲證，亦是漢人語也。古書更有可攷者乎？曰：荀子大略篇：大山之木，示諸檃括，尚書大傳，檃括之旁多曲木。說文：檃栝也，栝、檃也，檃栝者，所以矯正曲木，字本从木，或通用隱括字。孔疏以隱審檢括解之，失其旨矣。〔註297〕

隱括者，所以矯曲木，大昕引《荀子》及《尚書大傳》而糾孔疏釋隱審檢括之失旨，不囿於一己之見，作穿鑿之臆說，治學者每有取焉。至其：

于，於兩字，義同而音稍異，尚書毛詩，例用于字，唯金滕：爲壇於南方北面，乃流言於國，公將不利於孺子。酒誥：人無於水監，當於民監。邶風：俟我於城隅。齊風：俟我於著乎而，俟我於堂乎而，俟我於庭乎而。秦風：於我乎夏屋渠渠。於我乎每食四簋，曹風：於女歸處，於女歸息，於女歸說。豳風：於女信處，於女信宿。大雅：於萬斯年，仍用於。大雅：不實于亶，宋本閒有作於者，誤也。論語例用於字，唯引詩書作于，而乘桴于海，餓于首陽之下，

〔註295〕同上。

〔註296〕〈答問二〉，同上，頁59。

〔註297〕同上，頁58。

仍用于，<small>今字母家以於屬影母，于屬
俞母，古音無影喻之別也。</small>〔註298〕

又：

秦誓以阢陧、榮懷對文，阢陧雙聲<small>皆疑
母</small>。榮懷亦雙聲也，今人以榮屬喻

母，懷屬匣母，未合於古。〔註299〕

大昕謂古無影喻之別，匣喻之分，故古於、于同聲亦同義，阢陧，榮懷均爲雙聲也。大昕淹貫博達，邃於小學，尤善聲韻，明聲變之跡，因之以治經，頗藉以疏通異文通叚之理。

按：大昕所考，固多確據，然謂影喻雙聲，匣喻無別，雖有語病，然求之文字，則「于」屬爲母，古隸匣母，則大昕所說，較曾運乾說尤爲先見。第其時陳澧切韻考未問世，於廣韻之喻爲二母，學者多以三十六字母之喻母稱之耳。實在大昕所謂匣喻無別之喻，乃喻母三等之爲紐也，其目光之銳利，殊堪欽敬。

第四節　詩經學

大昕序《虞東學詩》云：「獨憶予與先生（顧古漱）同以治毛詩」，〔註300〕大昕治詩尊毛、鄭，由文字聲音訓詁入手，間亦獨抒己見，亦不廢齊、魯、韓三家詩，於宋儒則取朱子，而不爲集傳所囿，此所謂欲洗專師專己守殘之旨也：「學者不可不無宗主，而必不可有門戶」，〔註301〕大昕之詩學，殆不愧於斯言。其序《詩經韻譜》、序《虞東學詩》，可見其立說，《潛研堂文集》卷六，答問三、《十駕齋養新錄》卷一，具見大昕有關《詩經》問題之見解，於詩序之存廢、詩序之作者，皆有所論列，本節將分別言之：

一、論詩序

《詩經》爲中國最古韻文之結集，以其異於常文之舖敘直陳，而多婉轉咏歎，比興之辭，苟無序文以明詩旨，則千載而下，斷難臆測詩人意旨之所在，故研究《詩經》，若無詩序，則詩之本義，隱晦而不可知，故宋儒程頤有云：「學詩而不求序，猶欲入室而不由戶也。」〔註302〕清陳奐曰：「讀詩不讀序，無本之

〔註298〕《養新錄》卷一，于於條，頁 79～80。
〔註299〕同上，榮懷條，頁 85。
〔註300〕〈虞東學詩序〉，《文集》卷二十四，頁 342。
〔註301〕章實齋《文史通義》。
〔註302〕《二程語錄》。

教也。」〔註303〕章太炎曰:「今治《詩經》不得不依《毛傳》,以其序之完全無缺也,詩若無序,則作詩之本意已不明,更無可說……。」〔註304〕蓋讀詩不宗本於序,則不能得作詩者之本意。亦不能得聖人編詩之精義,故大昕主不可舍序以言詩,《養新錄》云:

> 說詩者不以文害辭,不以辭害志,詩人之志見乎序,舍序以言詩,孟子所不取,後儒去古益遠,欲以一人之私意窺測古人,亦見其惑已。〔註305〕

自來言詩,夙分信序、疑序二派,聚訟紛紜,莫衷一是。朱傳以下,迄清儒姚際恆、方玉潤等,雖以廢序為宗,然其說詩,仍頗襲舊序,足見詩序可議而不可廢也。蓋詩之有比興、美刺,義固隱微不可實指,序之病在實指耳,捨其病,猶有可觀者,明郝敬曰:

> 不微不婉,徑情直發,不可為詩。一覽而盡,言外無餘,不可為詩。美謂之美,刺謂之刺,拘執繩墨,不可為詩。意盡乎此,不通乎彼,膠柱則合,觸類則滯,不可為詩。朱說皆犯此數病。」又曰:「朱子詆前人師說為鑿空,抑不知己之改作,又何所據,則猶之鑿空耳。第如朱說淺率,其鑿空易,如古序深遠,其鑿空難。今試使人暗索,為朱說者十常八九,如古者百無一二。古人鑿空,何不就其明且易者而為其遠且難者乎?〔註306〕

又馬端臨曰:

> 詩書之序,自史傳不能明其為何人所作,而先儒多疑之。至朱文公之解經,則依古經文析而二之,而備論其得失,而於國風諸篇之序,詆斥尤多。以愚觀之,書序可廢,而詩序不可廢,就詩而論之,雅頌之序可廢,而十五國風之序不可廢,何也,書直陳其事而已,序者後人之作,藉令深得經意,亦不過能發明其所言之事而已,不作可也。詩則異於書矣。然雅頌之作,其辭易知,其意易明,至於讀國風諸篇,而後知詩之不可無序,蓋風之為體,比興之辭多於敘述,風喻之意浮於指斥,蓋有反覆詠歎而無一言敘作之意者,而序者乃

〔註303〕陳奐《詩毛氏傳疏》。
〔註304〕章太炎,《國故論衡》。
〔註305〕《養新錄》卷一,詩序條,頁 102～103。
〔註306〕郝敬〈毛詩原解序〉。

一言以蔽之曰，爲某事也。苟非其傳授之有源，探索之無舛，則孰
能意料當時指意之所歸，以示千載乎？而文公深詆之，且於桑中之
篇，辨析尤至。然愚以爲必若此，則詩之難讀者多矣，豈直鄭衛諸
篇哉？夫芣苢之序，以婦人樂有子，爲后妃之美也。而其詩語不過
形容采掇芣苢之情狀而已。黍離之序，以爲閔周室宗廟之顚覆也。
而其詩語不過慨歎禾黍之苗穗而已。若舍序以求之，則其所以采掇
者爲何事，而慨歎者爲何説乎？」〔註307〕

二家之言，知解詩不宗序，則不能得作詩之本意審矣。而編詩之意，王安石
嘗論之曰：

王者之治，治之於家，家之序本於夫婦正，夫婦正者在求有德之淑
女爲后妃以配君子也，故始之以關雎。夫淑女所以有德者，其在家
本於女工之事也，故次以葛覃。有女工之本而后妃之職盡也。則當
輔佐君子求賢審官，求賢審官非所能專，有志而已，故次之以卷耳。
有求賢審官之志以助治其外，則於其内治也，其能有嫉妒而不逮下
乎？故次之以樛木。無嫉妒而逮下，則子孫眾多，故次之以螽斯。
子孫眾多，由其不嫉妒，則致國之婦人亦化其上，則男女正，婚姻
時，國無鰥民也，故次之以桃夭。國無鰥民，然後好德賢人眾多，
故次之以兔罝。好德賢人眾多，是以室家和平，婦人樂有子，則后
妃之美止矣，故次之以芣苢。后妃至於國之婦人樂有子者，由文之
化行，使南國江漢之人無思犯禮，此德之廣也，故次之以漢廣。德
之所及者廣，則化行乎汝墳之國，能使婦人閔其君子而勉之以正，
故次以汝墳。婦人能勉君子以正，則天下無犯非禮，雖衰世公子皆
能信厚，此關雎之應也，故次之以麟之趾焉。

潘師重規云：

王氏之言，雖未必盡合於編詩者之意，要之編詩者必有深意存乎其
間，即此求之，〈鹿鳴〉燕嘉賓，〈四牡〉勞使臣，〈伐木〉燕朋友，
〈菁菁者莪〉樂育材，序國家之治，禮教之興，巧言傷讒，桑扈無
禮，角弓無親，大東刺亂，序國家之衰，禮教之亡。〔註308〕

故〈六月序〉云：

〔註307〕馬端臨，《文獻通考》，辨詩序。
〔註308〕潘師重規〈詩序明辨〉，《學術季刊》四卷四期。

〈鹿鳴〉廢，則和樂缺矣。〈四牡〉廢，則君臣缺矣。〈皇皇者華〉
廢，則忠信缺矣。〈常棣〉廢，則兄弟缺矣。〈天保〉廢，則福祿缺
矣。〈采薇〉廢，則征伐缺矣。〈出車〉廢，則功力缺矣。〈杕杜〉廢，
則師眾缺矣。〈魚麗〉廢，則法度缺矣。〈南陔〉廢，則孝友缺矣。〈白
華〉廢，則廉恥缺矣。〈華黍〉廢，則蓄積缺矣。〈由庚〉廢，則陰
陽失其道理矣。〈南有嘉魚〉廢，則賢者不安，下不得其所矣。〈崇
丘〉廢，則萬物不遂矣。〈南山有臺〉廢，則爲國之基墜矣。〈由儀〉
廢，則萬物失其道理矣。〈蓼蕭〉廢，則恩澤乖矣。〈湛露〉廢，則
萬物離矣，〈彤弓〉廢，則諸夏衰矣。〈菁菁者莪〉廢，則無禮儀矣。
〈小雅〉盡廢，則四夷交侵，中國微矣。

據此，知詩之爲教，本諸五性六情，而達於國家天下，造端乎夫婦，而浸乎
天下，凡諸修齊治平之道，靡不兼蓄併包，是故不明序詩之義，則不知編詩
之意，而聖人刪訂之旨或幾乎熄矣。大昕有見於此，而朱子但謂：「今但信詩，
不必信序」。〔註309〕誠爲不智者也。

　　大昕言《詩》主不廢序，故進而究論詩序之作者。自來多以序爲衛宏所
作，大昕則以「漢儒謂子夏所作」，殆非誣矣。

　　毛詩序古或稱義，〈南陔〉、〈白華〉、〈華黍〉序云：「有其義而亡其辭」，
鄭箋云：「此三篇者……孔子論詩，雅頌各得其所，時俱在耳。篇第當在於此，
遭戰國及秦之世而亡之。其義則與眾篇之義合編，故存，至毛公爲詁訓傳，
乃分眾篇之義，各置其篇端」。又南有嘉魚之什，〈由庚〉、〈崇丘〉、〈由儀〉
序云：「有其義而亡其辭」。

　　是毛公鄭玄皆稱序曰義也，而又或稱篇義者，唐風采苓疏引鄭志答張逸
云：「篇義云好聽讒，當是似而非者，故易之。」小雅節南山之什，〈十月之
交〉序：「大夫刺幽王也」。鄭以爲當刺厲王，疏云：王肅，皇甫謐以爲四篇
正刺幽王。孫毓疑而不決。其評曰：「毛公大儒，明於詁訓。篇義誠是刺厲王，
無緣橫移其第，改爲幽王。鄭君之言，亦不虛耳。是以疑惑無以斷焉。」魚
藻之什，〈漸漸之石〉疏，孫毓云：「篇義言役人久病於外，故經曰山川悠遠，
維其勞矣」。

　　是鄭志及孫毓詩異同評，論及詩中某篇之義，則曰篇義，而詩序之稱，
亦屢見鄭志，〈有女同車〉疏引鄭志，「張逸問曰：此序子夏所爲，親受聖人」。

─────────────
〔註309〕朱子《詩序辨說》。

後世習稱詩序，而詩義，篇義之名遂晦，潘師云：「實則就闡明詩之本意而言，故謂之義，就其辭置於詩篇之首，則謂之序，名雖不同，其實一也」。〔註310〕

　　至於〈詩序〉本無大小之分，其分大小，始於六朝經生，而宋儒尤稱其說，孔穎達《正義》引《釋文》載舊說云：起「關雎后妃之德也，至「用之邦國焉」名關雎序，謂之小序。自「風，風也訖末」名為大序。朱熹《詩序辨說》：

> 自「詩者志之所之」，至「詩之至也」為大序，小序則：自「關雎后妃之德也」，至「教以化之」。又起「然則關雎麟趾之化王者之風」，至「是關雎之義也」，及各篇之序。

> 程大昌詩論云：「凡詩發序兩語，如關雎，后妃之德也，世人謂之小序者，古序也。兩語以外續而申之，世謂大序者，衛宏語也。」〔註311〕

鄭樵云：

> 命篇大序，蓋出於當時采詩太史之所題，而題下小序則序所作為之意。〔註312〕

是以首序為大序，續序為小序，與程大昌說適反。大序小序之稱不一，詩序之作者，異說更滋，不暇悉舉，《四庫提要》云：

> 案詩序之說，紛如聚訟，以為大序子夏作，小序子夏毛公合作者，鄭元詩譜也。以為子夏所序詩，即今毛詩序者，王肅家語注也。以為衛宏受學謝曼卿作詩序者，後漢書儒林傳也。以為子夏所創，毛公及衛宏又加潤益者，隋書經籍志也。以為子夏不序詩者，韓愈也。以為子夏惟裁初句，以下出於毛公者，成伯璵也。以為詩人所自製者，王安石也。以小序為國史之舊文，以大序為孔子作者，明道程子也，以首句即為孔子所題者，王得臣也。以為毛傳初行，尚未有序，其後門人互相傳授，各記其師說者，曹粹中也，以為村野妄人所作，昌言排擊而不顧者，則倡之者鄭樵，王質，和之者朱子也。然樵所作詩辨妄一出，周孚即作非詩辨妄一卷，摘其四十二事攻之，質作詩總聞亦不甚行於世。朱子同時如呂祖謙、陳傅良、葉适，皆以同志之交，各持異議，黃震篤信朱學，而所作日記抄，亦申序說。

〔註310〕潘師重規，〈詩序明辨〉，《學術季刊》四卷四期。
〔註311〕程大昌《考古篇・詩論十》，《學海類編》，頁14。
〔註312〕鄭樵，《詩辨妄》。

馬端臨作經籍考，於他書所考辨，惟詩序一事，反覆攻詰至數千言，自元明以至今日，越數百年，儒者尚各分左右袒也，豈非說經之家第一爭訟之端乎。

今依眾議，臚分八類。

（一）詩人自作

《經典釋文》：「舊解云：三百一十一篇詩，並是作者自爲名。」〔註313〕

王安石曰：「詩序者，詩人所自製」。〔註314〕

姚際恒曰：王安石以小序爲詩人自製。〔註315〕

（二）國史所作

程頤曰：「小序國史所爲，非後史所能知也。」〔註316〕

又云：「序中分明言：國史明乎得失之迹，蓋國史得詩於採詩之官，故知其得失之迹，如非國史，則何以知其所美所刺之人？使當時無小序，雖聖人亦辨不得。」〔註317〕

又曰：詩小序便是當時國史作，如當時不作，雖孔子亦不能知，況子夏乎？〔註318〕

范處義曰：「蓋小序一言，國史記作詩者之本義也，小序之下，皆大序也，亦國史之所述聞。」〔註319〕

（三）孔子所作

程頤曰：「詩之大序，分明是聖人作此以教學者，後人往往不知是聖人作，自仲尼後，更無人理會得。」〔註320〕

又曰：「大序則非聖人不能作」。〔註321〕又曰：「詩大序孔子所爲，

〔註313〕《經典釋文》，關雎音義。
〔註314〕范家相《詩瀋》，詩序四引王安石說。
〔註315〕姚際恆，《古今僞書考》，詩序。
〔註316〕《二程語錄》卷十五。
〔註317〕同上，卷十一。
〔註318〕同上。
〔註319〕《詩補傳》，明序篇，頁25～34-2。
〔註320〕《二程語錄》卷十一。
〔註321〕同上，卷十二。

其文似繫辭，其義非子夏所能言也。」〔註322〕

王得臣曰：「詩序非出於子夏，聖人刪次風雅頌，其曰美，曰刺，曰惡，曰規，曰誨，曰誘，曰懼之類，蓋出於孔子，非門弟子所能與也。若關雎，后妃之德也。葛覃，后妃之本也。此一句孔子所題，其下乃毛公發明之。」〔註323〕

按：或以序詩人自作，或以國史，孔子作序之說，黃以周〈論詩序〉一文，范家相《詩瀋》辨之甚詳。黃以周曰：詩有四家，毛詩有序，齊魯詩不聞有序，韓詩之序又不與毛同，如詩序出自國史、孔聖，則齊、魯二家當與正經並傳，不應刪削序說，韓序亦當與毛合一，不應別生異議。何以關雎一篇，毛詩序以為美，而三家皆以為刺乎？采苤汝墳諸篇，韓毛兩序說不歸一乎，謂詩序出於國史孔聖，可以知其非矣」。〔註324〕而范家相《詩瀋》曰：「王安石曰：詩序者，詩人自製，此妄談也。古人之詩豈必如今人先命題而後作乎？」他如晁公武、崔述《讀風偶識》、蘇轍《詩集傳》，皆舉証有力，近人林礽乾〈詩序作者考〉亦言之頗近理。以詩序出於詩人、國史、孔子所作之說，似難成立。

（四）子夏毛公合作

《經典釋文》引沈重云：

案，鄭詩譜意，大序是子夏作，小序是子夏、毛公合作，卜商意有不盡，毛更足成之。

按：潘師重規於〈詩序明辨〉一文云：「今存鄭譜，無子夏、毛公合作詩序之意，以南陔鄭注及正義引鄭志答張逸之辭衡之，沈重之言非也，更觀鄘風君子偕老：玼兮玼兮。釋文云：沈云：毛及呂忱並作玼解。王肅云：顏色衣服鮮明貌，本或作瑳，此是後文瑳兮，王肅注，好美衣服潔白之貌，若與此同，不容重出」。今檢王肅本後不釋，不如沈所言也。是亦沈說不可盡信之証。

（五）毛公所作

成伯瑜曰：「其餘眾篇之小序，子夏惟裁初句耳。……其下皆是大毛公自以詩中之意而繫其辭也。……但據亡篇之小序惟有一句，毛既

〔註322〕同上，卷十五。
〔註323〕經義考引。
〔註324〕黃以周，〈儆季雜著〉，群經說二，論詩序。

不見詩體，無由得而措其辭也。⋯⋯一句之下，多是毛公所加，非子夏明矣」。〔註325〕

按：反對毛公作序之說，則有多家，如鄭樵、丘光庭、朱鶴齡、曹粹中皆是也。崔述《讀風偶識》亦以云然。

鄭樵《詩辨妄》曰：毛公於詩第為之傳，其不作序又明矣。

丘光庭曰：先儒言詩序兼小序，子夏所作，或云毛萇所作，明曰非毛萇也，何以知之？按鄭風〈出其東門〉序云：民人思保其室家，經曰：「縞衣綦巾，聊樂我員」。毛傳曰：願其室家得相樂也，據此，傳意與序不同，自是又取一義也。何者？以「有女如雲」者，皆男女相棄，不能保其室家，即「縞衣綦巾」是作詩者之妻也，既不能保其妻，乃思念之，言願更得聊且與我為樂也，如此則與序合，今毛以「縞衣綦巾」，為他人之女，願為室家，得以相樂，此與序意相違，故知序非毛作也，此類實繁，不可具舉。或曰：既非毛作，毛為傳時，何不解其序也，答曰：以序文明白，無煩解也。〔註326〕

（六）衛宏所續

《隋書・經籍志》曰：「詩序子夏所創，毛公及敬仲又加潤益。」

（七）衛宏所作

〈關雎序〉《釋文》引或云：「小序是東海衛敬仲所作。」

朱熹曰：「詩序之作，說者不同，或以為孔子，或以為子夏，或以為國史，皆無明文可考，惟後漢書儒林傳以為衛宏作毛詩序，今傳於世，則序乃宏作明矣。」〔註327〕

《後漢書・儒林傳》：「衛宏字敬仲，東海人，少與鄭興俱好古學，初九江謝曼卿善毛詩，乃為其訓，宏從曼卿受學，因作毛詩序，善得風雅之音，傳於世。」陸璣、鄭樵、程大昌、陳櫟等主之。

（八）子夏所作

鄭玄曰：「此序子夏所為，親受聖人。」〔註328〕

〔註325〕成伯璵《毛詩指說》，解說第二，頁24-6。
〔註326〕丘光庭《兼明書》。
〔註327〕《詩序辨說》。
〔註328〕〈常棣〉疏引鄭志。

王肅曰：「子夏所序詩，即今毛詩序也。」〔註329〕

　　詩序作者，紛然淆亂，聚訟千年，大昕於異說紛紜中折之正理，謂詩序非衛宏作，曰：「漢儒謂子夏所作，殆非誣矣」。〔註330〕姚際恒曰：「漢世未有引序一語，魏世始引之。及梁蕭統《文選》，直以爲子夏作，固承前人之訛也。大抵小、大序皆出於東漢，范曄既明指衛宏，自必不謬」。〔註331〕而梁啓超云：「兩漢儒者說詩，從未言及詩序，《六經奧論》云：『漢世文字未有引詩序者，惟黃初四年有曹共公遠君子近小人之語，』蓋詩序至是而始行。」大昕則直斥云：

> 王氏《困學紀聞》引葉氏云：漢世文章，未有引詩序者，魏黃初四年詔云：曹詩，刺遠君子，近小人，蓋小序至此始行。近儒陳啓源始非之云：司馬相如難蜀父老云，王事未有不始於憂勤，而終逸樂，此魚麗序也。班固東京賦，德廣所及，此漢廣序也。一當武帝時，一當明帝時，可謂非漢世耶。吾友惠定宇亦云：左傳襄廿九年，此之謂夏聲。服虔解誼云：秦仲始有車馬禮樂之好，侍御之臣，戎車四牡，田狩之事，與諸夏同風，故曰夏聲。又蔡邕獨斷，載周頌卅一章，盡錄詩序，自清廟至般，一字不異，何得云至黃初始行于世耶，愚謂宋儒以詩序爲衛宏作，故葉石林有是言，然司馬相如班固，皆在宏之前，則序不出於宏，已無疑義。愚又攷孟子說北山之詩云：勞於王事，而不得養父母，即小序說也。唯小序在孟子之前，故孟子得引之，漢儒謂子夏所作，殆非誣矣。〔註332〕

潘師〈詩序明辨〉一文，更証以大昕之言不誤也。潘師云：

> 今詩序必非衛宏作也，何以明之？後漢書儒林傳曰：「衛宏，字敬仲，東海人也。少與河南鄭興俱好古學。初，九江謝曼卿善毛詩，乃爲其訓。宏從曼卿受學，因作毛詩序，善得風雅之旨，於今傳於世。……中興後，鄭眾賈逵傳毛詩，後馬融作毛詩傳，鄭玄作毛詩箋」。據此傳所云，則衛宏之序尚行於蔚宗之世，則賈馬二鄭甯有不見之理！既見之矣，烏得削敬仲之名，易西河之號，雖淺學所易辨。而謂康成顛倒至此耶？假令康成有意作僞，同輩後生固當起而攻之矣。此一事

〔註329〕《家語》注。
〔註330〕《養新錄》卷一，詩序條，頁102。
〔註331〕姚際恒《古今僞書考》詩序，叢書集成新編四，頁719。
〔註332〕《養新錄》卷一，詩序條，頁101～102。

也。又案後漢書鄭玄傳論曰：自秦焚六經，聖文埃滅。漢興，諸儒頗
脩藝文，及東京學者亦各名家，而守文之徒，滯固所稟，異端紛紜，
互相詭激，遂令經有數家，家有數說，章句多者，或乃百餘萬言，學
徒勞而少功，後生疑而莫正。鄭玄括囊大典，網羅眾家，刪裁繁蕪，
刊改漏失，自是學者略知所歸。王父豫章君，每考先儒經訓而長於玄，
常以爲仲尼之門不能過也。及傳授生徒，並專以鄭氏家法云」。據此
論知范氏世崇鄭學，其於康成之說，鑽研自必精詳。假令同代之著述，
遽指爲子夏之遺言，顛頇至此，何以說經！乃謂每考先儒經訓而長於
玄耶？此二事也。王肅之徒，日攻鄭學，蹈瑕伺隙，無微不至。假令
康成有此巨謬，一腐儒攻之，如摧枯拉朽耳。又何勞子雍輩之攻擊也，
此三事也。以此數事衡之，知今之詩序，斷非衛宏所作明矣。後漢書
稱衛宏作毛詩序者，蓋偶與今序同名，猶之稱馬融爲毛詩傳，亦與今
常言毛詩傳相涸。當時書並行世，不虞混淆。及衛宏所作詩序後亡，
朱子乃拾其言爲攻序之利器，其亦未之深察也。信如朱子之言，則又
將據後漢之文」，以毛傳爲馬融所作耶？〔註333〕

蓋子夏序詩，乃漢儒相承之舊說，子夏親受於孔子而筆之於篇，而孔子則得
於國史之傳，故能不失作詩之本意也。諸家或臆測不根，或徵文無據，大昕
持平之論，得潘師之言，益信而可據也。

二、協句即古音說

　　時有古今，地有南北，則字有更革，音有轉移，乃勢所必至，故以今之音，
讀古之作，自不免乖刺而不入，《詩經》用韻，其間有乖刺不入者，在於今古音
變，因不明音變之理，於是有叶韻之說。所謂協韻者，乃後人以後世音讀，讀
古代韻文，讀之不合，往往改讀字音，以求諧合。故大昕曰：「三百五篇之音爲
最善，而昧者乃執隋唐之韻以讀之，有所齟齬，屢變其音以相從，謂之叶韻」。
〔註334〕沈重《毛詩音》謂之協句，沈氏於邶風燕燕首章「之子于歸，遠送于野」，
下云：「野，協句，宜音時預反」，又三章「之子于歸，遠送於南」，下云：「南，
協句，宜音乃林反」，蓋謂野，後世音羊也反，必改讀時預反，方與羽兩音諧
也。南，後世音那含反，必改讀乃林反，方與音心諧也，協句亦謂之協韻，大昕云：

〔註333〕《詩序明辨三》，辨詩序作者。
〔註334〕〈詩經韻譜序〉，《文集》卷廿四，頁343。

「協句亦謂之協韻。邶風：甯不我顧。釋文：徐音古，此亦協韻也，後仿此，
陸元朗之時，已有韻書，故於今韻不收者，則謂之協韻。〔註335〕

　　陸氏於〈召南〉、〈采蘋〉三章「于以奠之，宗室牖下」，下云：「下，協
韻則音戶」，又於〈邶風・日月〉首章「胡能有定，寧不我顧」，下云：「顧，
徐音古，此亦協韻也」。徐邈《毛詩音》謂之取韻，徐氏於〈召南〉、〈行露〉
三章「誰謂女無家，何以速我訟」下云：「訟，取韻音才容反」。蓋謂「訟」
後世音似用反，必改讀才容反，方與墉從諧也。顏師古《漢書》注則謂之「合
韻」，顏氏於《漢書・司馬相如傳》「其下則有白虎玄豹，蟃蜒貙豻」下云：「豻，
合韻五安反。」陳師《音略證補》云；「無論所云爲何，其改讀字音則一，此
種改讀古書字音之事，實即古音之萌芽，」大昕云：

　　　　沈重毛詩音，於燕燕首章：遠送於野云：協句宜音時預反，二章遠

　　　送于南云：協句宜乃林反，沈重生於梁末，其時去古已遠，而韻書

　　　實始萌芽，故於今韻有不合者，有協句之例，協句即古音也。〔註336〕

陸德明又有「古人韻緩，不煩改字」之說，故《經典釋文》於詩邶風燕燕三章
南字下，既錄沈重協句之說，復申之以己意曰：「古人韻緩，不煩改字」，所謂
韻緩者，蓋謂古人押韻較今韻爲寬也，今韻分隸數韻，古人可以共用也。然大
昕以三百篇用韻諧暢明白，未嘗緩也，大昕云：「自陸德明刱爲古人韻緩，不煩
改字之說，於沈所云協句者，皆如字讀，自謂通達無礙，而不知三百篇用韻諧
暢明白，未嘗緩也」。〔註337〕宋吳棫著《韻補》一書，專就《廣韻》二百六韻，
注明「古通某」、「古轉聲通某」、「古通某或轉入某」，《韻補》之三例，事屬草
創，分合每多有疎，爲後世所詬病。然大昕云：「才老博考古音，以補今韻之闕，
雖未能盡得六書諧聲之原本，而後儒因是，知援詩、易、楚辭以求古音之正，
其功已不細，古人依聲寓義，唐宋人久失其傳，而才老獨知之，可謂好學深思
者矣」。〔註338〕朱熹《集傳》因之，於古今音異者，隨文改叶，是爲叶音，大昕
曰：「世謂叶音出於吳才老，非也……朱文公《詩集傳》，闇取才老之補音，而
加以叶字，才老書初不云叶也，楊用修譏才老叶音，母氏劬勞，勞叶音僚，四
牡有驕，驕叶音高，考才老書，初無此文，殆誤仍朱氏之叶音，爲皆出于才老

〔註335〕《養新錄》卷一，協句即古音條，頁86。
〔註336〕同上，頁86。
〔註337〕同上，頁86。
〔註338〕〈跋吳棫韻譜〉，《文集》卷二十七。

爾。〔註339〕朱子《詩集傳》於《詩》〈召南・行露〉二章，「誰謂雀無角，何以穿我屋？誰謂女無家，何以速我獄？雖速我獄，室家不足」。以「家」音「谷」，以叶「角」「屋」「獄」「足」，然於三章「誰謂鼠無牙，何以穿我墉，誰謂女無家，何以速我訟？雖速我訟，亦不女從」。又以「家」音各空反，以與「墉」「訟」「從」叶韻，同一家字，隨文改叶，漫無準繩，熹孫鑑，又意爲增損，更多舛迕。迄明焦竑、陳第，皆斥叶音之謬，焦氏古詩無叶音說云：「詩有古韻今韻，古韻久不傳，學者于毛詩、離騷，皆以今韻讀之，其有不合，則強爲之音，曰此叶也，予意不然，如騶虞一虞也，既音牙而叶葭豝，又音五紅反，而叶蓬與豵，好仇一仇也，既音求而叶鳩與洲，又音渠之反而叶逑，如此則東亦可音西，南亦可音北，上亦可音下，前亦可音後，凡字皆無正呼！凡詩皆無正字矣，豈理也哉。」陳第《毛詩古音考》自序云：「蓋時有古今，地有南北，字有更革，音有轉移，亦勢所必至，故以今之音讀古之作，不免乖刺而不入，于是悉委之叶，夫其果出於叶也，作之非一人，采之非一國，何母必讀米，非韻杞韻止，則韻祉韻喜矣。……又左、國、易象、離騷、楚辭、秦碑、漢賦，以至上古歌謠箴銘贊誦，往往韻與詩合，實古音之証也」，焦、陳知古今音異，力闢叶韻之謬，以爲古人自有本音。迄大昕「協句即古音」說，叶韻說遂無復一顧之價值，而三百篇之用韻，亦昭然若揭矣。

三、論《毛傳》多轉音

大昕《音韻答問》云：「古人亦有一字而異讀者，文字偏旁相諧，謂之正音，語言清濁相近謂之轉音，音之正有定，而音之轉無方，正音可以分別部居，轉音則祇就一字相近，假借互用，而不通於它字」。〔註340〕大昕以《詩經》有正音轉音之說，而更謂《毛傳》多轉音，以斥亭林「一字祇有一音，詩有無韻之句」說，大昕云：

> 古人音隨義轉，故字或數音。小旻：謀夫孔多，是用不集。與猶咎爲韻。韓詩：集作就，於音爲協，毛公雖不破字，而訓集爲就，即是讀如就音。書顧命：克達殷集大命，漢石經集作就，吳越春秋：子不聞河上之歌乎，同病相憐，同憂相救，驚翔之鳥，相隨而集，瀨下之水，回復俱留，是集有就音也。瞻卬：藐藐昊天，無不克鞏。

傳訓鞏爲固，即轉從固音與下句後爲韻也。載芟：匪且有且，傳訓
且爲此，即轉從此音，與下句茲爲韻也。顧亭林泥於一字，祇有一
音，遂謂詩有無韻之句，是不然矣。〔註341〕

而曰：

溱洧之溱本當作潧。說文：潧水出鄭國。引詩潧與洧，方渙渙兮，
是也。今毛詩作溱者，讀潧如溱，以諧韻耳。溱即潧之轉音，不可
謂詩失韻，亦不可據詩以疑說文也。魯頌：烝徒增增，傳云：增增
眾也，本爾雅釋訓文，而小雅：室家溱溱，傳亦云：溱溱眾也，增
溱聲相近，轉增爲溱亦以諧韻，與潧洧作溱洧同。〔註342〕

溱即潧之轉音也。又〈答問〉云：

問：小戎第三章，末句不入韻，說古音者，以爲雜用方音，信有然
乎？曰：興字固以虛膺切爲正音，然亦兼有歆音。學記：不興其器，
注云：興之言歆也。儀禮既夕：士虞二篇，皆有聲三之文，而注一
云噫興，一曰噫歆，是興與歆通。大雅：維予侯興，與林心爲韻，
此亦興與音爲韻也，古字有正音，亦有轉音，求讀如奇，難讀如儺，
敦讀如彫，微讀如社，皆聲之轉，而經典所常用者，天下之口相同，
豈獨限於一方。崑山顧氏，攷求古音，最有功於小學，惜其未悟聲
音相轉之妙，如求裘本一字，而強分爲二，甚且謂宣尼贊易，猶沿
方俗之音，則拘墟而近於妄矣。〔註343〕

按小戎三章興與音韻，乃蒸侵合韻。段玉裁云：「不知有合韻，則或以爲無韻」。
大昕指顧氏未悟聲音相轉之妙。足與段氏相發明也。更於音韻答問申明何以
知毛傳之有轉音：

問，毛公詩傳，既不破字，何以知其有轉音。曰，大雅：倪天之妹。
韓詩倪作磬，而毛亦訓爲磬，音隨義轉，即讀爲磬矣。小雅：外禦
其務，左傳：務作侮，而毛亦訓爲侮，即讀如侮矣。鄭風：方秉蕑
兮，毛訓蕑爲蘭，說文有蕑無蘭，知蕑讀如蘭也。衛風：能不我甲，
韓詩甲作狎，毛亦訓爲狎，即讀如狎也。小雅：神之弔矣，毛訓爲
至，弔與質爲韻，是讀弔爲至也。毛無破字，其蓋出於王肅，肅欲

〔註341〕《養新錄》卷一，毛傳多轉音條，頁100。
〔註342〕同上，頁100～101。
〔註343〕〈答問三〉，《文集》卷六，頁70～71。

與鄭立異，故於鄭所破之字，必別爲新義，雖自謂申毛，未必盡得
毛旨也。試以它經證之，賡之正音當如庚，而書：乃賡載歌，即從
續音。說文：續，古文作賡，是漢古文尚書，讀賡爲續矣。丱之正
音當近貫，故齊風以丱與變弁爲韻，而周禮丱人，借丱爲礦字。說
文：礦或作丱，此依周禮讀，非謂詩總角丱兮，亦當讀爲礦也。賡
續以義轉，丱礦以聲轉，此古經轉音之例，魏晉以後，此義不講，
而讀經者動多窒礙矣。〔註344〕

而謂明乎聲隨義轉，一字不妨數音，而無不可讀之詩矣。

毛公詁訓傳，每寓聲於義，雖不破字，而未嘗不轉音，小旻之是用不
集，訓集爲就，即轉从就音，駕鴦之秣之摧之，訓摧爲莝，即轉从莝
音。瞻卬之無不克鞏，訓鞏爲固，即轉从固音，載芟之匪且有且，訓
且爲此，即轉从此音，明乎聲隨義轉，而無不可讀之詩矣。識字當究
其源，源同則流不當有異，求本衣裘字，借爲求與之義，求祈聲相近，
故又有渠之切之音。後人於求加衣，仍取求聲，非衣聲也，求裘本一
字。而顧氏析而二之，若鴻溝之不可越。且同一从求之字也，而讀俅
爲渠之切，讀觩絿爲巨鳩切。同一从九之字也，而讀仇爲渠之切，讀
鳩爲居求切，不知求九元有兩音也。睘从袁聲，故字之从睘者，皆在
山仙韻，而獨行睘睘，乃與菁韻，讀環者，睘之正音，讀煢者，睘之
轉音也。黍稷字本在職德韻，而生民首章，稷與鳳育韻，讀如謖者，
稷之轉音也。簡兮：以翟與籥爵韻。君子偕老：則與髢揥韵。考褕翟
闕、翟字或作狄，狄有剔音，正與髢協，是翟有兩音也。舊與舅皆从
臼聲，三百篇中，舅與咎韻，亦與首阜韻，舊與時韻，亦與里哉韻，
舅从正音，舊从轉音也，知一字不妨數音，而辯其孰爲正，孰爲轉，
然後能知古音，知三百篇之音。〔註345〕

故大昕再三致其意曰：「予蓋深愛顧氏攷古之勤，而惜其未達乎聲音之變
也」。

按：大昕聲隨義轉之說，固有其一定之價值，然若無韻部相近之條件，以約
束規範之，則凡雙聲字皆可聲隨義轉，亦泛濫而無所止歸。故大昕此說，尚
宜商榷，未可以爲信然也。

〔註344〕〈答問十二〉，《文集》卷十五，頁213。
〔註345〕〈答問十二〉，《文集》卷十五，頁212～213。

四、論南陔六詩

六笙詩者，《儀禮》所載〈南陔〉、〈白華〉、〈華黍〉、〈由庚〉、〈崇丘〉、〈由儀〉也。《儀禮》〈鄉飲酒禮〉、〈鄉射禮〉、〈燕禮〉皆工歌鹿鳴、四牡、皇皇者華。笙入堂下，磬南，北面立，樂南陔、白華、華黍。後間歌魚麗，笙由庚，歌南有嘉魚，笙崇丘，歌南山有台，笙由儀，此笙詩所由名也。

「儀禮之書，作於周末，去三百篇之世已遠，其云作樂歌鹿鳴諸詩，與詩旨亦不相涉，況其為笙詩于三百篇更奚與哉！自序詩者又出儀禮之後，見儀禮此文，以為三百篇中所遺者，于是妄以六篇之名入于詩中」。〔註346〕見儀禮以南陔、白華、華黍笙于鹿鳴三篇之後，故以之共為鹿鳴之什，見儀禮間歌以由庚、崇丘、由儀笙于魚麗，南有嘉魚，南山有台之中，故以之附于其後，既不見笙詩之辭，第據其名，妄解其義，以示序存而詩亡。由是傳之于世，詩有三百一十一篇矣。

按古所傳詩，唯三百五篇，孔子曰：「詩三百」，「誦詩三百」，史記孔子世家：「古詩三千餘篇，及至孔子，去其重，取其可施于禮義者三百五篇」，龔遂謂昌邑王曰：「大王誦詩三百五篇」，王式曰：「臣以三百五篇諫」。以及漢之讖緯諸書，亦無不言三百五篇者，此可証漢世從無三百一十一篇之說。然大昕論詩，本之於序謂：

> 詩人之志見乎序，捨序以言詩，孟子所不許。〔註347〕

斥朱子，「但言詩不必信序」，大昕既以詩之序為可信，故云：「六詩既有篇名，則必非無辭」，〔註348〕毛傳謂：「有其義而亡其辭」，鄭箋謂：「辭義皆亡」。而劉原父以「亡」作「無」，謂「南陔以下六篇，有聲無詩，故云笙不云歌」。〔註349〕鄭樵氏主其說，朱子亦本之，據《儀禮》「曰笙、曰樂、曰奏，而不言歌，則有聲無辭明矣」。嚴坦叔辯之云：「樂以人聲為主，人聲即所歌之詩也。若本無其辭，則亦無由有其義矣」。〔註350〕郝仲輿云：「辭生於心，聲托於器，樂由心聲，聲由辭生，有辭然後有聲，聲無辭不成章，所謂「鼓瑟而歌」者，手彈，口和，故曰「歌」，口吹而辭奏乎其中，故曰「笙」，曰「樂」，曰「奏」，未可以此為有聲無辭之証也。竹添光鴻云：「詩必有辭，

〔註346〕姚際恒《詩經通論》，卷十二，附論儀禮六笙詩。

〔註347〕《養新錄》卷一，詩序條，頁102。

〔註348〕〈答問三〉，《文集》卷六，頁71。

〔註349〕劉原父《七經小傳》。

〔註350〕嚴坦叔《詩緝》。

無辭安得爲詩。鄉射命太師奏騶虞，籥章逆寒暑，吹豳詩，鄭注：夫騶虞豳詩皆有辭，亦曰奏、曰吹，而不言歌，安得以南陔六詩言笙奏，而不言歌，遂斷以爲無辭乎？燕禮升歌鹿鳴，下管新宮。管，笙類，笙詩有聲無辭，則管詩亦當無辭。而《左傳》昭公二十五年，宋公享叔孫昭子賦新宮，謂之賦則有辭矣，儀禮，升歌笙入閒歌合樂各三終，於是工告樂正曰：正歌備，凡樂四節，爲詩十八篇，皆謂之歌，而可云六詩有聲無辭乎。」〔註351〕故大昕有「必非無辭」之言，更謂「附於什外，或進之什中，皆無不可」，惟以奏樂之次，移易詩之篇第。〔註352〕爲大昕所不以爲然；大昕云：

> 六詩既有篇名，則必非無辭，或附於什外，或進之什中，皆無不可，
> 至以奏樂之次，移易詩之篇第，則愚未敢以爲然。〔註353〕

又曰：

> 夫詩有詩之次，樂有樂之次，義各有取，不可強合，今依笙入三終，
> 間歌三終，以改小雅之次，似矣。而閒歌之後，即有合樂三終，其
> 所奏者，周南之關雎、葛覃、卷耳，召南之鵲巢、采蘩、采蘋也，
> 亦將移二南以入小雅乎？且采蘩之後，尚有草蟲一篇，又可移采蘋
> 於草蟲之前乎？更以春秋傳考之，金奏肆夏之三，工歌文王之三，
> 又歌鹿鳴之三，或頌或雅，隨時所用，豈皆依詩之序乎。〔註354〕

朱子《詩序辨說》云：「魚麗以下篇次，爲毛公所移」，因據儀禮考正篇次，升南陔、白華、華黍于魚麗之前，謂：「鄉飲酒禮，鼓瑟而歌鹿鳴、四牡、皇皇者華，然後笙入堂下，磬南北面立，樂南陔、白華、華黍，燕禮亦鼓瑟歌鹿鳴、四牡、皇皇者華。然後笙入立于縣中，奏南陔、白華、華黍。南陔以下，今無以考其名篇之義，然曰笙、曰樂、曰奏，而不言歌，則有聲而無詞明矣。所以知其篇第在此者，意古經篇題之下必有譜焉，如投壺魯薛鼓之節而耳。」〔註355〕朱子之據《儀禮》，則奏樂之次，非編詩之次，宜乎大昕所不爲然也。

五、繁徵博引，以申毛傳

綜觀歷代詩說之遞嬗，其演變之迹可謂紛煩錯雜，自義理之說勝，齊、

〔註351〕毛詩會箋。
〔註352〕〈答問三〉，《文集》卷六，頁71。
〔註353〕〈答問三〉，《文集》卷六，頁71。
〔註354〕同上。
〔註355〕同上。

魯、韓各爲序訓而以說相高。其後毛公又起而打倒三家，東漢鄭康成作詩箋，祖述毛公，又進一層。南北朝崇鄭、王，唐代兼重毛鄭，及有宋鄭樵朱熹出，遂毅然廢毛公詩序，另作新解，傳統《詩經》學爲之一變。清代崇漢非宋，則又轉而宗序，是古今說《詩》者多不同其解，人各一義。如此更端相循，靡有止極，此其故，詩義難明有以使然也。大昕治《詩經》尊《毛傳》，由文字聲音訓詁名物入手，博徵異說，以証《毛傳》之確詁：

> 問，吉士誘之，歐陽解爲挑誘，而東萊呂氏非之，謂詩人惡無禮，豈有爲此污行，而名吉士者，其義正矣。然毛傳訓誘爲道，亦不見於爾雅，何也？曰：釋詁：誘，進也。說文：誘與羑同，有進善之義，故亦訓爲道，論語：夫子循循然善誘人。儀禮鄉射大射，皆有司射誘射。詩序：衡門，誘僖公，皆此義也，誘又與牖通。詩：「天之牖民」，毛亦訓爲道，言貞女有潔清之操，士當以六禮道行之。
> 〔註356〕

毛傳簡奧，義每隱略，得大昕之釋，知誘與羑同，有進善之義，故亦訓爲道。毛公訓詩，三百篇中鳥獸艸木之名皆依《爾雅》爲說：

> 問，鵲巢之鳩，毛公以爲秸鞠，即布穀也，歐陽永叔乃謂別有拙鳥。處鵲空巢，今謂之鳩，與布穀絕異，後儒因舍毛而從歐陽，果可據乎？曰：詩中鳥獸草木之名，當以爾雅爲証。秸鞠爲鳲鳩，見於釋鳥，不聞別有拙鳥名鳩者，鳲鳩有均一之德，而婦人之義，亦主從一而終，故序云：德如鳲鳩也。善乎吳江陳氏之言曰：布穀之名鳩，載在經傳，歷有明徵，若拙鳥者，不詠於詩，不著於爾雅，又不在左傳五鳩之列，其冒名鳩者，俚俗之妄稱，召南詩人，安知宋世方言乎？且未聞言婦德者，徒取其拙也，斯爲解頤之論矣。〔註357〕

雖傳有不以《爾雅》爲說者，大昕謂此乃傳偶失其一，如：

> 問，三百篇中艸木之名，毛皆依爾雅爲說，惟北山有萊之萊，傳不明言何艸，正義云：萊爲艸之總名，非有別艸名爲萊，按此詩南北山對文，各指一艸一木，此句不當獨異。曰：釋艸：釐，蔓華。郭云：一名蒙華。說文：萊，蔓也，古文來釐通用，故萊或爲釐，臺

〔註356〕〈答問三〉，《文集》卷六，頁68。
〔註357〕同上，頁67。

萊皆有釋艸正文可證，傳偶失其一，然初不以爲艸之總名，正義所言誤也。〔註358〕

故大昕斥宋儒不信《爾雅》，而於經義多所窒礙，於〈詩經答問〉中，條舉朱注之不宗《爾雅》，而致詩義乖違者：

> 問，南有喬木，毛但以上竦釋喬，而朱氏傳乃以無枝增成之。按釋木云：小枝上繚曰喬，則似非無枝者。曰：吳江陳啓源嘗辨之，謂爾雅釋木篇，凡五言喬，未有言無枝者。一云：句如羽喬。一云：上句喬，句者言樹枝之卷曲，非無枝也。一云：如木楸曰喬，一云：槐棘醜喬，楸與槐棘，皆非無枝之木也。一云：小枝上繚爲喬，此又明言有枝矣。無枝之說，本於蘇氏，未知所據，或曰：爾雅，小枝上繚爲喬之下，即云無枝爲檄，兩文相連，因以致誤耳。〔註359〕

> 問，我將云：儀型式刑文王之典。朱注：儀式刑皆法也。古人文字，不應如此重沓。曰：儀訓善，釋詁有正文，宋儒不信爾雅，故於經義多所窒礙，如儀刑文王，儀式刑文王，儀當訓善。王于興師，王于出征，于當訓曰：心乎愛矣，遐不謂矣，謂當訓勤，依爾雅說，甚爲直捷，而必欲改之，斯亦通人之蔽矣。〔註360〕

大昕按：釋木云：小枝上繚曰喬，則非無枝者，以明朱注釋無枝之誤，証《毛傳》之確詁。並以釋詁正文以見朱注「儀式刑皆法也」之不可從。並糾孔疏之失引：

> 問，我行其野，篇言采其蓬，箋以蓬爲牛蘈，疏謂釋艸無文，然否？曰釋艸云：蘈，牛蘈，蘈蓬聲相近（按蘈透紐，灰韻蓬，澄紐，屋韻），鄭所見爾雅，當是蓬字，孔疏偶失引耳。下章蕾蕾，亦釋艸之正文，而疏亦失引。〔註361〕

故大昕說《詩》宗《毛傳》，兼重鄭箋：

> 問景員維河，毛鄭異解，當何所從？曰：說文：員，物數也，故其義爲均。濬哲篇，幅隕既長，毛亦訓隕爲均，景員爲大均，幅隕爲廣均，蓋七十子相承之故訓，後儒競出新意，終不如毛傳之正大。

〔註358〕同上，頁72。
〔註359〕〈答問三〉，《文集》卷六，頁67。
〔註360〕〈答問三〉，《文集》卷六，頁75。
〔註361〕同上，頁72。

〔註362〕

問，文王篇：假哉天命，毛鄭訓假爲固，於義似未安。曰：假與固聲雖相近，然假之訓大，則釋詁正文，漢書劉向傳，言孔子論詩，至于殷士膚敏，祼將于京，喟然嘆曰：大哉天命，善不可不傳于子孫，是以富貴無常，不如是則王公何以戒愼，民萌何以勸勉。其云大哉天命，即詩：假哉天命也。云：富貴無常，即詩天命靡常也，然則宣尼說詩，已訓假爲大矣。〔註363〕

以孔子、釋詁之說，証毛鄭之不誤，並詆後儒競出新意，終不如毛傳之正大。更以其小學之根柢，以申毛義隱晦處。

問，詩，又缺我銶，銶字，說文金部未收，未審何从？曰毛云：鑿屬曰錡，木屬曰銶，說文梂訓鑿首，即詩又缺我銶之銶，與毛解本屬相協，斧斨錡銶，皆民閒所用，非兵器。故毛傳以斧斨切於民用，喻國家之有禮義，今以爲征伐所用，失其義矣。〔註364〕

問，敬之篇：佛時仔肩，毛訓佛爲大，正義謂其義未聞，願聞其審。曰說文：奔，大也，从大弗聲，讀若予違汝弼，即此佛字。佛之訓大，猶墳之訓大，皆同位之轉聲也。毛公釋詩，自爾雅詁訓而外，多用雙聲取義，若泮爲坡，芭爲本，壞爲和之類也。或兼取同位相近之聲，如頠爲每，龍爲和，遡爲鄉，綴爲表，達爲射之類也。古人詁訓之學，通乎聲音，聲音之變無窮，要自有條不紊，唐以後儒家，罕聞其義，而支離穿鑿之解滋繁矣。〔註365〕

以佛之訓大，猶墳之訓大，皆同位之轉聲，凡此非古音之學不爲功。又：

既醉，室家之壼，傳訓壼爲廣，國語叔向引此章，而云：壼也者，廣裕民人之謂也，是壼之爲廣，自昔有此訓矣。古人先齊家而後治國，父子之恩薄，兄弟之志乖，夫婦之道苦，雖有廣廈，常覺其隘矣。室家之中，寬然有餘，此之謂壼。〔註366〕

問，雲漢篇，不殄禋祀，鄭以不殄爲不絕，如何？曰：殄，古腆字。

〔註362〕同上，頁75。
〔註363〕同上，頁73。
〔註364〕〈答問三〉，《文集》卷六，頁71。
〔註365〕同上，頁75。
〔註366〕《養新錄》卷一，壼條，頁98。

燕禮：寡君有不腆之酒，注：古文腆作殄，詩新臺篇：籧篨不殄，
鄭讀爲腆，此殄字亦當讀爲腆，不腆謂祀神之玉幣也。〔註367〕

大昕博學多聞，淹貫經史，故每以經証經之方法，以申毛鄭之說，此其例也。

除廣証經書外，又以史實參證而闡發《詩》義者，尚所在多有，如：

問，毛公說鄭詩，以狡童目昭公，鄭氏於山有扶蘇篇，改爲忽所
任用之小人，而狡童篇仍遵毛義，狡童之稱，固可施於君上乎？
曰：古本狡當爲佼，山有扶蘇箋云：狡童，有貌而無實，孫毓申
之，以爲佼好之佼，非如後世解爲狡獪也。狡童傳云：昭公有壯
佼之志，疏亦云：佼好之幼童，則佼童只是少年通稱，非甚不美
之名，且箕子嘗以目紂矣。衛武公刺厲王云：於乎小子，古人質
朴，不以爲嫌。〔註368〕

問，桑中篇：孟弋孟庸，毛公以弋庸爲姓，孔疏不能言其所出。
按春秋定姒，公羊作定弋，則弋與姒同，不識庸姓亦有可攷否？
曰：古書庸與閻通，左氏傳閻職，史記齊世家作庸職是也。漢書
谷永對策云：昔褒姒用國，宗周以喪，閻妻驕扇，日以不臧，閻
妻即小雅之豔妻，鄭氏以爲厲王后，尚書中候作剗閻，豔剗文異
義同，蓋其女之族姓，閻妻猶言姜女云爾，庸閻聲相近。書：毋
若火始燄燄，漢書引作庸庸，故知庸即閻也，或謂鄘古作庸，本
庸姓之國，即孟庸之所自出，此妄說，無據，古未有以姓名其國
者。〔註369〕

問，旄邱篇，褎如充耳，毛鄭異義，後儒多从鄭說，何也？曰：
詩言充耳者凡四，淇奧、著、都人士、皆取瑱義，此篇不當別取
耳聾爲解。充耳者，大夫之盛飾，有盛飾而德不稱，故詩人責之，
與候人刺三百赤芾，語意正同。傳以褎爲盛服，漢書董仲舒傳，
子大夫褎然爲舉首，服虔云：褎然，盛服貌，正用詩義也。陳啓
源云：淇奧篇以充耳爲美，此詩以充耳爲刺，盛飾鈞也，而稱不
稱焉，美惡不嫌同辭。〔註370〕

〔註367〕《文集》卷六，頁74。
〔註368〕〈答問三〉，同上，頁69。
〔註369〕〈答問三〉，《文集》卷六，頁69。
〔註370〕同上，頁68。

援引《尙書》、《春秋》、《漢書》，及箕子等之說，以申《毛傳》之不誤。大昕以治經之方法，發揚爲史學之研究，而又以史學上之成就，據以証經，貫通經史，學問之博，知識之富，罕有其匹。

大昕訓詁雖多依毛傳，然亦非「凡毛皆是」。如：

> 問，晨風篇：隰有六駁，毛以倨牙食虎豹之獸當之，似非其論。曰詩：中山有隰，有對舉者，皆草木之類，此六駁必艸木之名，其非獸名審矣。釋木云：駁，赤李，謂李之子赤者也，其即詩之六駁乎？
> 又釋艸云：梂，九葉，樊光本梂作駁。〔註371〕

大昕必求其本字確詁，參考互驗，曲証旁通，並探微補缺，實事求是，故所得過于前人，尊毛闢毛，務求其是，斯固大昕之宗旨也。亦決不出彼墨守，而入此膏盲，故於諸儒說詩，亦愼爲考辨而爲之取捨，以朱子論經能兼取北宋諸儒，以上通乎漢唐儒之說，朱子之由博返約深爲大昕所欽佩，故雖嘗斥朱注，亦有因後儒之誤會朱子，而爲朱子力辯者：

> 商頌：允也天子，降予卿士。箋云：天命而子之，下予之卿士，謂生賢佐也。唐石經及岳本、南北監本、毛本，日本國本，皆是予字，唯朱文公集傳本作于。臧在東云：嘗見元人所刻集傳，亦作予，蓋後來刊刻之誤，非朱子之誤也。〔註372〕

引臧在東之說，謂元人所刻《集傳》作予。而作于者，蓋後來刊刻之誤，非朱子之誤，又：

> 四月：爰其適歸，朱文公集傳，依家語訓爰爲何，然亦未嘗輕改經文，但於本句下注云：爰家語作奚而已，今流俗本刪去元注，直改經文作奚，此明代邨學究所爲，非朱傳之元本也。〔註373〕

朱子雖依《家語》訓奚爲何，然未嘗輕改經文，流俗本刪去元注，直改經文作奚，乃明代邨學究所爲，朱傳得大昕之說而得廓清誤說。

大昕於詩雖偏重毛鄭，於宋儒諸說，亦取朱子傳，然不爲集傳所囿。更不廢三家詩。大昕云：

> 日爲改歲，漢書食貨志：日作聿，見睍曰消。荀子、漢書劉向傳，並作聿消，予曰有奔走，予曰有先後，王逸楚詞注曰作聿，曰喪厥

〔註371〕同上，頁71。
〔註372〕《養新錄》卷一，降予卿士條，頁99。
〔註373〕同上，爰其適歸條，頁95。

國，韓詩曰作聿，是曰與聿通也。說文：欥詮詞也，引詩：欥求厥

寧，今毛詩作遹，遹聿同音，曰即欥之省文。〔註374〕

引韓詩曰作聿，而謂曰與聿通。又

周原膴膴，當從韓詩作腜腜，膴腜聲雖相近，而腜與飴、謀、龜、

止、時於韻尤協也，左思魏都賦：腜腜垌野，劉淵林注引詩：周原

腜腜。〔註375〕

從詩之協韻，及《文選》引《詩》以証當從《韓詩》作腜。又：

問，于嗟洵兮，毛訓洵爲遠，洵何以有遠義？曰：韓詩洵作夐。

夐，遠也，古讀夐如絢。說文：瓊，從夐聲，或作璚。春秋傳：

瓊弁玉纓，說文引作璚弁，則瓊、琄、璚三字，音義相同，敻亦

從敻省聲，此敻之正音也。敻又有營求之義，後人因轉爲朽正切，

然古人讀營亦有環音，如嫈本從營省聲，而與夐嬛通。詩：獨行

夐夐。釋文本亦作嫈，嬛嬛在疚，崔本作嫈。左氏傳：嫈嫈余在

疚，說文引作嬛，讀嬛如嫈，猶讀瓊如琄也。說文走部有趄字，

云：獨行也，讀若嫈，此即詩獨行夐夐字，趄正字，夐嫈皆借用

字，古人訓旬爲均，而匀字經典亦作旬，嫈既與趄同音，則夐與

洵音亦相近矣。〔註376〕

以《韓詩》洵作夐，並訓爲遠，更佐以《左傳》、《說文》以成毛說。蓋大昕
說《詩》，主博取古今人說，並証以經史之文，而不欲拘守家法以自限，惜夫
後之清儒多未能循此意旨而復作推展。

六、以石經宋本勘誤訂訛

清代學者，於經史子等方面之校注、辨僞、輯佚，所以能勝前人而倍加精
密者，大半皆因先求基礎於校勘。大昕才識超卓，由校勘字句之同異脫略，進
而是正經義，訂補史實。而其校勘多據石經以勘誤訂訛，憑善本以正俗正譌，
或據前人所徵引，記其異同，擇善而從。其治《詩》亦首校字句同異脫略：

桑柔：如彼遡風，唐石經本作愬，今磨改作遡者，宋人爲之也。李

善注文選月賦，引詩：如彼愬風。袁宏北征賦：感不絕于予心，愬

〔註374〕同上，曰與聿通條，頁90。
〔註375〕同上，腜條，頁95。
〔註376〕〈答問三〉，《文集》卷六，頁68。

流風而獨寫，正用此詩。〔註377〕

依石經本作慇，並証以前人之徵引。又從石刻知「云何盱」，中無其字：

> 何人斯：云何其盱，唐石經無其字，予初疑爲脫漏，頃見臧在東云：
> 卷耳，云何盱矣。都人士：云何盱矣，文法與此同，即三字爲句，
> 未始不可。箋云：於女亦何病乎，既何病連文，知中無其字矣，此
> 亦當從石刻。〔註378〕

又：

> 予尾翛翛，唐石經及宋光堯御書本，皆作翛翛，岳珂九經三傳沿革
> 例云：監本、蜀本、越本，皆作翛翛，興國本及建甯本作翛翛，是
> 宋刻翛、翛二字，各本互異，朱文公閩人，所據必建甯本。自朱傳
> 行，而世遂不復知有翛翛之本矣。說文羽部無翛字，當以翛爲正。
> 臧在東云：正義本作消消，云定本消消作翛翛，今正義本改翛爲翛，
> 唯岳氏九經三傳沿革例所引不誤。〔註379〕

> 臧在東云，今本鶴鳴于九皋五字爲句，案史記滑稽傳、論衡藝增篇、
> 風俗通聲音篇、文選東方曼倩答客難、後漢書注五十九、初學記一、
> 白帖一百九十四、文選注十三、又廿四、又四十三，皆引詩鶴鳴九
> 皋，無于字，賈昌朝群經音辨引詩，亦無于字，是北宋人尚見古本
> 也，唐石經有于字，今本並因之。〔註380〕

皆以石經校《詩經》之例也，亦有據《說文》以訂經傳者：

> 乘我乘駒，朝食于株。陸氏釋文本，駒作驕，云：音駒。沈云：或
> 作駒字，是後人改之，皇皇者華篇內同，而於皇皇者華，我馬維駒
> 之駒，則云：音俱，本亦作驕，當是後人依今本互易，非陸意也。
> 說文：馬高六尺爲驕，鄭箋亦云：馬六尺以下曰駒，與說文合，明
> 非二歲曰駒之駒矣，驕駒聲相近。故株林以韻株，皇皇者華以韻濡
> 諏，蓋讀驕如駒，非竟以駒代驕也，說文引詩，我馬維驕，是許所
> 見毛詩不作駒。〔註381〕

〔註377〕《養新錄》卷一，慇風條，頁98。

〔註378〕同上，云何盱條，頁94。

〔註379〕同上，翛翛條，頁91。

〔註380〕《養新錄》卷一，鶴鳴九皋條，頁92。

〔註381〕同上，驕條，頁89。

－406－

韓奕：其蔌維何，維筍及蒲。說文艸部無蔌字，惟彌部釁或作餗，云鼎實，惟葦及蒲，蓋即詩之維筍及蒲，但葦與筍字小異耳。許君序云：其偁詩毛氏，此文不稱詩，知出於三家本。又以推知許所見詩，其蔌字亦必爲餗也。郭景純山海經圖讚：赫赫三事，鑒於覆餗。蔌與餗同物，故許以葦蒲當鼎實，鄭注周易亦云：餗菜也，廣韻分茱茹與鼎實爲兩義，蓋失之。〔註382〕

上帝板板，當從爾雅作版版，說文只有版字，無板字，今毛詩家縮版之版从片，板板之板从木，分爲兩義，失其舊矣。古音方反兩字皆重脣，故訓方爲版。釋器：鉼金謂之飯，郭氏注引周禮，供其金飯，攷周禮職金，共其金版，注引爾雅，亦是版字，魏晉儒師，強立偏旁，妄生分別，故有从金从木之別。〔註383〕

凡此皆一一是正，務期諦當而止。

大昕於經，精審文字訓詁，以培其根柢，而以名物象數會其通，故能考訂精覈，持論名通，每樹一義，下一籤，輒能通古人之旨，而定千秋之是，其考訂多睿見，誠有功於詩學者也。又其文集中每有短條論說，發前人所未發，如：由書証古文書之多僞：

問：「公之媚子」，朱氏傳以爲所親愛之人，而嚴華谷直以「便嬖當之」，田獵講武，而以便嬖扈從，豈國家美事，詩人美君，殆不如是。曰：媚子之義，當從毛鄭，謂能以道媚於上下，使君臣和合者也。詩三百篇，言媚于天子，媚於庶人，媚茲一人，思媚周姜，思媚其婦，皆是美詞。論語：媚奧媚竈，亦敬神之詞，非有諂瀆之意，唯晚出古文尚書，同命有便辟側媚字，而傳訓爲諂諛之人，古文書多僞，此亦其一證也。王肅以子爲卿大夫之稱，其非便嬖可知。〔註384〕

論援賦釋詩，失詩人本怡：

問，左太沖蜀都賦云：嘉魚出於丙穴，說者謂即詩之嘉魚，乃爾雅釋魚篇，不見其名，何也？曰：詩言南有者多矣，樛木喬木，皆非木名，則嘉魚亦非魚名，猶之山有嘉卉，非有艸名嘉卉也。毛公言

〔註382〕同上，蔌條，頁98。
〔註383〕同上，板條，頁96。
〔註384〕〈答問三〉，《文集》卷六，頁70。

江漢之間，魚所產，其所該甚廣，賦家借用詩言，本非定名，後人又援賦以釋詩，展轉傅會，遂失詩人本恉。孔穎達說經，李善注選，俱不取以相證，則唐以前經師，無此說矣。〔註385〕

皆精微至要之言。又評孔沖遠之不諳推算，其言曰：

問：大雅正義引三統術，七十六歲爲一蔀，二十蔀爲一紀，積一千五百二十歲，凡紀首皆歲甲寅，日甲子，即以甲子之日，爲初蔀名。又引三統術，魯隱公元年，歲在己未，今漢志並無其，豈志有漏落乎？曰：孔沖遠不諳推算，其所述三統術，俱與本法不合，三統上元歲起丙子，以甲寅爲歲首，則乾鑿度之元也，而孔以爲三統，不亦謬乎。二十蔀爲一紀，亦乾鑿度術，與四分同，四分之法，三紀而爲一元，元首歲必甲寅，紀首或甲戌，或甲午，不皆甲寅，而孔亦未之思也。魯隱公元年，距伐紂四百歲，以三統歲術推之，歲當在甲寅，四分術無超辰之法，故命爲己未，相沿到今，而孔以爲三統，亦未之思也。〔註386〕

大昕學博而能一，通而近正，鄧灝若云：「惟東原戴氏足相伯仲」〔註387〕誠非過譽。

第五節　禮　學

禮之始，始於事神，故《說文解字》云：「禮，所以事神致福也。」其後蓋以事鬼神之儀文而用之於人事。如《莊子》所云：「擎跽曲拳，人臣之禮也。」寖漸衍爲人類行爲上之規範，如《左傳》所云：「夫禮，天之經也，地之義也，民之行也。」〔註388〕又云：「夫禮，所以整民也，故會以訓上下之則，制財用之節，朝以正班爵之義，帥長幼之序，征伐以討其不然。」〔註389〕九流十家之中，儒家尤爲崇禮，一則以禮涵蓋政治制度，一則以禮爲人生之規範，行爲之指導，故三禮之中而有《周禮》以言政府組織者，有《禮記》以申論禮之精神及作用，並藉《儀禮》以顯其用也。可見禮之重要，曾國藩云：「先王

〔註385〕同上，頁72。
〔註386〕同上，頁73。
〔註387〕鄧淳〈嘉定錢氏十駕齋養新錄跋〉，頁33。
〔註388〕左傳昭公二十五年，子太叔述子產語。
〔註389〕左傳莊公十三年，曹劌語。

之道，所謂修己治人，經緯萬彙者何歸乎，亦曰禮而已矣。」〔註390〕洵非過言，三禮之成爲經，雖未經夫子刪訂，考其實際，誠得聖人之心矣。禮制隆於周，衰於戰國，至漢而有專門之書，漢以下言禮者，莫過於鄭康成，而杜佑《通典》二百卷，號爲詳備，言禮者亦十居其六，自是以後儒者討論，無不以禮爲兢，蓋捨此則於先王修己治人之道，莫之求也。

　　錢大昕雖不以禮經纂述爲專門，然其研究，心得發抒，亦有不可廢者。大昕論禮之作見於《文集・三禮答問》、《養新錄》卷二、卷十三有關禮之禮記，及《文集》所收〈跋大戴記〉、〈儀禮管見序〉、〈跋儀禮集說〉、〈禘嘗說〉等。就其要者而論：一曰辨正禮記之成書，大小戴所傳者同尊。二曰特崇鄭玄之注，退斥他家之謬說。三曰駁正傳注之訛誤，證成禮經之確詁。四曰講求刊本，校正訛誤。

一、辨正禮記之成書，大小戴所傳者同尊

　　三禮經漢儒之掇拾闡發，成爲禮經之主，《周官》乃言官制，《儀禮》重在禮之儀文，雖不可缺，然較之《禮記》，其重要性頗有不如，雖朱子謂「儀禮，禮之根本，而禮記乃其枝葉。」然《禮記》內容殊爲廣泛，除「枝葉」儀禮之外，依近人廖平之見，尚有先師經說，子史雜鈔，且有不少篇目述及古逸禮及《周禮》、《左傳》、《孝經》者。〔註391〕可見《禮記》之內容，已不得以「枝葉儀禮」視之矣。《周禮》之官制既未行於後，《儀禮》之儀文，尤代有變易，故《禮記》之地位，日形重要而倍尊矣。《禮記》之纂輯，劉歆《七略》暨班固《漢志》均未論敘之，《隋書・經籍志》論禮記之成書云：

> 漢初，河間獻王又得仲尼弟子及後學者一百三十一篇以獻之，時亦無傳之者，至劉向考經籍，檢得一百三十篇，向因第而敘之，而又得明堂陰陽記三十三篇，孔子三朝記七篇，王史氏記二十一篇，樂記二十三篇五種，合二百十四篇。戴德刪其煩重，合而記之爲八十五篇，謂之大戴記。而戴聖又刪大戴記之書爲四十六篇，謂爲小戴記。漢末馬融傳小戴之學，融又足月令一篇，明堂位一篇，樂記一篇，合爲四十九篇。〔註392〕

〔註390〕《曾文正公全集》，聖哲畫像記，頁122。
〔註391〕《六譯館叢書今古學考》卷上，兩戴記今古文篇目表。
〔註392〕《隋書經籍志》論禮記之成書。

隋志所云，未明所本，歷代學者多疑之，陸德明《經典釋文‧敘錄》云：

> 劉向別錄云：古文記二百四篇，晉司空長史陳邵周禮論序云：戴德
> 刪古禮二百四篇爲八十五篇，謂之大戴禮，戴聖刪大戴爲四十九篇，
> 是爲小戴禮。〔註393〕

大小戴《禮記》之成書源流如此，後儒咸信之。案《後漢書‧橋元傳》云：「七
世祖仁，著禮記章句四十九篇，號曰橋君學。」仁即班固所謂小戴授梁人橋
季卿者，仁，成帝時人，其時已稱四十九篇矣，是無四十六篇之說也。錢大
昕論辯禮書之成書云：

> 漢志云：禮百三十一篇者，合大小戴所傳而言，小戴禮四十九篇，
> 曲禮檀弓雜記皆以簡策重多分爲上下，實止四十六篇，合大戴之八
> 十五篇，正協百三十一之數，隋志謂月令明堂樂記三篇爲馬融所足。
> 蓋以明堂陰陽三十三篇，樂記二十三篇，則見藝文志，故疑爲東漢
> 人附益，不知劉向別錄已有四十九篇矣。月令三篇，小戴入之禮記，
> 而明堂陰陽與樂記，仍各自爲書，亦猶三年問出於荀子，中庸緇衣
> 出於子思子，其本書無妨單行，記本七十子之徒所作，後之通儒各
> 有損益，河間獻王得之，大小戴各傳其學，鄭氏六藝論言之當矣。
> 謂大戴刪古禮，小戴又刪大戴禮，其說始於陳邵，而陸德明引之，
> 隋志又附益之。然漢書無其事不足信也。〔註394〕

又曰：

> 據喪服四制孔疏，別錄無此文，是志所云百三十一篇，在別錄止百
> 三十篇矣。加明堂陰陽王史氏五十四篇，再加三朝記及樂記二十篇，
> 適得二百四篇，隋志三百十四篇誤。〔註395〕

大昕論《漢志》禮百三十一篇，乃合大小戴所傳言，甚爲有識，然未協百三
十一之數。蓋大小戴之篇，有相同者六篇，而大昕未之計也。至於指大戴刪
古禮，小戴又刪大戴禮，大昕斥爲不足信，則後儒陳壽祺等辨之，〔註396〕已
成定論矣。

至於《大戴禮記》之篇目，大昕亦有辨析，因確認小戴非刪取大戴而成

〔註393〕陸德明《經典釋文敘錄》，《叢書集成續編》二，頁464。
〔註394〕《群經概論》第八章，第二節，禮記篇教，頁266。
〔註395〕同上。
〔註396〕《左海經辨》。

書，故大小戴同尊，大昕云：

> 大戴禮記八十五篇，史記索隱云：四十七篇亡，見今存者三十八篇，
> 自宋以來，相傳之本，篇弟始三十九，終八十一，中間闕者四篇，
> 重者一篇，實四十篇，視小司馬所稱多二篇者，唐以前無明堂篇，
> 後人從盛德篇析而二之，而遷廟釁廟兩篇，疑古本亦合爲一也。小
> 戴記經北海鄭氏表章，得列十經之數，而大戴之書無師授者，以致
> 亡佚過半，宋元以後，小戴記與易書詩春秋，列而爲五，而儀禮周
> 官，亦束之高閣，士夫之能讀大戴者，益以少矣。然兩家之記，要
> 各有所長，如夏小正勝於呂氏月令，武王踐阼較之文王世子爲醇，
> 而孔子三朝記七篇，曾子十篇，皆古書之僅存者，寔賴斯記以傳，
> 必軒彼而輕此，非通論也。學者惑於隋志之文，謂大戴之書，爲小
> 戴所刪取，然隋志述經典傳授，多疎舛不可信，鄭康成六藝論，但
> 云戴德傳記八十五篇，戴聖傳四十九篇，別無小戴刪大戴之説，今
> 此書與小戴略同者凡六篇，可證其非刪取之餘，詩正義引大戴禮辨
> 名記云：千人爲英。又引大戴禮政穆篇云：太學明堂之東序也，劉
> 昭注續漢書引作昭穆篇，漢書儒林傳服虔注：驪駒，逸詩篇名，見
> 大戴禮，今本皆無之，葢在逸四十七篇中矣。〔註397〕

其言誠爲有理，得大昕此論，方能於大小戴之禮書無所輕重，庶幾得其中正，
誠爲研究禮經者之明燈矣。

二、特崇鄭玄注，退斥他家之謬說

三禮之傳，多遵鄭玄所注，至唐而有孔穎達等之正義，宋代如櫟齋衛氏、
晦庵、勉齋、信齋諸大儒皆崇信之，至元而有敖君善之《儀禮集説》，於鄭注
賈疏，多「吹毛索垢，百計求勝。」而《禮記》至明有陳澔之《禮記集説》，
則以簡便行，實「用爲蒙訓則有餘，求以經義則不足。」而大昕則尊鄭注之
簡奧，認爲係不刊之書：

> 三禮之有鄭注，所謂縣諸日月不刊之書也。宋儒説經，好爲新書，棄
> 古注如土苴，獨儀禮爲樸學，空談義理者，無從措辭，而朱晦庵、黃
> 勉齋、楊信齋諸大儒，又崇信之，故鄭氏專門之學，未爲異義所汨。

　　至元吳興敖君善出，乃詆爲疵多醇少，其所撰集說，雖云采先儒之言，其實自注疏而外，皆自逞私意。非有所依據也。然自敖氏之說興，綴學者厭注疏之繁，而樂其易曉，往往舍古訓而從之。近儒方侍郎苞，沈徵士彤，亦頗稱其善，予雖不敢以爲然，而所得膚淺，閒有駁正，僅百之一二耳。同年友褚鶴侶，於經學最深，持論最平，從事禮經者，幾三十年，乃確然知鄭義之必可從，而敖說之無所據。嘗謂予曰：君善意似不在解經，而專與鄭立異，特其言含而不露，若無意於排擊者，是以入其彀中而不悟，至於說有不通，甚且改竄經文，以曲就其義，不幾於無忌憚乎？予益抵掌歎服，以爲篤論，然未得讀其全稿也。……夫經與注，相輔而行，破注者，荒經之漸也，敖書今雖未大行，然實事求是之儒少，而喜新趨便之士多，不亟辭而闢之，恐有視鄭學爲可取而代者，而成周制作之精意，益以茫昧，則是編洵中流之砥柱矣。
〔註398〕

既尊鄭注爲「日月不刊之書」，復惡君善之專與鄭立異，恐鄭注破而經荒，恐成周制作之精意因以茫昧，可見其微旨矣。又其〈跋儀禮集說〉云：

　　君善此書，不顯於元明之世，自納蘭氏刊入九經解，而近儒多稱之，其說好與康成立異，而支離穿鑿，似是而非。吾友褚刑部寅亮，有儀禮管見三卷，攻之不遺餘力矣，既夕篇，薦馬，纓三就，入門北面，交轡，圉人夾牽之，御者執策立馬後，哭成踊，右還出。哭成踊者，主人也，敖氏以爲圉人與御者，引雜記薦馬者哭踊證之。按彼疏云：馬是牽車爲行之物，行期已至，孝子感之而哭踊，是哭踊非薦馬者明矣。主人不哭踊，而圉人御者反哭踊，揆諸禮節，必非人情，敖之疏謬如此，乃譏鄭爲疵多醇少，豈其然乎。〔註399〕

是則見君善之書既行，惡其與康成立異，似是而非，故舉證以見敖氏之疏謬，以明敖氏譏鄭「疵多醇少」之非也。其意特在尊鄭氏之注，其所以尊之者，在斥他家之疏謬，非妄尊也。

三、駁正傳注之訛誤，證成禮經之確詁

　　禮經漢儒之研究闡揚，有師說，有家學，即所謂「其初專門授受，遞稟

〔註398〕〈儀禮管見序〉，《文集》卷二十四，頁345～346。
〔註399〕《文集》卷廿七，頁406。

師承，非惟訓詁相傳，莫敢同異，即篇章字句，亦恪守所聞。」故詁經之說，必尊漢儒，鄭玄之前，三禮皆無注本，後之各家，無不遵從鄭注，雖有立異好名者，亦不能取而代之。然鄭玄之訓注，頗失之簡奧，故眞義難明，大昕有補明之者：

> 既夕記，隸人涅廁，注：涅，塞也。案說文：涅，黑土在水中也。
> 涅無塞義，蓋即㪍字，書費誓：㪍乃穽，㪍塞也，涅㪍聲相近，故
> 借用涅字。〔註400〕

是鄭注簡奧，得大昕之釋說，知涅爲㪍之借字，故有塞義也。又

> 周禮草人，騂剛用牛，注：故書騂作挈，杜子春讀挈爲騂，予謂挈
> 無義，與騂聲不相近，當是墫字。說文：墫，赤剛土也，墫譌爲挈，
> 猶輕輿之譌爲興。〔註401〕

杜子春讀挈爲騂。挈、騂聲不相近，義亦玄隔，大昕認爲是墫字，殆以字形相近，而誤爲挈也。又：

> 師氏掌以媺詔王。媺，古美字，此字不見說文，非漏落也。古文微
> 與尾通，堯典犛尾，史記作字微。論語：微生畝，漢書作尾生畝，
> 媺从微，當與娓通。詩：誰侜予美。韓詩：美作娓。說文女部有娓
> 字，則該乎媺矣。帥與率亦古通用字，悉蟀即悉螰，說文有螰無蟀，
> 非謂螰不可作蟀也，徐鉉以蟀爲俗，蓋未諭許君之例。〔註402〕

媺字無注，得大昕之補釋而義方明，媺古美字，師氏之職掌方以明。又：

> 君子素其位而行。注：傃皆讀爲素。案注中傃素兩字當互易，鄭前
> 注素隱行怪云：素讀爲攻其所傃之傃，故此處省文，但云：素皆讀
> 爲傃耳，前後諸素字，鄭皆取傃義，而訓爲鄉。詩：如彼遡風。毛
> 傳亦訓爲鄉，遡素同音，又同義也。〔註403〕

解素爲風，此註家之恆訓也，而不知素傃二字當互易。又傃解作締，鄉者向也，君子素其位而行，義方圓通。大昕《十駕齋養新錄》中，類此補明鄭氏之注，條文無多，益證其乃讀書有得而後發，彌足珍也。

夫禮有古今之殊，名物有今昔之異，此鄭氏注禮時所不能預知者，必待

〔註400〕《養新錄》卷二，涅條，頁108。
〔註401〕同上，挈條，頁109。
〔註402〕同上，媺條，頁109～110。
〔註403〕同上，素位條，頁119～120。

後儒之訓釋也。大昕釋絖云：

> 士喪禮，緇衾，赬裏，無絖，注：絖，被識也，疏謂被本無首尾，
> 生時有絖，爲記識前後，予謂被之有絖，若今時當頭矣，絖當聲
> 相近。〔註404〕

鄭氏注絖爲被識，被識之義，今不能知，大昕解爲當頭，並引吳中方言以爲
證，於是讀者釋然，無古今之隔限矣。又

> 檀弓：有司以几筵，舍奠於墓左，反，日中而虞，注：舍奠墓左爲
> 父母形體在此，禮其神也。正義云：置於墓左，禮地神也。言以父
> 母形體所在，故禮其地神以安之，今世營葬，必於其側立石題后土
> 神，臨葬設酒脯祀之，蓋古禮也。〔註405〕

古今禮俗不同，今墓側立石祀后土之神，乃出《禮記・檀弓》，得大昕之說，
方明其所以然。又經注常有誤解者，致誤之原因不一，若不得後儒之抉發，
則誤失必厥義難求矣。如：

> 郊特牲昕之爲言敬也。釋文：昕音祈。案說文無昕字，當與祈同，
> 祈敬聲相近也。少牢禮：主人羞胈俎。注：胈，敬也。士虞記：用
> 尃膚爲折俎。注：今文字爲折俎，而說以爲胈俎，亦甚誣矣。據鄭
> 所言，知當時固有作胈字者，許君不收胈字，疑亦以折俎當胈俎，
> 但意與鄭義不同耳，折從斤，亦當有祈音。檀弓：吉事欲其折折爾。
> 注引詩好人提提解之，蓋讀折如提也，古音提與祈相近，如左傳提
> 彌明或作祈禰明也。〔註406〕

> 周禮肆師，及其祈珥注：故書祈爲幾，杜子春讀幾爲祈。又尤人，
> 凡幾珥沈辜，注：鄭司農讀幾爲𢽁，引周禮，祭山曰庪縣，然則幾、
> 祈、𢽁、庪四字，同音亦同義也。管子山高而不崩，則祈羊至矣，
> 祈羊，謂庪縣之羊。〔註407〕

胈之與折，音義不同，若非大昕之考証明確，則誤折俎爲胈俎矣。又：

> 大學，此之謂自謙。注：謙讀爲慊，慊之言厭也，疏以厭爲安靜之
> 貌。案詩：厭厭夜飲。毛云：厭厭安也，厭安聲相近，故展轉相訓。

〔註404〕同上，絖條，頁108。
〔註405〕同上，禮地神條，頁115。
〔註406〕同上，胈條，頁118。
〔註407〕同上。

> 王子淵洞簫賦：清靜厭瘱。說文：瘱，靜也，厭瘱雙聲，故兼有靜
> 義，所謂靜而后能安也。〔註408〕

鄭注讀謙爲慊，其義爲厭，疏訓厭爲安靜之貌，雖未誤解其義，然未明其本
原，得大昕之說，方知厭瘱之相假相訓，而義大明也。又：

> 鄉飲酒義降說屨升坐，修爵無數，熊氏以修爵爲行爵，後儒無異說。
> 愚案鄉飲酒禮云：說屨，揖讓如初。升堂，乃羞，無算爵，經文本
> 無修字，始悟修乃羞之誤，聲相近也。羞字爲句，禮所云乃羞也，
> 爵無數爲句，禮所云無算爵也。〔註409〕

誤羞爵爲修爵，至大昕方研論而明之，雖關涉不大，然得確估，明誤解，使
人得渙然冰釋之樂矣。

四、講求刊本，校正訛誤

　　書經三寫，即有魯魚亥豕之誤，況古籍由篆而隸，由隸而楷，歷此之變，
訛誤已多，況又經千百人之抄錄乎。故治經者，莫不兢兢於版本校勘，以茲事
體大，欲得古典之原始面目，非由版本校勘入手不可。校勘首在重版本，唐以
前爲抄本，宋以後方有刻本。清人之重宋刻本，以其最近於古，故彌足珍貴。
木簡、唐抄本之發現，乃近世之事，大昕無由得而知也。除宋刻本之外，可得
而運用者，爲石經，尤以漢、唐之石經，最爲可貴，大昕遂取以校禮經：

> 士冠禮，筵未坐啐醴，捷柶興。唐石經捷作建，案士昏禮亦有坐啐
> 醴建柶興之文，則石經是也。鄭注當云：建柶及柶于醴中，陸德明
> 所見本，扱柶之扱作捷。故音義云：捷柶，初洽反，又作錔，又作
> 扱，此爲注音，非經有捷字也。宋人刻釋文者，誤疑經文作捷柶，
> 并注中建字，亦改爲捷，曾不一檢士昏禮文，沿譌數百年，賴有石
> 經正之，此石經所以可貴也。〔註410〕
>
> 摯正字，贄俗字。士冠士昏二篇，皆用摯字，獨士相見篇皆作贄，
> 蓋張淳所改。唐石經本作摯，北宋刊本猶然。〔註411〕
>
> 小功章，大夫之妾，爲庶子適人者，唐石經初刻，爲下有君之二字，

〔註408〕同上，厭條，頁119。
〔註409〕同上，修爵條，頁125。
〔註410〕同上，建柶誤作捷柶條，頁105。
〔註411〕同上，摯條，頁106。

後磨改去之。予案注云：君之庶子，女子子也，則經文尚有君之二字。大功章，大夫之妾，爲君之庶子，正與此文同。今本皆無此二字，蓋從唐人磨改本，予嘗謂石經初刻本有勝於改本者，惜其文多曼滅，不能一一辨認耳。〔註412〕

以上諸條，乃以石經校禮經之成果，惟石經多係殘餘，可作校勘者不多，故大昕所能運以校勘亦止以上數條，然亦有合文字石經以校者：

瞿中溶云：禮經朴字，鄉射篇凡十五見，取朴一，倚朴一，去朴六，撻朴六，與朴一。大射篇凡廿一見，取朴一，去朴七，撻朴九，倚朴三，石經初刻並從，後磨改從才，其有未經磨改而作朴者皆朱梁補刻。案古無扑字，說文木部，朴訓木皮，鄭注取朴云：朴所以撻犯教者，蓋古人止用木板撻人，以爲教學之，其物即名曰朴。虞書所謂朴作教刑是也。後人緣扑有撻意，遂改從手。張參知朴不從手，故五經文字手部不收此字，九經字樣乃收之。則此磨改之弊。或即出於唐元度之手，今本皆沿其謬矣。〔註413〕

綜此數例，校勘禮經之效果雖不彰，然其法式則可循也。此外則依古今所見板本不同，以爲考較，而得定解，如：

問：曲禮七十曰老，公羊疏乃云：今曲禮七十曰耋，豈徐彥所見本特異乎？曰：陸德明釋文云，本或作八十曰耋，九十曰耄，徐所見者，蓋即此本，故引以証何氏六十稱耋之異同，後來轉寫，誤八爲七耳。八十曰耋，見於毛詩故訓傳，又見於許氏說文，厥後劉熙釋名，王肅注易，郭璞注爾雅，皆主此義。易：大耋之嗟，鄭注謂年踰七十，亦與毛許義不遠，曲禮有曰耋二字者，當是古本，而陸以爲後人妄加，蓋失之矣。何氏六十稱耋之說，與犍爲舍人注爾雅相同，服虔注左傳，又云：七十曰耋，蓋漢人說耋義各不同，要當以八十爲正也。〔註414〕

又引他本互較，而定其是非者。

問：禮運云：鳳以爲畜，故鳥不獝。麟以爲畜，故獸不狘。注獝狘，飛走之貌，正義謂獝然驚飛也，狘然驚走也，獝狘二字，說文皆無之，獝爲鳥飛，似不應從犬旁。曰：陸氏釋文獝本作矞，周禮大司

〔註412〕同上，君之庶子條，頁106。
〔註413〕同上，朴條，頁107。
〔註414〕《文集》卷八，〈答問五〉，頁93。

樂注引此文，亦作喬，俗本从犬者，誤也。公羊傳：陳侯鮑卒，曷爲以二日卒之，怴也。注，怴者，狂也，怴與狌，音義同。說文：瘷，狂走也，讀若欸，怴狌皆瘷之異文，當以瘷爲正字，或作怴。洪範五行傳，禦聽于怴攸，鄭康成讀怴爲獸不狌之狌是也。說文走部有趬字，訓狂走，即鳥不喬之喬。張衡東京賦：捎魖魅，斮獝狂，薛綜注：獝狂，惡屬之鬼名。埤蒼云：獝狂，無頭鬼也，喬本有狂義，因喬狂連文，并喬字亦加犬旁，猶展轉之展作輾，鈇質之質作鑕也。〔註415〕

此則一引經典釋文，周禮‧大司樂注，以証俗本之非，一引《說文》，以証喬趬義同，以明猗字之爲俗字。又：

問，曲禮內則，俱有男女不同椸枷之文。鄭云：椸，可以枷衣者。又云：竿謂之椸。釋器云：竿謂之箷，是椸箷同物，說文無此二字，何故？曰：陸氏釋文，內則篇本作杝。說文，杝訓落，其字承柵之下，當解爲藩落之落，非虚字也，李巡本爾雅作箷，箷假借字。〔註416〕

此則引經典釋文，以証曲禮‧內則之「椸」，當作杝也。因校勘而及板本，尤係學者實事求事之通例，大昕則極重黃蕘圃所藏之宋板禮儀。《養新錄》云：

吳門黃蕘圃所藏，每葉廿八行，行廿四字，每卷末記經注字數，末卷又總計經注字數，士冠禮建枊，今本誤建爲捷，此本經注皆不誤。〔註417〕

又云：

儀禮疏五十卷，亦黃蕘圃所藏，自卷廿二至卷廿七皆闕，每葉卅行，行廿七字，末卷有大宋景德元年校對，同校，都校諸臣姓名，及宰相呂蒙正，李沆，參政王旦，王欽若銜名，眞北宋板也。唐人撰九經正義，宋初刑昺撰論語、孝經、爾雅疏，皆自爲一書，不與經注合并。南宋初乃有併經注正義合刻者，士子喜其便于誦習，爭相放效。其後又有併陸氏釋文附入經注之下者，陸氏所定經文，與正義本偶異，則改竄釋文以合之，而釋文亦失陸氏之舊矣。予三十年來，所見疏與注別行者，唯有儀禮爾雅兩經，皆人世稀有之物也。〔註418〕

〔註415〕同上，頁 95。
〔註416〕同上，頁 94。
〔註417〕《養新錄》卷十三儀禮注小字宋本條，頁 664～665。
〔註418〕同上，儀禮疏單行本條，頁 665。

荛圃為極負盛名之藏書家，大昕所推崇者，在此二宋板《儀禮》之佳善，一則曰：「此本經注皆不誤。」一曰：「三十年來，所見疏與注別行者，唯有《儀禮》、《爾雅》兩經，皆人世稀有之物也。」在嘉其未更改《經典釋文》，以從《正義》，得以資考正也。

大昕深於小學，尤精說文，故於三經，常以小學研究之心得，以解字說經，其創獲有超出前人者：

> 問，明堂位，俎用梡嶡，注，梡始有四足也，嶡為之距，嶡字說文未收，从山於義無取。曰陸氏釋文：嶡又作橛。說文：撅从手，有所把也。夏后氏俎用梡，止有四足，殷人加以橫距，謂之撅者，取其手可把持，又謂之距，距橛聲相近也。〔註419〕

> 問，內則有櫛縱。注：縱，韜髮者也。說文無縱字，未審當何從？曰：士冠禮：緇纚廣終幅，長六尺，注：纚一幅，長六尺，足以韜髮而結之矣。士昏禮：姆纚笄，注：纚，韜髮，亦廣充幅，長六尺，纚即縱之異文也。史記周本紀，其罰倍纚，徐廣云：一作莥，五倍曰莥，莥與纚同，故縱亦與纚同。鄭箋柏舟詩，引禮，世子昧爽而朝，亦櫛纚笄總，正作纚字。〔註420〕

> 問，內則免薧之免，鄭解為新生者，其義何取？曰：說文：鬽，生子齊均也，婦人妊子初生為鬽，故艸木之新生者亦名鬽，免即鬽之省文，古讀免如問，與萌聲亦相近，薧本蒿里字，借為枯槀之槀。〔註421〕

> 問，冠帶垢，和灰請漱，與盥瀨之瀨異義。曰：說文，漱，盪口也，涑，澣也，涑與漱異文，亦異義，曲禮諸母不漱裳，及內則和灰請漱字，皆當為涑。〔註422〕

> 問，聘義：縝密以栗。注，縝，致也。說文無縝字，當用何文？曰：縝當从禾旁，詩：集于苞栩，傳：苞，稹也，釋文云，本又作縝。鄭箋云，根相迫迮稇致也，與此注訓縝為致同。〔註423〕

> 問，曲禮恭敬撙節之撙，不見於說文，何也？曰：撙當為剸。說文：

〔註419〕〈答問五〉，《文集》卷八，頁96。
〔註420〕同上。
〔註421〕同上，頁97。
〔註422〕同上。
〔註423〕同上，頁99。

剸，減也。又荀子不苟篇，恭敬縛屈，仲尼篇，尊貴之則恭敬而傅，其義皆與撙同。〔註424〕

問，鄉師，巡其前後之屯。注，故書屯或爲臀，鄭大夫讀屯爲課殿，課殿之文，賈氏未審所出，敢問何謂？曰：古文尻臀字，本作屍，殿从屍得聲，臀又从殿取聲。人之一身，臀居其後，軍後曰殿，亦取斯義，漢時課吏有殿最之法，亦以居後爲殿也。杜子春讀爲在後曰殿，與課殿之義同，後鄭以殿既爲後，則上文不應更著前後字，故改從屯耳。〔註425〕

問，牛人職云，軍事共其犒牛，春秋傳亦屢見犒師之文，而說文無犒字，張有復古編，謂即鎬字，果何所據。曰，經典無以鎬與犒通者，唯玉篇云，犒與鎬同，故謙中從之，其實不足據也。攷牛人疏云，將帥在軍枯犒，賜之牛，謂之犒牛。又大行人職云，若國師役，則令犒禬之。注，故書犒爲稾，鄭司農云，稾當爲犒，謂犒師也。左傳：公使展喜犒師，服虔注，以師枯稾，故饋之飲食，然則犒本从木，後人因此犒牛字，妄改爲牛旁爾。〔註426〕

問，守祧，掌先王先公之廟祧。注：故書祧爲濯，說文無祧字，今以濯代之，未審可否？曰：集韻：祧古作濯，濯非古字，蓋本作濯，後人以偏旁相似，改从示耳。古書从兆从翟之字，多相通借。詩：佻佻公子，韓詩作嬥嬥。書顧命：王乃洮頮水。鄭訓洮爲濯，則濯亦有洮音。許君習周官古文，不別出祧字，蓋亦以濯爲祧也，鄭康成注祭法云：祧之言，超也，超上去意也，超祧聲亦相近。〔註427〕

問，玉人，天子用全，上公用龍，侯用瓚，伯用將，說文：龍爲駹，將爲垍，先鄭讀龍爲尨，與許叔重義頗協，唯將垍二文，音義全別，何歟？曰：將當依說文爲垍，玉石半相垍也，將不得義，或係後人轉寫之譌。〔註428〕

〔註424〕同上，頁93。
〔註425〕同上，頁100。
〔註426〕同上，頁101。
〔註427〕同上。
〔註428〕同上，頁102。

問，玉人注，瓚讀如饡屬之屬，說文無屬字，未審其音義。曰：據玉篇，屬即饡之古文，說文云：饡，以羹注飯也。禮記內則云：小切狼臅膏，以與稻米爲酏。注：狼臅膏，臆中膏也，以煎稻米，則似今膏饡矣。釋名，饘，饡也，以米糝之，如膏饡也。賈疏謂漢時有膏饡，蓋本內則注。集韻：屬，以膏煎稻爲酏，與賈疏合，凡從贊之字，皆有相佐義，故鄭以瓚爲雜名。〔註429〕

又問，說文：饘與㡭同，㡭也，與此注饘屬義似異？曰：饘酏聲相近，內則饘酏之酏，注亦訓爲粥，而於小切狼臅膏以與稻米爲酏句，則云：此酏當從餰，破酏爲饘，取其聲相轉，是鄭意以饘當膏屬，與馳訓粥者不同矣。賈侍中說酏爲㡭，許君則訓酏爲黍酒，而兼存賈說，鄭注亦與賈同。〔註430〕

問，玫工記，梓人矢人篇，皆有矤字，說文無杀部，從閃亦無義。曰：此即籀文殺字，凹譌爲門，又譌爲人，非別有字矤字也。周禮多古文，後人不通六書，任意更改，如爨爲爨，嗇譌剖，全失製字之恉。〔註431〕

若是之類，繁有其例，或以音同聲近而假借之理，求其本字，以明經義；或以禮經用字之或體、異文，大昕求得其本字確義，而以之釋經，其義遂顯；或禮經用字，時有訛誤，大昕正其謬，得其正詁而義以明。凡此雖非大昕之獨造孤詣，然以其深於小學，故所得爲獨多。

大昕博學，於經根底尤深，極盡熟讀強探之功，功力既醇，心得以出，於是能以經證經，甚得聖人製作之旨。《文集》中論禘嘗說云：

宗廟之禮，莫重乎禘嘗，禘嘗皆時祭也。而春秋爲大，故祭統謂之大嘗禘，禮家恒以禘嘗與郊社竝言。曾子問云：嘗禘郊社，尊無二上。又云：天子嘗禘郊社，五祀之祭，祭統云：外祭則郊社是也。內祭則大嘗禘是也。中庸云：明乎郊社之禮，禘嘗之義，郊特牲篇首，亦先言郊社稷，次及禘嘗，禘嘗之義大矣。郊社禘嘗之祭，歲常行之，故禮家以是爲大，而三年五年之禘祫不及焉，爲其不常舉也，祭義郊特牲，皆稱春禘秋嘗，而王制祭統，則云春礿而夏禘。周官大宗伯，詩小雅，又有祠禴而無禘，漢儒彌縫

〔註429〕同上，頁103。
〔註430〕同上。
〔註431〕同上。

其義，以春禘爲夏殷之禮，又或破禘爲論，以予攷之，禘者，大
祭之名，不必拘於一時。時祭以禘嘗爲大，而禘有樂，嘗無樂，
則禘又大於嘗，古音，於禘也，發爵賜服，饗孤子，於春祠行之，
故曰春禘，亦或於夏禘行之，夏之始，可以承春故也。一歲之中，
惟禘嘗爲大，其它二祭，則禮差省矣。易曰：東鄰殺牛，不如西
鄰之禴祭。又曰：孚乃利用禴，先儒以禴爲祭之薄者，蓋禴而不
行禘禮者也。中庸稱武王周公之達孝，先言春秋修其祖廟，後言
禘嘗之義，則春禘秋嘗，固周制矣，而以爲夏殷之制，其不然乎。
說中庸者，或以禘爲三年大祭，證以祭義、祭統、郊特牲諸篇之
文，知其爲時祭無疑。〔註432〕

大昕解禘嘗之禮，以《禮記》經文爲主，引《詩》、《易》、《周官》等經文，
証明禘嘗爲時祭，以破漢儒調停之說，並暗指朱子章句之不當，朱子云：「禘，
天子宗廟之大祭，追祭太祖之所，自出於太廟，而以太祖配之也。」禘既爲
時祭，則無此分別之必要矣。又：

問，緇衣一篇，其文大似論語，其云教之以德，齊之以禮，則民有
格心。教之以政，齊之以刑，則民有遯心。下之事上也，不從其所
令，從其所行，謹於言而愼于行，生則不可奪志，多聞，質而守之，
多志，質而親之，南人有言曰，人而無恒，不可以爲卜筮，古之遺
言與。易曰，不恒其德，或承之羞，皆與論語同，劉歆以爲公孫尼
子所作，公孫氏殆七十子之徒，故得聞孔子之緒言歟！曰：愚嘗讀
舊唐書，載沈約之言云，中庸表記坊記緇衣，皆取子思子，其詞純
粹平易，非子思子不能作也，鄭康成注論語不可以作巫醫不能治無
常之人也，其注不占而已句云，易所以占吉兇，無常之人，易所不
占也，皆依緇衣爲說，以經解經，信而有徵，衛瓘云，無恒之人，
不可以爲巫醫，巫醫則疑誤人也，此朱注所本，然於下文不占之義，
終難通矣。〔註433〕

此一則考証，有以見大昕讀書之用心，與史實之熟，又以經証經解經，明乎
鄭康成之注，在朱子之上。

　　大昕言禮，亦有佚乎考証訓詁之外，而截斷眾流，自出新解，而得夫先

〔註432〕〈禘嘗說〉，《文集》卷三，頁40。
〔註433〕〈答問五〉，《文集》卷八，頁99～100。

王制禮之用心者：

> 問，婦人之義，從一而終，而禮有七出之文，毋乃啓人以失節乎？
> 曰：此先生所以扶陽抑陰，而家道所以不至於窮而乖也。夫父子兄
> 弟，以天合者也，夫婦以人合者也，以天合者，無所逃於天地之間，
> 而以人合者，可制以去就之義。堯舜之道，不外乎孝弟，而孝弟之
> 衰，自各私其妻始，妻之於夫，其初固路人也，以室家之恩聯之，
> 其情易親。至於夫之父母，夫之兄弟姊妹，夫之兄弟之妻，皆路人
> 也，非有一日之恩，第推夫之親以親之，其情固已不相屬矣。矧婦
> 人之性，貪而吝，柔而狠，而築里姑姊之倫，亦婦人也，同居而志
> 不相得，往往有之，其真能安於義命者，十不得一也。先王設爲可
> 去之義，義合則留，不合則去，俾能執婦道者，可守從一之貞，否
> 則寧割伉儷之愛，勿傷骨肉之恩，故嫁曰歸，出亦曰歸，以此坊民，
> 恐其孝衰於妻子也。然則聖人於女子，抑之不已甚乎？曰：去婦之
> 義，非徒以全丈夫，亦所以保匹婦，後世閭里之婦，失愛於舅姑，
> 讒間於叔妹，抑鬱而死者有之，或其夫淫酗凶悍，寵溺嬖媵，凌迫
> 而死者有之，準之古禮，固有可去之義，亦何必束縛之，禁錮之，
> 置之必死之地，以爲快乎。先儒戒寡婦之再嫁，以爲餓死事小失節
> 事大，予謂全一女子之名，其事小，得罪於父母兄弟，其事大，故
> 父母兄弟不可乖，而妻則可去，去而更嫁，不謂之失節，使其過在
> 婦歟，不合而嫁，嫁而仍窮，自作之孽，不可逭也。使其過不在婦
> 歟，出而嫁於鄉里，猶不失爲善婦，不必強而留之，使夫婦之道苦
> 也。自七出之法不行，而牝雞之司晨日熾，夫之制於婦者，隱忍而
> 不能去，甚至於破家絕嗣，而有司之斷斯獄者，猶欲合之，知女之
> 不可事二夫，而不知失婦道者，雖事一夫，未可以言烈也。知臣之
> 不可事二君，而不知失臣節者，雖事一君，未可以言忠也，此未諭
> 先王制禮之意也。〔註434〕

其論夫妻之結合爲「人合」，父子兄弟爲「天合」，乃確認血親關係在姻親之
上，七出之條，常人多認爲係迫害女性，保障夫權之吃人禮教，得大昕之論，
則知亦保全婦女之一法。至於認爲七出之法不行，而「牝雞之司晨日熾，雖
爲過激之言，然其於論女子再嫁不爲失節，則遠出迂儒之見，有此卓見，禮

〔註434〕同上，頁 994。

教方不至「吃人」也。

　　大昕不以禮學名家，由於深於小學，留心板本，誦習功課，知類通達，故於三禮著墨無多，而成績斐然，由上所述，可見其概要矣。

第六節　春秋學

　　《春秋》爲儒家六經之一，揆其性質，本係史類，《漢書·藝文志》云：「左史記言，右史記事，事爲《春秋》，言爲《尚書》。」雖然後儒疑之：蓋記事記言，殊非不相連屬之二事，又何能此疆彼域，析分清楚乎？《史記·孔子世家》：「久觀周禮之舊法，遵魯史之遺文，據行事修人道，就敗以明罰，因興以立功，假日月而定曆數，藉朝聘而正禮樂，微婉其說，志晦其文爲不刊之言，著將來之法。」〔註435〕孔子因魯史，以修二百四十二年之事，《史記·十二諸侯年表序》：「孔子作春秋，上記隱，下至哀之獲麟，約其辭文，去其煩重，以制義法，王道備，人事浹。」於是由史而經，蓋聖人微言，奧義寓焉。故於史而言係述，於義而言係作，惟以辭寡義隱，故口授弟子時，必有發揮解釋，弟子受其傳，乃有三傳之作。

　　《春秋》之學：繫乎三傳最大，歷代研求議論者不乏其人，如《四庫全書總目》云：

　　　　六經之中，惟易包衆理，事事可通，春秋具列事實，亦人人可解，

　　　　一知半見，議論易生，著錄之繁，二經爲最。〔註436〕

可見言《春秋》之多，而於三傳，尊此抑彼，亦各有異同。大昕非專治《春秋》者，故無專著，今可見者，唯《文集》卷七《三傳答問》一卷，卷二〈春秋論一、二〉及《養新錄》卷二有關春秋之讀書札記耳，觀其議論所及，考釋研求，則不外：（一）言春秋之義例，究明其是非。（二）論三傳之異同，考定其是非。（三）就注疏之差別，考求其確詁，今就以上三點，述大昕春秋之學。

一、言《春秋》之義例，究明其是非

　　《春秋》一書，寓微言大義，首發其義者爲孟子，孟子云：「孔子成《春秋》，而亂臣賊子懼。」昔賢無疑之者，朱子云；「愚謂孔子作春秋以討亂賊，

〔註435〕《史記·孔子世家》標點本，頁1944。
〔註436〕《四庫全書總目》卷二六，頁536。

則致治之法，垂於萬世，是亦一治也。」〔註437〕然大昕疑之而又闡發其理云：

> 問，孟子言孔子成春秋，而亂臣賊子懼，愚嘗疑之，將謂當時之亂
> 賊懼乎？則趙盾崔杼之倫，史臣固已直筆書之，不待春秋也。將謂
> 後代之亂賊懼乎，則春秋以後，亂賊仍不絕於史冊，吾未見其能懼
> 也。孟氏之言，毋乃大而夸乎？曰：孟子固言，春秋者，天子之事
> 也，述王道以爲後王法，防其未然，非刺其已然也。〔註438〕

大昕以爲在述先王之道，以爲後王法，防其未然耳，且就《春秋》書篡弒之
例，以宣明其義，誠有大過前人者，大昕云：

> 公曰撥亂世，反之正，莫近乎春秋。又曰：有國家者，不可以不
> 知春秋，前有讒而弗見，後有賊而不知，爲人臣子者，不可以不
> 知春秋，守經事而不知其宜，遭變事而不知其權，春秋之法行，
> 而亂臣賊子無所容其身，故曰懼也。凡篡弒之事，必有其漸，聖
> 人隨事爲之杜其漸，隱之弒也。於翬帥師戒之，子般之弒也，於
> 公子慶父帥師伐於餘邱戒之，此大夫不得專兵柄之義也，尹氏立
> 王子朝，在昭公之世，而書尹氏卒於隱之策，崔杼弒君，在襄公
> 之世，而書崔氏奔衛，於宣之策，此卿不得，世之義也。齊侯使
> 其弟年來聘，再見於春秋，爲無知之弒君張本也。母弟雖親，不
> 可使踰其分也，趙穿弒君，而以趙盾主惡名，穿之弒，由於盾也，
> 胥甲父與穿同罪，盾於甲父則放之，於穿不惟不放，且使之帥師
> 侵崇，盾尚得其辭其罪乎？侵崇小事，不必書而書之，所以正盾
> 之罪，且不使穿得漏網也，鄭公子宋弒君，而以歸生主惡名，歸
> 生正卿，且嘗帥師敗華元矣，力足以制宋，而從宋之逆，較之趙
> 盾，又有甚焉，不得託於本無逆謀也。楚公子比之弒君，棄疾成
> 之，而比獨主惡名者，奸君位也，而棄疾之惡，終不可掩，故以
> 相殺爲文，著其罪同。然比與棄疾，皆楚靈之弟，靈逐比而任棄
> 疾，卒死於二人之手，先書比奔晉，又書棄疾帥師圍蔡，明君之
> 昆弟，不可以愛憎爲予奪也。衛孫宵出其君，而以出奔爲文，衎
> 有失國之道也，貶衎則嫌於獎剽，故先書公孫剽來聘以見義，公
> 孫而干正統，其罪不可掩也。楚商臣蔡般之弒，子不子，父亦不

〔註437〕《四書集註》，頁2。
〔註438〕〈答問四〉，《文集》卷七，頁77。

父也，許止不嘗藥，非大惡而特書弒，以明孝子之義，非由君有失德，故楚蔡之君，不書葬，而許獨書葬，所以責楚蔡二君之不能正家也。楚成之事，與晉獻略同，子孝則爲申生，子不孝則爲商臣，而晉亦尋有奚齊與卓之弒，未有家不齊而國治者也。故晉獻之卒，亦不書葬也，書闔弒吳子餘祭，戒人君之近刑人也，書盜弒蔡侯申，戒人君之疏大臣而近小人也。欒盈之入曲沃，趙鞅之入晉陽，書之以戒大都耦國之漸，人臣不可專其私邑也。楚子虔弒子乾谿，書其地，著役之久也，君親出師，久而不歸，禍之不旋踵，宜矣。楚之強，莫強於虔，伐吳，執慶封，滅賴，滅陳，滅蔡，史不絕書，而無救於弒者，無德而有功，天所惡也。宋襄公用鄫子，楚靈王用蔡世子，皆特書之，惡其不仁也。且以徵二君之強死，非不幸也，宋公與夷，齊侯光，楚子虔，以好戰而弒，晉侯州蒲，以誅戮大臣而弒，經皆先文以見義，所以爲有國家者戒，至深切矣。左氏傳曰：凡弒君稱君，君無道也，稱臣，臣之罪也，後儒多以斯語爲詬病，愚謂君誠有道，何至於弒，遇弒者，皆無道之君也。其賊之有主名者，書名以著臣之罪，其微者不書，不足書也，無主名者，亦闕而不書，史之慎也，非恕臣之罪也。聖人修春秋，述王道，以戒後世，俾其君爲有道之君，正心修身，齊家治國，各得其所，又何亂臣賊子之有？若夫篡弒已成，據事而書之，良史之職耳，非所謂其義則竊取之者也。秦漢以後，亂賊不絕於史，由上之人，無以春秋之義，見諸行事故爾，故惟孟子能知春秋。〔註439〕

《春秋》之作，而亂臣賊子懼者，乃昭示後人，如何防微杜漸，使亂臣賊子不能行其篡弒也。其法在使大夫不專兵，卿不世及，親不逾分，毋有尾大不掉之勢。又篡弒之行，其責不僅在臣下，亦有在主上者。故無道之君，招致篡弒，則稱臣以責之，君道無虧，罪在臣者，則稱臣以責之，以見「凡弒君稱君，君無道也。稱臣，臣之罪也。」秦漢之後，亂賊不絕者，以君上不知春秋之義，不能行其教耳。是大昕足知《春秋》之義，能發明孟子之微恉矣。《春秋》書事，甚有義例，爲先儒所稱，然亦有義例不明，待後人之闡明者，大昕論書楚人誘殺蔡般及蔡世子有之義例云：

〔註439〕同上，頁77～79。

問，春秋有討賊之義，蔡般弒父自立，楚人誘而殺之，雖曰不義，與殺無罪者亦宜有別，春秋何以無異文？曰：楚虔亦弒君之賊，與蔡般同，自當從兩下相殺之例，然蔡般之罪，終所當絕，此當和前後參觀之。昭十一年，楚師滅蔡，執蔡世子有以歸，殺之，公羊傳曰：此未踰年之君也，其稱世子何，不君靈公，故不成其子也。誅君之子不立，非怒也，無繼也，夫有為般之世子，雖嗣立而不得書爵者，不成其為君也。春秋之法，諸侯有誅絕之罪者，其子雖無罪亦當廢，則討賊之義亦嚴矣，楚商臣亦犯誅絕之罪，而子孫享國且數十世，則有弒君不復見之例以絕之，亦未嘗漏網也。〔註440〕

問，春秋書世子者，皆宜為君之稱，蔡世子有何以獨為貶詞？曰：君薨未踰耳，稱子，書子則不見貶斥之義。書名又無當國之罪，故從其本號書之，般雖有罪，然蔡之臣民，奉以為君者十餘年，經亦嘗書蔡侯矣。有侯則宜有世子，不稱子而稱世子，從其本稱，非得正之稱，所謂美惡不嫌同辭也。齊商人蔡般，皆弒君之賊，春秋書之曰齊侯蔡侯，無貶詞者，已成君也。已成君，則從五等諸侯之例，非獎賊也，亂窮則同也。然商人終被弒亡，後般亦死楚虔之手，其子又慘死，天道果可畏哉？〔註441〕

楚人誘殺蔡般，不得與於討賊之例，以楚虔亦弒君之賊也。稱般子為世子，以般為蔡臣民所奉以為君已十年，經已稱為蔡侯，故亦稱為世子也，是未亂其義例矣。

周鄭交質，宋儒譏《左傳》之書事，為不明上下之分。蓋如二敵體之國也，大昕論其非云：

問，宋儒譏左氏書周鄭交質，以周鄭為二國，不知上下之分，其信然乎？曰：春秋譏交質，故穀梁云：交質子不及二伯，左氏亦有信不由中之戒，傳載交質，非一事，獨於此引君子之論以見例，凡交質之失，二國共之，君子非專為周鄭言之也。古者封建之世，王畿千里，為天子之國，自畿以外為列國，天子不自治之，故曰，古之欲明明德於天下者，先治其國，國治而後天下平。又曰：天下之本在國，王國與侯國，皆國也。天子有道，而天下諸侯朝之，謂之有天下，否則位號僅

存，所有者唯王國而已。殷之有天下舊矣，而孟子嘗言武丁朝諸侯，有天下，猶運之掌也，戰國之世，周鼎未改，而孟子書言三代之失天下，又云：王者之迹熄而詩亡，可証平王東遷以後，周僅有其國，不得云有天下，此王之所以爲風，而左氏以周鄭爲二國，亦紀其實耳。對鄭而言，故不言王而言周，漢初賈誼上疏，亦以漢與吳楚淮南諸國對言，當時未聞非之，後儒去古日遠，不攷封建之制，強立議論，要於經義無當也。〔註442〕

得大昕之說，知平王東遷，已失天下，僅有其國，不得云有天下，漢訓以明之，殊有理據。又發明《春秋》之書例云：

問，曲禮，諸侯滅同姓，名，春秋衛侯燬滅邢，邢衛固同姓矣。楚子虔誘蔡侯般殺之于申，楚蔡非同姓，何以亦書名？曰：禮云滅同姓者，滅天子之同姓也，陳蔡皆楚虔所滅，不於滅陳名虔，而於滅蔡名之，以其滅周同姓，尤惡之也，春秋之君，滅同姓者多矣，獨於二文見義者，蔡姬姓之大國，非漢陽諸姬可比，誘而殺之，其惡尤甚。衛，秉禮之國，文公又賢君，且邢衛同爲狄所滅，因齊桓仗義，得復社稷，乃瞰邢之弱而取之，於義尤不順，故亦絕之。〔註443〕

諸侯滅同姓書名，非僅指二國之同姓也，亦指滅周天子同姓之國也。得大昕之論，而《春秋》書事之義例益明。《春秋左傳》注，千古推杜預氏，以其於義例有發明之功也，然亦有漏遺而未採及者，大昕論之云：

問，後漢書鄭興說更始入關云，春秋書齊小白入齊，不稱侯，未朝廟故也，興習左氏春秋，此必左氏先師之說，而杜氏失於采用。

〔註444〕

小白入齊，經不書公子，左氏未著其說，杜氏未明其例，大昕引鄭興之說，以未朝廟，故不稱侯，亦未書公子，甚爲有據，然仍有可議。蓋朝廟之後稱侯，因經此禮而確定其侯位之身份，至於公子，則不待朝廟而確定，不可併論也。又《春秋》在褒善貶惡，而常人之論此，每多舛誤，大昕云：

春秋褒善貶惡之書也，其褒貶奈何，直書其事，使人之善惡無所隱而已矣。曰崩、曰薨、曰卒、曰死，以其位爲之等，春秋之例，書

〔註442〕同上，頁81～82。
〔註443〕同上，頁89～90。
〔註444〕同上。

崩、書薨、書卒，而不書死，死者，庶人之稱，庶人不得見於史，故未有書死者，此古今史家之通例，非褒貶之所在，聖人不能以意改之也。魯之桓公宣公，皆與聞乎弒者也，其生也書公，其死也書薨，無異詞。文姜，淫而與聞乎弒者也，其生也書夫人，其死也亦書薨，書小君，無異辭，書薨者，內諸侯與小君之例也，非褒之也。春秋不奪之也，然猶可曰此爲君諱爾，公子遂之弒其君之子，季孫意如之逐君，皆大惡也。其死也亦書卒，無異辭，書卒者，內大夫之例也，非褒之也，春秋不奪之也，然猶可曰此爲宗國諱爾。吳楚，僭王之君也，鄭伯寤生，射王中肩者也，宋公鮑，與聞乎弒者也，其生也書爵，其死也書卒，皆無異辭，書卒者，外諸侯之例也，非褒之也，春秋不奪之也，弒逆之罪大矣。以庶人之例，斥之曰死，可乎？曰：不可，是諸人者，論其罪，當肆諸市朝，僅僅夷諸庶人，不足以蔽其辜，論其位，則彼固諸候也，大夫也，夫人也，未嘗一日降爲庶人，而我以庶人書之，非其實矣，紀其實於春秋，俾其惡不沒於後世，是之謂褒貶之正也。後之學春秋者，乃有書死之例，其說本於檀弓曰：君子曰終，小人曰死，史家未有書君子之死曰終者，而獨書小人之死，吾不知其何義也。古書未有以死爲貶詞者，以舜之聖，而尚書曰，陟方乃死，死果不美之名乎？孔子曰：予死於道路乎。又曰：予殆將也，孔子肎以小人自居乎，死而不朽謂之令終，尚書謂之考終命，否則徒死而已，檀弓之言，與曾子啓手足之意相近，非爲紀事者言之也。顏子，大賢也，而論語書之曰死，且屢書不一書，莊子，老氏之徒也，而其書有曰老聃死，皆非貶詞也，褒善貶惡之義，莫備於春秋，謂春秋之法，有所未備，而以意補之，豈後儒之識，能加孔子之上乎哉。或曰：先儒所重者，善善惡惡之大義，自我作古，不必因乎春秋。曰：人之善惡，固未易知，論人亦復不易，班固以上中下九等品古今人，後世猶且嗤之，況以死與卒二者，是君子小人之別，其權衡輕重，果無一之或爽乎？揚雄之仕於莽，於去就固不無可議，然方之劉歆甄豐之徒何如？方之莽操懿裕之徒又何如？有王者起，而定其罪，輕重必有別矣，操懿尚不能概以死書之，何獨責於雄哉？後漢之名臣，曾仕莽者不少，執此例而充類至盡，史之得書卒者少矣，有書有不書，是爲同罪而

異罰，後人求其說不得，則上下其手，壹以法吏舞文之術行之，此
又非作者之意也，稽之於古，書死未足爲貶詞，即以其例求之，則
予奪之際，殊未得其平，而適以啓後人之爭端。故曰：明乎春秋之
例，可與言史矣。〔註445〕

由所引証釋說，《春秋》之書死，其非貶詞明矣，後儒本《禮記‧檀弓》：「君
子曰終，小人曰死。」以上論《春秋》，認爲書死乃貶謫之，其有崩、薨、卒
之別者，以官位爲等也。又魯昭公失國居乾，失國而未失位，且魯無新立之
君，故生稱君，葬稱我君，朱子之紫陽綱目，乃援而誤用之，大昕論其非云：

昔唐吳兢撰天后本紀，次高宗下，而沈既濟非之，以爲當合於中
宗紀，且引春秋書公在乾侯之例，請每歲書皇帝在房陵，太后行
某事，紀稱中宗，而事述太后，所以正名而尊王室也。當時議竟
不行，至紫陽綱目出，始采其說，每歲首書帝所在，又嫌於用武
氏紀元，乃虛引嗣聖年號，自二年訖二十一年，至神龍反正而止，
於是唐無君而有君，中宗無年號而有年號，後儒推衍其例，以夏
少康始生之歲爲元歲，而夏之統不中絕。又有議引漢孺子嬰居攝
之號，而黜王莽紀元，以存劉氏之統者，此亦極筆削之苦心，而
稱補天之妙手矣，謂如此而合於春秋之指，則愚竊未敢以爲然也。
魯昭公之出也。魯未嘗立君，魯之臣民，猶君之也，若齊若晉，
猶以諸侯之禮待之也，昭雖失國，而未失其位，故生稱公，葬稱
我君，自二十六年至三十二年，皆昭在位之年也，非春秋強加之
也。昭之喪至自乾侯，而嗣君始即位於柩前，明乎魯人猶公之也，
公之號未替，故春秋據實而書之，非已降而虛尊也。昭公之在外
者七年，而歲首書公在者三，其始居於鄆，鄆本魯地，則猶在國
也，故不曰公在鄆也。乾侯非魯地，則謹而書之，猶襄公二十七
年，書公在楚也，此亦方策之例，非春秋之特筆也。唐之中宗，
尊號已去，此山陽公陳留王之類也，武氏篡奪已成，其紀元也，
猶晉泰始宋永初之類也。沈氏欲以春秋昭公之事例之，是不然矣。
或曰：武氏雖篡，唐之臣民，未嘗忘唐也，緣臣子之心而書之，
奚爲不可？曰：漢之亡，其臣民亦未忘漢也，今有編漢魏之年者，
改黃初二年，爲建安二十六年，歲首書曰，帝在山陽邸，以爲緣

故臣之心而書之，可乎不可乎？頃在京師，優人有演南陽樂傳奇者，諸葛武侯臥病五丈原，天帝遣華佗治之，病即已，無何遂平魏吳，誅其君，及司馬氏父子，觀者莫不拊掌稱快。唐中宗嗣聖紀元之有二十一年，此南陽樂之類也。或曰：晉之東也，河西張氏，稱建興者至四十餘年，唐之亡也，河東鳳翔，稱天祐者二十年，古之人，固有虛稱年號，而無其實者矣。曰：史者，紀實之書也，當時稱之，吾從而奪之，非實也，當時無之，吾強而名之，亦非實也。建興天祐之君已亡，其紀年已替，然一方猶固稱之矣，河西之人，知有建興，不知有建武太興也。河東鳳翔之人，知有天祐，不知有開平貞明也。敍一國之事，用其本國之元，自古良史之法固如此，嗣聖紀元，止一年耳，自二年以至二十一年，皆後人強名之，而非其實也，非史法也，自古以攘奪而立國者多矣，幸而統一寰宇，則不得不純以天子之制予之，要其篡奪之惡，自不可揜，不係乎年號之大書與否也，若云絀其年號以貶之，則書其年號者，即爲褒之也，如晉如隋，又何褒焉？武氏之惡極矣，後世小夫婦人，無不醜之，不待絀其紀元，而後亂臣賊子懼也，紀嗣聖之年，不能不紀武氏之篡，唐祚之中絕，非後人之筆得而存之也，審矣，彼中宗者，以嫡嗣而承大統，不能防閑其母，使國祚移於外家，此唐之罪人也，論春秋之義，當在貶斥之例，唐之臣子，不得已而以中興稱之，後之論世者，無故而加以尊號者廿年，是亦不可已乎，既濟唐臣，惡周之廁唐，而爲中宗諱，尚爲有說，後儒遂以爲春秋之例如此，是誣經也。〔註446〕

史家以尊正朔，辨順逆之心，於篡奪已成，而仍用故主年號，殊失史書之實錄精神，誠如大昕所論：「史者，紀實之書也，當時稱之，吾從而奪之，非實也，當時無之，吾強而名之，亦非實也。」足見朱子之見爲未允矣。

春秋左傳之學，注疏之家繁多，而咸推杜預之注，以其多發明義例，然亦有杜氏有誤，前脩未密，後學轉精者，大昕於此，頗有規正：

問，襄十八年，同圍齊，此當指齊都城而言，杜預據傳禦諸平陰，塹防門而守之，遂謂所圍者平陰城耳，則經當書圍齊平陰，如圍宋彭城之例矣，何以書圍齊？曰：杜氏之失，劉炫規過已言之矣，

〔註446〕〈春秋論二〉，《文集》卷二，頁 19～20。

疏家曲爲杜解，於義終有未安，經先書圍而後書伐，以其不成圍
也。諸侯之師，己門其三門，故先書圍，圍未合而即略地，故後
書伐，若平陰不過齊之一城，即使塹門固守，猶不足書，況又不
能守而遁乎，且杜解防門廣里，全是臆說，攷續漢書郡國志，濟
北國盧縣，有平陰城，有防門，有光里，有景茲山，光里即此傳
之廣里也，景茲即此傳之京茲也。水經注濟水篇，引京相璠云：
平陰城南有長城，東至海，西至濟，河道所由，名防門，去平陰
三里，齊侯塹防門，即此也，防門北有光里，齊人言廣音與光同，
即春秋所謂守之廣里者也。防門，廣里，皆地名，與平陰相近，
杜以爲門外作塹，廣一里，其不然乎。〔註447〕

問，襄十八年傳，及秦周，伐雍門之萩，杜以秦周爲魯大夫，近儒
惠氏，謂秦周齊地名，引呂覽慎大篇，齊達子帥其餘卒，以軍于秦
周。高誘注：秦周，齊城門名，以證成其義，未審孰是。曰：杜據
魯有秦子秦堇父，故以秦周爲人名，然以下文東侵及濰南，及沂之
例推之，惠說爲長，當以秦周爲句。〔註448〕

是杜氏所言之二例，均未爲密，大昕引先儒或近人之論，以闡發之，杜氏之
誤乃顯，春秋左傳之義例乃明。可見大昕於《春秋》義例之張皇，有補苴先
儒之失漏，大有助於後學之研求矣。

二、論三傳之異同，考定其是非

《春秋》之學，待三傳而大明，高師仲華論三傳之學曰：

孔子因魯史記而作春秋，左氏傳其事，公、穀傳其義。左氏文采富
艷，而不免浮誇；公羊義旨微深，而時涉妄誕；惟穀梁嚴謹，鄭康
成嘗許其「善於解經」。……〔註449〕

是三傳各有所長，皆大有補俾於《春秋》之研究。於義例之闡發，甚至章句
疏解，亦各有不同，此是彼非，亦待善學者之細心論究也。三傳於同一事，
有此詳彼略者：

問，莊二十四年戎侵曹，曹羈出奔陳，赤歸于曹，左氏無傳，公穀

〔註447〕〈答問四〉，《文集》卷七，頁83。
〔註448〕同上，頁83〜84。
〔註449〕《高明文集》上冊，穀梁范註發微序。

以曹羈爲曹大夫，赤爲郭公名，然系郭公於歸曹之下，於義未安。杜氏以羈爲曹世子，赤爲曹僖公，爲戎所納，故曰歸。以春秋書鄭忽突之例證之，杜義當矣。曰：此左氏先師之説，非杜臆造，賈逵謂赤是戎之外孫，故侵曹，逐羈而立赤，漢儒去古未遠，必有所受，孔疏以爲無據，誤矣。〔註450〕

大昕雖以《公羊》、《穀梁》之記爲非，而以杜注爲是，設無二傳之異載，則無從考索矣。又：

問，屈狐庸言天所啓，在今嗣君，有吳國者，必此君子之子孫實終之，嗣君，謂夷昧也。據史記，餘昧子僚，代立，爲諸樊子光所弑，則狐庸之言不驗，左氏何故取之？曰：公羊以僚爲長庶，則非夷昧之子，據世本，夷昧生光，服虔注亦云：夷昧生光而廢之，故光曰，我王嗣，蓋本世本爲説，與狐庸之言相應，自史公以光爲諸樊子，而吳越春秋，何休注公羊，皆仍之。杜氏生於晉初，亦違左氏正文而從史記，史遷雜采它書，與左氏違戾者多矣，豈足盡信。〔註451〕

是《公羊》所記，足以証成《左傳》，而《史記》所采爲誤矣。

問，僖十四年，季姬及鄫子遇于防，使鄫子來朝，左氏公羊説各殊，范甯駁公羊説，謂魯女無故遠會諸侯，遂得淫通，此事不然者，而以左氏歸甯之説，爲近合人情，其理甚正。而疏家申何義，以爲末世無禮，容或有之。如姜氏如莒之類，魯爲秉禮之國，何蕩檢若是其甚乎？曰：吾友褚刑部搢升嘗論之，謂春秋之例，女既嫁，則繫其夫國，如紀伯姬，杞伯姬是也。未嫁則不繫以國，如紀伯姬，杞伯姬是也，未嫁則不繫以國，如伯姬卒是也。此經書季姬及鄫子遇，次年乃書季姬歸于鄫，不繫以鄫，則爲未嫁之女可知，烏得言歸甯乎。齊高固先書逆而後書及，已嫁之詞也。季姬先書遇而後書歸，未嫁之詞也。已嫁則從夫婦之序，故曰高固及子叔姬，未嫁則從內外之詞，故曰季姬及鄫子。〔註452〕

問，僖十九年，鄫子會盟于邾婁，何氏注云：魯本許嫁季姬于邾婁，

〔註450〕〈答問四〉，《文集》卷七，頁82。
〔註451〕同上，頁84。
〔註452〕同上，頁88～89。

季姬滔洮，使鄫子請已而許之，季姬許嫁邾婁，何氏何以知之？曰：白虎通嫁娶篇云，春秋，伯姬卒，時娣季姬更嫁鄫，春秋譏之，此必公羊家說，僖九年伯姬卒，十四年經書季姬遇鄫子，十五年季姬歸于鄫，蓋季姬本伯姬之娣，不欲爲娣於邾，而使鄫子請己爲嫡，故季姬歸鄫，而二國之交惡始於此。〔註453〕

大昕所云，僖公十四年，季姬及鄫子遇於防，《左傳》、《公羊》其說各異，范寧據《穀梁》，非《公羊》之說，明《左傳》之記爲是，大昕復剖析其原委，而理以明。僖公十九年，鄫子會盟於邾婁，三傳更各有不同，而《穀梁》之記，則較《公羊》何休注爲佳勝。又：

問，莊公二十六年，曹殺其大夫，穀梁傳曰，言大夫而不稱名姓，無命大夫也。無命大夫而曰大夫，賢也，爲曹羈崇也，據范荅薄氏義則此所殺之大夫，即二十四年奔陳之曹羈，未識與傳意合否？曰：公穀說此經，皆主賢曹羈，而意稍別，公羊謂眾故不名，穀梁謂非大夫故不名，公羊謂諸大夫不死君難，誅之得其罪，經爲曹羈諱，故不言曹伯滅，并不言戰，穀梁之意，當亦如此。其云爲曹羈崇者，謂因賢曹羈，故曹無命大夫，而書大夫，非謂大夫即羈也。孟子云，晏子以其君顯。又云，百里奚相秦，而顯其君于天下，吳蠻夷之國，其朝聘例不書，惟吳子使札來聘，以賢季子故書，曹小國，於傳聞之世，不當有大夫，因羈之賢而書，并及殺大夫事，是因臣而顯其君，范氏所言，未得穀梁之旨。〔註454〕

據大昕之論，是《公》、《穀》兩傳，闡明《春秋》之義，亦有相合之異，惟大同而小異耳。孔子之出生年月日，關係重大，三傳、《史記》等書各有不同，大昕論之云：

左氏傳於哀十六年孔子卒，而不書生年。公羊云：襄二十一年，十一月庚子生。穀梁云：二十年十月庚子生。史記則云：二十二年孔子生，而無月日。孜賈逵注左傳，於襄二十年云：此年仲尼生，又昭二十四年，服虔注引賈逵說云：仲尼時年三十五，是漢儒皆以孔子生在襄廿一年也，是年經書十月庚辰朔，則十一月無庚子日，予以三統術推襄公廿一年十月己卯朔，其月廿二日庚子，是爲宣尼生

〔註453〕同上，頁89。
〔註454〕〈答問四〉，《文集》卷七，頁90～91。

之日，年從公羊，月從穀梁，與賈服注左傳亦合。〔註455〕

案孔子誕生之說，可分四類：（一）據《史記世本》及杜預《長曆》，定為魯襄公二十二年夏正建國之八月二十七日者，則孔之楷《祖庭廣記》，羅泌《路史餘論》之屬主之。（二）據古今各曆，定為襄公二十二年夏正八月二十八日，則孔廣牧等主之。（三）據《公》、《穀》二傳，以黃帝、周曆、顓頊、太初、三統、五曆定為襄公二十一年夏正八月二十二日者，則錢大昕《十駕齋》，及近人淳安邵瑞彭主之。（四）據公、穀二傳，定為襄公二十一年周正十月二十一日者，則《冊府元龜‧總錄部》，及俞曲園《雜纂》，鄭珍巢經說主之。〔註456〕

大昕之說，除推步之外，并合三傳及注。足見其能折衷群言矣。

由上所述，可見三傳乃研究春秋學之重要資料及依據，各有所長，亦各有誤失偏弊，若能不存成見，實事求是，如大昕者，庶可去偏頗而得其正矣。

三、就注疏之差別，考求其確詁

春秋三傳之注疏，家數雖多，其成家不能廢者，曰杜預、何休、范甯而已。然此三家之注，亦未免於各有差誤。蓋板本、經說等資料，後世日多，而綜理日密，有非三氏所可及者，大昕之考證尤精：

> 問，晉景公姊，為潞夫人，酆舒為政，殺之，而伯宗數酆舒之罪曰：虐我伯姬，不云殺云虐，殆有所諱乎？曰：惠氏補注嘗及之，據尚書呂刑，惟作五虐之刑，墨子引作五殺之刑。論語：不教而殺謂之虐。又宣十八年傳云：凡自內虐其君曰弒，則虐即殺也。潛夫論氏姓篇，引此文云？酆舒為政而虐之。〔註457〕

> 問，春秋之世，諸戎種類實繁，其由瓜州徙居中國者，蓋有二種，一曰姜姓之戎，一曰允姓之戎。姜戎以殽之役見春秋，戎子駒支，其後也，范宣子數駒支，稱秦人迫逐乃祖吾離于瓜州，我先君惠公，有不腆之田，與汝剖分而食之，而駒支亦云，惠公蠲其大德，謂我諸戎，四岳之裔胄也。賜我南鄙之田，我諸戎除翦其荊棘，驅其狐狸豺狼，以為先君不侵不叛之臣，至于今不貳，是姜戎自

〔註455〕《養新錄》卷二，孔子生年月日條，頁145～146。

〔註456〕魯師實先，《曆術卮言》甲集，〈答國立禮樂館問孔子生日〉，頁67。

〔註457〕〈答問四〉，《文集》卷七，頁83。

瓜州徙晉南鄙，而附庸於晉者也。允姓之戎居陸渾，陸渾，瓜州地名也，故稱陸渾之戎。僖公二十二年，秦晉遷之伊川，由是伊川亦有陸渾之名，其後生聚繁衍，或居晉陰地，謂之陰戎。晉梁丙張趯率陰戎伐潁，王使詹桓伯辭於晉曰：先王居檮杌於四裔，以禦魑魅，故允姓之姦，居於瓜州，伯父惠公，歸自秦，而誘以來，使偪我諸姬，入我郊甸，伊川乃周畿內之地，故云郊甸，與姜戎之居晉南鄙者，固有別矣。杜元凱謂四嶽之後，皆姓姜，又別爲允姓，蓋欲合二種而一之，竊有未安。曰：春秋時，戎狄散處中國，其類實繁，狄有姬姓、隗姓之別，戎有姜姓、允姓、子姓、姬姓之別，允姓之徙伊川，在晉惠公時，晉猶未啓南陽，與伊川相去甚遠，何緣分南鄙之田以食之，且秦晉同欲遷之，非秦人迫逐，而晉特裂土而予之也。楚子嘗伐陸渾之戎矣，不聞其侵晉南鄙，則陸渾之戎，非姜戎也。姜姓之別爲允，無他文可據，杜氏特以意度之，然二戎族姓各殊，分地亦別，安得以其同出瓜州，同徙於晉惠公時，而遂混而一之乎。莊二十八年傳，小戎子生夷吾，與大戎狐姬對文，則子亦姓也，子姓之戎，未詳國邑所在，杜元凱訓子爲女，謂即允姓之戎，允姓始入中國，由晉惠公誘之，若惠公之母，即是允姓，則伊川之徙，不待惠公時矣。杜之臆說，庸可信乎？史記晉世家，謂夷吾母，重耳母之女弟，則又并子與姬而爲一，亦謬也。〔註458〕

前者就字義解虐爲殺，以補杜預注之不足。後者論戎有姬、隗、姜、允、子姓之別，以論杜預訓子姓之戎爲女，即允姓戎之非，理證不可易矣。

昭十八年，大人患失，而惑。患失，即論語言鄙夫其未得之也患得之，即得之患失之者也。患失之人瞀無定見，故易惑。杜云：患有學而失道者以惑其意，此說非是。〔註459〕

襄廿七年，子罕曰：以誣道蔽諸侯，罪莫大焉。正義云：服虔曰蔽，踣也，一曰，罷也，則知服本作弊，王肅董遇本皆作蔽，謂以誣人之道掩諸侯也。杜本作蔽，當如王、董爲蔽掩之也，陸氏釋文云，服虔、王肅、董遇，

〔註458〕同上，頁 86～87。
〔註459〕《養新錄》卷二，大人患失條，頁 137。

並作弊，與正義不
同，恐陸氏誤也。案如王、董説，當以誣道二字連文。如服説，當以道
弊連文，襄十一年，范宣子曰，諸侯道敝而無成，能無貳乎？與此
傳同義，謂諸侯兼事晉楚，則罷於奔命也，當從服説作弊爲是，弊
敝古通用。〔註460〕

襄三十年，取我衣冠而褚之。杜注褚畜也，大昕謂古讀畜積之畜，
敕六切，褚畜聲相近也。歸安嚴元照云：古褚貯兩字聲近通用，呂
氏春秋先識覽云：我有衣冠，而子產貯之。一切經音義引左傳，亦
作貯。盧抱經學士云：周禮廛人注，褚，藏，釋文云，褚本或作貯，
又作褚。〔註461〕

襄廿五年，賦車兵徒卒甲楯之數，唐石經徒卒作徒兵，顧氏金石文
字記，以爲石刻之誤。梁孝廉履繩云：杜於徒兵下注云步卒。釋文：
卒，子忽反，若傳文爲徒卒，則杜不須注，陸氏何不舉傳文，而標
注字邪，顧説非也，光堯石經，及岳氏本，並作徒兵，戈小蓮云：
隱四年，諸侯之師，敗鄭徒兵。襄元年，諸侯之師伐鄭，敗其徒兵
於洧上。昭二十年，太叔興徒兵以攻萑苻之盜，傳文言徒兵者屢矣，
徒兵與車兵對，今本作徒卒，非也。〔註462〕

成二年，盟于蜀，卿不書，匱盟也。晉語：今陽子之貌濟，其言匱，
非其實也。韋注：言不副貌爲匱，匱盟之義當用此。〔註463〕

是皆大昕參稽眾説，而定其確詁之例，迨石經出，以之校經，更有信証可徵，
大昕以之校正三傳之誤字云：

哀十四年，莒子狂卒，唐石經狂从王。釋文：狂，其廷反，蓋讀狂
爲上聲。相臺岳氏本亦作狂，而圈上聲，與釋文合，今注疏本誤作
狂，并釋文亦改爲其廷反，攷古字書無狂字。〔註464〕

哀二十六年，四方其訓之，唐石經訓作順，岳氏本亦是順字。正義
云：四方諸侯，皆順從之，是正文作順，無可疑者。今注疏本作訓，
蓋後人依詩文輒改之耳，古書訓與順多通用，洪範于帝其訓，是訓

〔註460〕同上，蔽條，頁132。
〔註461〕同上，褚條，頁133～134。
〔註462〕同上，徒兵條，頁134～135。
〔註463〕同上，匱盟條，頁130。
〔註464〕同上，莒子狂條，頁138。

是行，史記宋世家皆作順。〔註465〕

春秋傳人名，皇戌、向戌、穿封戌、沈尹戌，皆从戌从一，讀如卹，唯公叔戍从人从戈，乃戍守之戍，兩字相似，刻本往往互淆，獨唐開成石經，點畫分明，石刻之可貴如此。〔註466〕

襄廿九年，高子容與宋司徒知伯，今本高上有齊字非也。傳於列國諸卿，或書國，或不書國，皆有義例，如此篇太叔文子不書衛，高子容不書齊，已見經文故也。經不書游吉，故子太叔稱鄭以別之，華定書，官不書放，故稱宋以別于它國，左氏傳不可損益一字如此，今從唐石經本。〔註467〕

成二年，韓厥夢子輿謂己曰：且辟左右。唐石經且作旦，凡夢必在夜，故左氏紀夢每言旦，庚宗之夢，則云旦召其徒，社宮之夢則云：旦而求之曹是也。石刻字畫分別，可証俗本之譌。顧寧人轉以石刻爲誤，僅到甚矣。昭廿五年，宋宮夢太子欒即位于廟，己與平公服而相之，旦召六卿，今本亦誤爲且，唯石經不誤。〔註468〕

以上皆據石經，以校定《左傳》經文及注之是非，確然可信從者也。至於以文字字形之異同，而斷定《左傳》爲古文，《公》、《穀》二傳爲今文，則其特識也：

桓六年，春正月，寔來，注：寔實也，案玉篇：寔，時弋切，是也。實，時質切，不空也，兩字音義俱別。詩大雅：實墉實壑，實畝實籍。箋云：實，當作寔，趙魏之東，實寔同聲。正義云：春秋桓六年，州公寔來，左氏作實來，由聲同，故字有變異也。今本左氏亦作寔，與詩正義所引異，蓋孔氏所據，乃服虔本，非杜本也。覲禮，伯父實來，注：今文實作寔，是實即寔之古文。春秋公穀爲今文，左氏爲古文，故二傳作寔來，左氏作實來，杜元凱改從二傳，失古文之舊矣。〔註469〕

苟粗心大意者，率以實、寔爲一字之異文，殊不知其音義之本殊，大昕旁引他說，以証明二字之衍變，並証明《左傳》與《公》、《穀》，一爲古文，一爲

〔註465〕同上，四方其順之條，頁139。

〔註466〕同上，戌戍條，頁129～130。

〔註467〕《養新錄》卷二，高子容條，頁135。

〔註468〕同上，旦條。

〔註469〕同上，寔來條，頁126。

今文，可見其細心矣。大昕於《左傳》注疏，紬杜預而尊服虔，其言曰：

> 漢儒傳春秋者，公穀爲今文，左氏爲古文，班孟堅謂左氏傳多古字古
> 言，而今所行杜元凱本，文多淺俗，轉不如公穀二家，元凱名其書曰
> 集解，蓋取何平叔論語之例，顧平叔於孔包馬鄭諸解，各標其姓名，
> 而元凱於前賢義訓，隱而不言，則又近於伯尊之斁善矣。左氏解誼，
> 莫精於服子慎，魏齊周隋之世，與鄭康成所注諸經竝行，當時至有寧
> 道周孔誤，不言鄭服非之諺，自唐初正義，專用杜說，而服學遂亡，
> 世遂不復知左氏之爲古文者，此嚴子豹人古注輯存所爲作也。〔註470〕

足見大昕非震於元凱之大名，亦非好爲苟異者，蓋元凱之疏於訓詁，訓詁不
明，經義難知，故而非之也。

大昕於《春秋》之學，其成就在於疏明大義，獨出心得，於先儒偏誤之
說，有廓清之功，至於訓詁精確，乃其小焉者爾。

第七節　四書學

唐以前，人人皆讀五經，宋初，學風一變，始頗著意於諸子，而歸其統
於孔、曾、思，孟，至二程，乃提出《大學》、《論語》、《孟子》、《中庸》爲
四子書，以爲學者當以此爲標旨，而達於五經。朱子繼起，作《論》、《孟》
集注，《學》、《庸》章句，始定爲「四書」，自此以後，人人必先讀四書，然
後及於五經。朱子之前，未有四書之名也，朱子作《四書章句集注》，其後竟
成官學，而宋元明，天下學子無不讀四書，讀四書又無不讀朱子《集注》，此
固由朱子之學博大，然亦利祿之勢然也。有清繼起，仍以尊朱爲大宗，其懸
爲功令，開利祿之途，一如元明。唯清代漢學昌盛，邁越往古，於是有以實
事求是之精神治四書，或以聲韻小學通其訓詁，或索本探原，考其名物，或
彌綸群言，折衷至當，凡所以通經之術，無所不用其極，於是四書之學，粲
然大明於世。

漢學宋學固同宗孔孟，共尊六經，所異者端在治學蹊徑之異耳。夫六經
中，有文物制度，有性命天道，漢儒從文字入手，故偏重文物制度，宋儒自
倫常入手，故長於性命天道。《中庸》云：「自誠明，謂之性，自明誠謂之教，
誠則明矣，明則誠矣。」漢儒由外而內，又其至也，理無不明。宋儒由內而

〔註470〕〈左氏傳古註輯存序〉，《文集》卷廿四，頁344。

外，及其至也，事無不達。孟子稱舜：「明於庶物，察於人倫。」合內外之道也。當大昕之世，論學者已樹漢宋之壁壘，大昕不以漢宋爲疆界，以實事求是之精神，貴在能自有心得，薄宋儒爲空疏，斥漢學爲淺薄者，皆不足以知漢宋，乃爲持平之論，溝通兩派爲一歸，或泛引漢宋之說，擇善而從；或訓詁宗漢，義理歸程朱；或援引古義，補朱注所不及，而求歸於至當。

朱子安排四書次第，首《大學》、次《論語》、次《孟子》、次《中庸》。《語類》云：「學向須以《大學》爲先，次《論語》、次《孟子》、次《中庸》。《中庸》功夫密，規模大。」朱子大全集答郭希呂云：「專看《大學》首尾通貫，都無所疑，然後可讀《語》、《孟》，《語》、《孟》又無可疑，然後可讀《中庸》。」蓋以《大學》爲初學入德之門，《中庸》爲孔門傳心之法，其功力有深淺，故次第有先後，後世或因刊本篇幅之便利，移《中庸》以先《論語》；或因作者時代之早晚，移《中庸》以先《孟子》，爲治學者計其便，謂治學層次當如是也。故今依其序以述：

一、大　學

《大學》，治平之書也，凡內聖外王之道，修己治人之方皆於是乎在。原爲《小戴禮記》中之第四十二篇，自漢至唐，未嘗單行，唯有鄭注、孔疏之傳本行世，即世稱之「注疏本大學」、「古本大學」是也。洎北宋仁宗天聖八年，帝以御著大學一軸，賜進士王拱宸，於是學者靡然從風，凡評議政事，講學論道，率以《大學》爲歸，而各家注義乃次第漸出，如喻標之《大學解》，司馬光之《大學廣義》等第見《宋史・藝文志・禮經類》，此蓋《大學》有單行本之始也。唯其原面貌今無可考，恐與古本相同。時洛陽二程兄弟，視《大學》爲聖人之完著，表彰尤力，復見其文字錯亂，而各爲詮次，世稱大小程本，此蓋《大學》有改本之始也。迨及南宋，其學益盛，諸家著述甚眾，或爲之注，以釋其義；或爲之解，以明其理，惜多亡佚，今已有目而無書矣。

一代大儒新安朱熹，私淑二程，唯於二程改本，猶頗覺其放失，乃采輯二程夫子之說，私附己意，補其闕略，爲《大學章句》，別爲經一，傳自朱子以後，而《大學》改本紛起，莫衷一是，朱子《章句》釐經別傳，學者頗有非議者，如象山高弟楊慈湖謂《大學》所言爲學次第失之支離，疑非聖人之言，而陽明復疑朱子《大學章句》非聖門本質，〈格物〉一章亦無缺傳可補，因而亟欲恢復《大學》古本。

綜觀歷代《大學》，不外乎「宗改本」與「宗古本」兩大派，改本以朱子
爲主，古本以陽明爲主。故世之儒者，不宗朱則宗王，宗王者必攻朱，宗朱
者必攻王，紛紛然，未有已時也。然朱子與陽明之有異，不僅在經之次序有
別，而尤在於義理闡釋之互異也，大昕之於朱子佩仰嚮慕，然其論學，不喜
立門戶，啓詆爭，不薄程，亦非一準於程朱，於《大學》所持之態度，主於
持論執中，實事求是，朱子之說，立基於《大學》一篇，朱子以《大學》原
文有錯簡并有闕文，因訂其錯而補其闕，王陽明從而非之。

> 大學之要，誠意而已矣。誠意之功，格物而已矣。誠意之極，止至
> 善而已矣，止善之則，致知而已矣。正心，復其體也。修身，著其
> 用也。以言乎己，謂之明德，以言乎人，謂之親民。以言乎天地之
> 間，則備矣。是故，至善也者，心之本體也，動而後有不善，而本
> 體之知，未嘗不知也。意者其動也，物者其事也，致其故致知者，
> 誠意之本也。格物者，致知之實也。物格則知致意誠，而有以復其
> 本體，是之謂止至善。聖人懼人之求之於外也，而反覆其辭，舊本
> 析而聖人之意亡矣。〔註471〕

大昕因之。謂無可補亦無可移，予親民之說，不宗程朱「親」當作「新」，而
從舊文，然《大學》出自曾子，則從朱子之意，觀此非折衷調停也。蓋朱王
之說，自有其不可牽合處，折衷之說，其意可嘉，其事則勉強。章學誠《文
史通義》云：「宋儒有朱陸，千古不可有之異，千古不可無之異同，末流無識，
爭相詆罵，與夫勉爲解紛，調停兩可，皆多事也。」朱王之異同，亦猶朱陸
之異同，大昕不作此「多事」。乃欲是其所是，非其所非，定是非之眞耳。今
略述之：

（一）《大學》一篇無可補亦無可移

宋末黎立武著《大學本旨》，始一摒諸家改本，而以《禮記》中之《大學》
原本爲說，陽明繼起，作大學古本旁釋，而意存矯枉，王陽明《傳習錄》云：

> 大學古本，乃孔門相傳舊本耳，朱子疑其有所脫誤，而改正補緝之，
> 在某則謂其本無脫誤，悉從其舊而已。……今讀其文詞，既明白而
> 可通論其工夫，又簡易而可入，亦何所按據，而斷其此段之必在於
> 彼，彼段之必在於此，與此之如何而缺，彼之如何而誤，而遂改正

〔註471〕〈大學古本序〉，《王陽明全書》，頁188。

補緝之，無乃重於背朱，而輕於叛孔乎？

大昕因之，而謂：

> 大學一篇，漢唐諸儒，未有分經傳，而易置其先後者。宋二程子，始
> 有改易，而所改次序，又各不同，其析經與傳而二之，則始於朱子。
> 而朱子所改移，復不同於二程子，又謂傳有闕文，而取程子之意以補
> 之。然檢之二程書中，元無此說，故後儒於補格致章，多有未慊然者。
> 董文清移知止而后有定二節，合之聽訟節，以爲格物致知傳文，最爲
> 後人所稱。然前既少所謂致知在格物句，後又多此謂知本句，亦不免
> 補綴之病。竊意古書相傳已久，毋庸以意增改，古人文字，前後相應，
> 變化不拘，詎有經傳之分，此謂知本句文，與壹是皆以修身爲本云云
> 相屬，而義亦相承，先儒移之它所，而目爲衍文，非果衍文也。格物，
> 即物有本末之物。致知，即知所先後之知。自天下國家言之，則修身
> 爲本，而修身又以誠意爲本，知本末之先後，而先其所宜先，此之謂
> 知本，此之謂知至也。誠意者，修身第一切要工夫，故經先申言之，
> 次乃申言修身爲本之旨，修身所以明明德也，民之不能忘，由於盛德
> 至善，曰克明德，曰顧諟天之明命，曰克明峻德，言古之有天下國家
> 者皆以自明其德爲先也。新民之本在於明明德，而明德之極，即是至
> 善，仁敬孝慈信，皆修身之事也。而齊家治國平天下之事已備，民之
> 無訟，國治之極也。而使無訟者，由於身修，孟子謂天下國家之本在
> 身，大學云，修身爲本，其義一也。故重言知本，而即以所謂修身承
> 之也，蓋大學一篇，無可補亦無可移。〔註472〕

大昕洞澈先賢立言之微旨，深明文章之妙處，古人文字，前後相應，變化之
理，而以大學本爲文義貫串，首尾完足之一篇，不闕格致傳，其格物致知之
義，即具備於三綱領，八條目之中，無所謂脫簡。自無所謂闕文，更無待於
補綴。其誠意一節，以誠意爲始，以君子之德貫串全文，以大畏民志，使民
無訟爲終，系統完整脈絡分明，無所謂錯簡，自無須更動次序，故程朱之懷
疑與改定，皆屬多事也。

高師仲華曰：

> 大學原本，本來就不需要改易，并非不改易即不可通者，沈曙說得
> 好：「今古本俱在，試一展卷把玩，則文意如是，段落如是，儘好讀，

〔註472〕《文集》卷十七，讀大學，頁251～252。

儘可思也。」（見大學古本説義）毛先舒説得更爲透闢，他説：「余讀大學古文，而知元無闕文，無衍文，亦未嘗顛倒錯亂。三代上人文章，或顯或隱，或錯綜，或整次，不拘一方，所以爲妙。」（見聖學眞語）毛氏看出大學文章的妙處在於「或隱、或顯、或錯綜、或整次，不拘一方。」他的識見，實在高出那些想把大學章次改得整齊的人。〔註473〕又曰：

我嘗取注疏本大學，往復誦讀，潛心體味，深覺大學全文是完整的一篇，乃出一人之手，并無所謂經傳之分。原文雖不明分章節，但亦自成六個段落。自「大學之道」至「未之有也」，接「此謂知本，此謂知之至也」，這是第一段，總述「大學之道」，提明「三綱領」、「八條目」；而「格物」、「致知」之説，即具備其中。自「所謂誠其意者」至「故君子必誠其意」，接「詩云瞻彼淇澳，至此以沒世不忘也」，接「唐誥曰克明德」至「皆自明也」，接「湯之盤銘」至「是故君子無所不用其極」，接「詩云邦畿千里」至「止於信」，接「子曰聽訟」至「此謂之本」，這是第二段，補充第一段的意思。先闡述誠意的重要，復由「誠於中，形於外」之義，引淇澳等詩，以澄其皆由修學而致效果；更以「康誥」、「湯之盤銘」，「詩云邦畿」三小節，分別闡發補充「明明德」、「親民」、「止於至善」的涵義，以説明大學的修學之道；終以「子曰聽訟」一小節，闡述「明明德」、「親民」、「止於至善」必有待於「誠意」。這裡用「此謂知本」作結，上與第一段「此謂知本」句相呼應。上段「此謂知本」明指「本」是「修身」；此段「此謂知本」，所指爲「誠意」（此處鄭注即説：「本謂誠其意也。」）；但此正可見「誠意」即是「修身」的工夫，所以下一段即接著「所謂修在正其心者」，這一段正如毛大序講「六義」，都是先説「風」，次説「賦」、「比」、「興」三者；再次説「雅」，説「頌」。賦、比、興是詩的作法；風、雅、頌是詩的體裁，於「風」下錯綜敘以三種作法，則「雅」、「頌」亦用此三種作法可知。大學於「誠意」下，錯綜敘其與「明明德」、「親民」、「止至善」三綱領之關係，則其條目與三綱領之關係亦可知。以下「所謂修身在正其

〔註473〕高師仲華〈大學辨二，辨大學的定本〉，《高明經學論叢》，頁123。

心者」,「所謂齊家在修其身者」,「所謂治國必先齊其家者」,「所謂
平天下在治其國者」四段,都是繼續補充并發揮第一段的意思;這
又正如毛氏所說,是「整次序法」,而在「所謂平天下在治其國者」
一段裡,又錯綜敘述臨民,用人,生財之道,終於暗示出「明明德」、
「親民」、「止於至善」的真理;這又是於「顯」中有「隱」;於「整
次」中有「錯綜」了。總之,大學的第二段以下,只是補充發揮第
一段的理論,而不是第一段的「傳」,實在不需要把三綱領,八條目
一一的依分章,加以解釋。〔註474〕

高師所論益見大昕之識見矣。考宋學在經學上所以不及漢學者。尚不在於不
信注疏,懷疑經傳,而在於刪改本經,移易經文以就己說。蓋校改舊籍,尚
須憑証,豈可繩以主見強為移易?世譏鄭玄好改字,然鄭箋改易《毛詩》,多
本魯、韓之說,尋其依據,猶可考驗。其他如《儀禮》之〈喪服傳〉,《禮記》
之〈玉藻〉、〈樂記〉,雖明知其錯簡,亦但存其說於注,而不移易正文。蓋先
儒說經願慎重以守拙,不欲率情以亂經,朱子於《大學》既強分為經傳,復
顛倒其舊次,補綴其缺文,宜乎大昕所不從。大昕治學實事求是,不以其主
觀強為改竄也。

（二）《大學》出於曾子為可信說

《大學》之作者:宋以前未有討論之者,至程子,始云:「大學,孔氏之
遺書。」而亦未明指其人。及朱子出,始致意於大學作者之探討。而朱子於
此,又自創兩說,一以屬之孔子;一以屬之曹子。前說見於〈癸未垂拱奏箚〉。
其言曰:

> 所謂大學之道,雖古之大聖人,生而知之,未有不學乎此者。堯舜
> 相授,所謂「惟精惟一,允執厥中」者,此也。自是以來,累聖相
> 傳,以有天下。至於孔子,不得其位,而筆之於書,以示後此之為
> 天下國家者,其門人弟子又相與傳述而推明之。〔註475〕

後說見於《大學章句》。其言曰:

> 經一章,蓋孔子之言,而曾子述之;其傳十章,則曾子之意,而門
> 人記之也。〔註476〕

〔註474〕高師仲華〈大學辨二,辨大學的定本〉,《高明經學論叢》,頁123～125。
〔註475〕朱子文集,癸未垂拱奏箚。
〔註476〕《四書集註》,頁2。

此則以爲「筆之於書」者爲曾子，而附益成書者則爲曾子之弟子。此屬之曾子者也。

唯二說之中，較能代表朱子之定見者，實不在〈癸未垂拱奏箚〉，而在於《大學章句》。〈垂拱奏箚〉作於孝宗隆興元年癸未，時朱子三十四歲，《大學章句》成於淳熙十六年己酉，時朱子六十歲，是〈奏箚〉之言，爲早年浮說；《章句》所云，爲晚年定論。且朱子於《四書集注》，積平生之力爲之，至垂歿之日，猶改定《大學》誠意章注。故欲論朱子之主張，自宜以《章句》之說爲準也。朱子之以《大學》作者爲曾子，非之者如戴震、康有爲、崔述、朱彝尊……等亦言之鑿鑿。朱子以後，又另有指《大學》爲子思著者，惟所引証，皆不足據。

大昕依朱子之說，由歸納以利假設，由演繹以求証驗而得一斷案，以《大學》出於曾子爲可信，大昕云：

> 昔孔子告曾子一以貫之之道，後世尊之，以曾氏爲得孔子之傳。禮記大學一篇，漢唐諸儒，皆不詳何人所作，朱子疑其出自曾氏，第於古無所攷，學者猶疑信參半。然予讀大學書，與忠恕一以貫之之旨，何其若合符節也。孔子曰：其身正，不令而行，其身不正，雖令不從。又曰：苟正其身矣，於從政乎何有，不能正其身，如正人何？孟子曰：天下之本在國，國之本在家，家之本在身。又曰：愛人不親，反其仁。治人不治，反其智。禮人不答，反其敬。行有不答者，皆反求諸已。其身正，而天下歸之，古之治天下國家者，未有不先治其身者也。身之不治，而求治於民，所謂其所令反其所好，而民不從者也，非忠恕之道也。天子以至庶人，其分不同，而各有其身，即各致其修身之功，故不曰治天下，而曰明明德於天下。德者，人之所同有也，以一人治天下不若使天下各自治其身。故曰：與國人交，天子之視庶人，猶友朋也，忠恕之至也。天子修其身於上，庶人修其身於下，不敢尊己而卑人，不敢責人而寬己，不以己之所難者強諸人，不以己之所惡者加諸人，夫然，故施之於家，而親愛、賤惡、畏敬、哀矜、敖惰，無辟也。施之於國與天下，而上下前後左右無拂也，五寸之矩，盡天下之方，一人之身，盡天下之情，絜矩之道，即修身之道也。由身推之，而至於家。由家推之，而至於國。由國推之，而至於

天下。吾道一以貫之而已矣，忠恕而已矣。大學之功，始於致知
格物，物有本末，格物者，格此物也。致知者，知本之謂也。自
忠恕之道不講，而治與道分，本亂而求末之治，所由與唐虞三代
之治異矣。〔註477〕

　　大昕之論亦不為無見，惟各家所見，或屬之孔子、曾子、子思，要皆憑
臆為說，文獻無徵，不足憑信。然則大學之書，果何人所作乎？程子曰：「《大
學》孔氏之遺書」。翟灝曰：「《大學》久亡作者姓名，程氏定為孔氏遺書，言
孔子，不必屬孔子自作，如六經皆孔子贊刪修定，以授弟子，則皆孔子遺書
也。此最確當不易之正論。」〔註478〕程子不明指其人，而統言孔氏，態度可
謂審慎。「所謂孔子之書，實不限於翟氏之所言。凡孔子一脈相承之弟子與儒
者，繼述孔子言論之作，皆孔子遺書也，大學即此等之流。」〔註479〕高師仲
華於〈大學辨〉一文，言之諦當，高師仲華云：

大學這書的作者，雖然我們不信是孔子、是曾子、是子思，而我們
又不能說出是誰，但我們可以肯定地說，這必是孔曾以後，大小戴
以前對儒家哲學有深邃研究的傑出的學者作的，書中一再提到子
曰，又引曾子的話，卻沒有一句引述先秦的其他諸子，可見其浸饋
於儒家者甚深，心目中所敬仰的崇拜的只是儒家。再看書中所表現
的思想，博大而平實，精密而週到，如非對儒家的思想融會貫通而
特有心得的人，是作不出來的。〔註480〕

然則《大學》之書，必是孔、曾以後，大、小戴以前，邃於儒學者之所為也。
惟大昕所論亦係推忠恕一貫之道以得之，匪敢自逞臆見也。

（三）親民之說

　　大昕從古本《大學》，以為《大學》一篇無可補亦無可移，親民之說亦仍
舊文。

　　朱子與陽明之異，不僅於經文次序之有別，而在義理闡釋之互異。朱子謂
親民之親當作新，并為之解曰：「新者，革其舊之謂也，言自明其德，又當推己
及人，使之亦有以去其舊染之污也」，大昕則以親之釋義，當仍舊文為長。其云：

〔註477〕〈大學論上〉，《文集》卷二，頁21～22。
〔註478〕翟灝，《四書考異》。
〔註479〕傅武光《四書學考》，卷四，大學考，頁105。
〔註480〕高師仲華，〈大學辨二，辨大學的作者〉，《高明經學論叢》，頁107。

大學之道在親民，民之所好好之，民之所惡惡之，此之謂民之父母，此親民之實也。宋儒親爲新，因引康誥作新民一語，而不知如保赤子，亦康誥文。保民同于保赤，於親民意尤切，古聖人保民之道，不外富教二大端，而親字足以該之，改親爲新，未免偏重教矣。親之義大於新，言親則物我無間，言新便有以貴治賤，以賢治不肖氣象，視民如傷者似不若此。後世治道，所以不如三代，正爲不求民之安而務防民之不善，於是舍德而用刑，自謂革其舊染，而本原日趨於薄矣。竊謂大學親民，當仍舊文爲長。〔註481〕

（四）《大學》有生財之道，無理財之術

宋自眞宗之世，內有封禪郊祀之豪舉，外滋和戎安邊之異議，國用耗費，日益加甚。仁宗之世，契丹增幣，西夏輸將，養兵西陲，費累百萬，宗室冗祿，視昔倍增，由是財政奇絀，三司仰屋，莫知所從。故安石施政，首重理財，其言理財之要義曰：「聚天下之人，不可以無財，理天下之財，不可以無義，夫以義理天下之財，則轉輸之勞逸不可以不均，用度之多寡不可以不通，貨賄之有無不可以不制，而輕重斂散之權，不可以無術」。其根據悉本〈周官〉，大昕深斥之云：

古之有天下者，言德而不言財，舜命九官，無司貨財之職，周禮冢宰之屬，有大府玉府諸官，專司財用，而次於庖人瘍醫酒漿醯醢宮舍諸司之後，聖人之不重貨如此。以理財爲治天下之先務，而傅會周禮之文，以欺人主者，王安石之邪說也。〔註482〕

安石倡言，「周置泉府之官，以權制兼并，均濟貧乏，變通天下之財……今欲理財當修泉府之法以收利權。」神宗納其說，乃置三司條例司，行青苗法。據〈周官〉泉府之制，其文曰：「凡民之貸者，與其有司辨而授之，以國服爲之息。」置均輸法，以周官制地貢，夏官職方氏，周禮：「制其貢各以其所有」，地官土訓：「掌道地慝以辨地物，而原其生以詔地求。」立市易法以周官司市職云：「以泉府同貨而斂賒」，故宋史安石曰：「國用不足，非當世急務，所以不足者，以未得善理財者故也。」又曰：「善理者不加賦而國用足。」答曾公立書曰：「孟子所言利者，爲利吾國，如曲防遏糶，利吾身耳，至狗彘食人食則檢之，野有餓莩則發之，是所謂政事，政事所以理財，理財乃所謂

〔註481〕《養新錄》卷二，親民條，頁123～124。
〔註482〕《文集》卷十七，〈讀大學〉，頁153。

義也。一部周禮，理財居其半，周公豈為利哉！」大昕則言曰：

> 財之源出於土，有人而土可治，土治而出賦稅以奉上，財用於是乎
> 不竭。有小人者，朒為理財之說，謂可不加賦而國用足也，於是陰
> 避加賦之名，陽行剝下之計，山海關市之利，籠於有司，日增月益，
> 曰：吾取諸商賈，非取諸民也。然商亦四民之一，上之取於商者逾
> 多，則貨益昂，而民之得貨益艱，商未病而民已病矣。又朒為節用
> 之說，謂吏俸可減也，簿書期會之間，小有違失，可奪其俸，以示
> 儆也。大吏無以自給，則取之小吏，小吏無以自給，則仍取之民，
> 雖不加賦，較之加賦，殆有甚焉。大學一篇，極言以利為利之害，
> 初無一言及於理財。〔註483〕

直斥安石不加賦而國用足之謬，極言大學無理財之術，但有生財之道，即朱
文公云：「務在與民同好惡，而不專其利」，大昕云：

> 同好惡之君子，當好仁而不可好利耳，天下之財，自足供天下之用。
> 財者天之所生，上與下共之者也，上不多取於下，則下不覬覦於上，
> 上下各安其欲，而無自利之心。吏不貪殘，國無姦盜，此久安長治，
> 至易至簡之道也，聖人豈有它謬巧哉。〔註484〕

好仁而不好利，天下之財，自足供天下之用，亦久安長治之道也，故大昕深
戒「極於務財用」。大昕曰：

> 大學之言平天下也，其本歸於修身，其用主於同好惡，其戒，極於
> 務財用，初無一言及於理財，朱氏章句，亦無理財之解。而俗儒乃
> 以理財與用人，為平天下之目，亦可謂弗思之甚矣。夫天地之財祗
> 有此數，聚於上者，必奪於下，故大學有生財之道，無理財之術。
> 言理財者，皆聚斂之小人也。小人得志，未有不媢嫉君子者。君子
> 退而小人進，則人君之所好者在小人，所惡者必在君子，好惡拂乎
> 人之性，而失眾失國之形成矣。三代之制，取民不過什一，而國用
> 未嘗不足，用之有節故也。有小丈夫焉，懼上用之不足，而巧為聚
> 斂之術，奪士農工賈之利，而致之於君，人君樂聞其言，謂真可不
> 加賦而足用也。由是棄仁義，違忠信，任好惡，長驕泰，而壹其心
> 力於財用之間，民力日以竭，人心日以壞，國勢日以促，而菑害日

〔註483〕〈大學論下〉，《文集》卷二，頁22。
〔註484〕同上。

> 至，以即於亡。宋之亡，始於安石之新法，終於朱勔之進奉，此長
> 國家而務財用之効也。春秋之世，諸侯多聚歛以病民，故大學終篇，
> 深惡聚歛之臣，極陳以利爲利之害，爲天下萬世慮，至深且遠，而
> 儒家復以理財之說竄入之，其亦得罪於聖賢矣夫。〔註485〕

直斥以理財與用人爲平天下之目，乃俗儒之弗思，大昕特顯大學有生財之道
無理財之術，爲天下萬世慮之心，於焉以見。

二、中　庸

　　《中庸》原亦《禮記》之一篇，考漢志有中庸說二篇，殆即《中庸》經文
解詁之單獨研究也。此後更歷千載，未見闡論，迨程朱出，特爲表章之始，大
見重於世，而宋元明學者咸取宗焉。至於有清，學風又再變矣。故言中庸之學
可別爲三期，自漢至宋初，慶曆以後，至於明代，及有清一代。清代之中庸學
大別之又可分三派：其一專宗宋學，其一專取漢學，其一則調和漢宋之間。大
昕有見於漢儒宋儒治學方法之有異，而所以求至當之歸則一，二家實殊途而同
歸也。漢學具根柢，宋學具精微，相濟則兩全，互斥則偏枯，正宜消融門戶之
見，而兼取所長，祛其私心而存其公理，公理出則經義明矣。故大昕之治《中
庸》，漢宋并顧，故訓詁與義理并重，鄭注朱注兼採，頗能折衷於至當也，今述
之如下：

（一）《中庸》名義

　　《中庸》名義，鄭玄、程子、朱子皆有所解釋。鄭玄云：

> 名曰中庸者，以其記中和之爲用也。庸，用也。〔註486〕

而《中庸》注於「仲尼曰，君子中庸，小人反中庸」則注云：庸，常也，用
中爲常道也。於「庸德之行，庸言之謹」，亦注云：庸猶常也，言德常行也，
言常謹也。此又訓庸爲常，是鄭氏於庸字兼立兩解，未有定訓。程子云：

> 不偏之謂中，不易之謂庸。中者天下之正道，庸者天下之定理。

朱子云：

> 中者，不偏不倚，無過不及之名。庸，平常也。

程朱皆不訓庸爲用，與鄭氏異。就內容考之，三家之訓中皆有所本。《中庸》云：

〔註485〕〈讀大學〉，《文集》卷十七，頁253。
〔註486〕《禮記正義》引三禮目錄。

喜怒哀樂之未發，謂之中，發而皆中節謂之和。

又云：

誠者，不免而中，不思而得，從容中道，聖人也。

鄭氏釋中爲中和本乎此。《中庸》又云：

中立而不倚，強哉矯。

程子之訓不倫，朱子之訓不偏不倚本乎此。《中庸》又云：

子曰：道之不行也，我知之矣，知者過之，愚者不及也，道之不明
也，我知之矣，愚者過之，不肖者不及也。

朱子之訓無過不及本乎此，三家之訓中字內容皆相合，大昕承之亦曰：

中庸之義何也，天地之道，帝王之治，聖賢之學，皆不外乎中。中者，
無過不及之名，堯之傳舜曰：允執其中。而舜亦以命禹，洪範九疇，
天所以錫禹也。五居九疇之中，故曰建用皇極，皇極者，大中之謂也。

〔註487〕

并以《易》理解《中庸》，其言曰：

孔子作易十翼，彖傳之言中者三十三，象傳之言中者三十，其言中
也，曰正中，曰時中，曰大中，曰中道，曰中行，曰行中，曰剛中，
曰柔中。剛柔非中也，而得中者无咎。故嘗謂易六十四卦，三百八
十四爻，一言以蔽之曰：中而已矣。子思述孔子之意，而作中庸，
與大易相表裏。其曰中也者，天下之大本也，言其體也。曰君子而
時中，言其用也。此堯舜以來，傳授之心法也。〔註488〕

庸字之訓，三家歧異甚大，程子以常爲不易，朱子以常爲平常。鄭氏雖於《中
庸》注亦訓爲常，然於《禮記正義》引三禮目錄則訓庸爲用，當爲確詁。《中
庸》云：

子曰：天下國家可均也，爵祿可辭也，白刃可蹈也，中庸不可能也。

子曰：人皆白予知，擇乎中庸，而不能期月守也。

子曰：中庸其至矣乎，民鮮能久矣。

子曰：道之不行，我知之矣，知者過之，愚者不及也，道之不明也，
我知之矣，賢者過之，不肖者不及也。

〔註487〕《文集》卷三，〈中庸說〉，頁37。
〔註488〕同上。

觀此，則中道實乃不平常，足証中庸之庸不訓常也。大昕本鄭玄訓庸爲用。

> 説文，庸從庚，從用，庸之言用也。中者，天所命之性，而用之在
> 人。自天言之謂之中，傳曰：民受天地之中是也。自人言之謂之中
> 庸，唐虞相傳，皆曰執中。而孔子申之云：執其兩端，用其中於民。
> 然則中庸，即執中之義矣。故曰：君子之中庸也，君子而時中，中
> 無定體，而執中莫如隨時，時中者，中之用也。雖然，時中惟聖者
> 能之，而擇中而執之，則人皆可勉，中之所在，善之所在也，故亦
> 謂之擇善。聖人之教人也，欲使知愚賢不肖之倫，去其過不及，而
> 歸於中，故示之以從入之方，曰擇乎中庸。擇也者，能不能未定之
> 詞也，擇之而得之，得之而固執之，久之，而無時之不用其中，此
> 之謂時中，此之謂依乎中庸矣。〔註489〕

然則何以復言中和，大昕以謂：

> 未發爲體，已發爲用，發而中節者，合乎時者也。天有四時，順其
> 序謂之太和。人有七情，中其節謂之中和，中以和爲用，非時則不
> 和，故博雅訓庸爲和。而中庸一篇，首言致中和，中和即中庸也。
> 以道體言之曰中和，以入道言之曰中庸，言固各有所當已。〔註490〕

朱子訓庸爲常，大昕則不以爲迕：

> 凡物之失其常者，不可以用，其可常用者，皆中道也。一人之身其
> 分子臣弟友，其境富貴貧賤，夷狄患難，位不同而各有其常然之道。
> 常然者，合乎時者也，時然後行，謂之庸德，時然後言謂之庸言，
> 故曰，君子素其位而行。素其位者，時中之用也。在易六爻之位，
> 二多譽，四多懼，三多凶，五多功，然而當其用者，三四有時而吉，
> 失其用者，二五有時而凶，所謂君子無人而不自得焉者也。乾之用
> 九，戒之以天德不可爲首，懼其過剛而失中也。坤之用六，戒之以
> 永貞，懼其過柔而失中也。六十四卦，不外乎時中，而乾坤特言其
> 用，故曰：易與中庸，其理一而已矣。〔註491〕

（二）道　説

大昕分道爲天道人道。

〔註489〕同上。
〔註490〕〈中庸説〉，《文集》卷三，頁37～38。
〔註491〕同上。

後漢書桓譚傳，天道性命，聖人所難言，自子貢以下，不得而聞。
注引鄭康成論語注，性謂人受血氣以生，有賢愚吉凶七政變動之占
也。古書言天道者，皆主吉凶禍福而言，古文尚書，滿招損，謙受
益，時乃天道，天道福善而禍淫。易傳：天道虧盈而益謙。春秋傳，
天道多在西北。天道遠，人道邇，竈焉知天道？天道不諂。國語賞
善而罰淫，我非瞽史，焉知天道。老子：天道無親，常與善人，皆
論吉凶之數，與天命之性自是兩事。孟子：聖人之於天道也，正謂
虞舜井廩，文王拘幽，孔子厄困之類，故曰命也。〔註492〕

極力反老氏「尊道于天地之上」，「以虛無爲道」，與聖人之道枘鑿不相入。

中庸，言道之書也。曰：天命之謂性，率性之謂道，是道本於天
也。又曰：天下之達道五，君臣也，父子也，夫婦也，昆弟也，
朋友之交也，是道不外乎五倫也。惟道不外乎五倫，故曰道不遠
人。又曰：道也者，不可須臾離也。道不虛行，有天地而後有天
地之道，有聖人而後有聖人之道，學聖人者爲君子之道，反是則
小人之道，非吾所謂道矣。孟子曰：夫道若大路然，豈有索之虛
無以爲道者哉。唯老氏五千言，始尊道于天地之上。其言曰：有
物渾成，先天地生，吾不知其名，強名之曰道，人法天，天法道，
道法自然，于是求道于窈冥怳忽不可名象之中，與孔孟之言道枘
鑿不相入矣。〔註493〕

而周濂溪之太極說，「太極在天地之先」，大昕謂與老氏「道在天地之上」，二
者無累，果尊而信之，是「求道于窈冥怳忽不可名象之中」也。

易上繫云：易有太極，是生兩儀。有易而後有太極，非太極在天地之
先也。韓康伯謂有必生於無，故太極生兩儀。有生於無，語出老子。
康伯以老莊說易，故云爾也。濂溪言無極而太極，又言太極本無極，
蓋用韓康伯義。無極二字，亦見老子，六經初未之有也。〔註494〕

張無垢曰，道非虛無也，日月而已矣。以虛無爲道，足以亡國；以
日用爲道，則堯舜三代之勳業也。〔註495〕

〔註492〕《養新錄》卷三，天道條，頁149。
〔註493〕《養新錄》卷十八，道條，頁931～932。
〔註494〕《養新錄》卷十八，太極條，頁950。
〔註495〕同上，道條，頁932。

> 韓康伯注易一陰一陽之謂道，云：道者何，無之稱也。其注太極云：
> 夫有必生於無，故太極生兩儀也。正義申之云：太極，謂天地未分之
> 前，元氣混而爲一，即是太初太一也。老子云：道生一，即此太極也。
> 混混既分，既有天地，故曰太極生兩儀，即老子云一生二也。晉人以
> 老莊說易，後儒知其非而終不脫此窠臼，所論在邇而求諸遠也。〔註
> 496〕

康伯之無，周濂溪之太極，亦同是虛無而不可捉摸。故大昕但講人道，所謂
「天道遠，人道邇，」何必捨近而求遠。大昕謂人道與人關係至切，人貴其
相處，故道不外乎五倫，而聖人立教亦不外人倫日用之道：「人之所以異於禽
獸者，以其有五倫也。唯人皆有孝弟之心，故其性無不善，堯舜使契爲司徒，
教以人倫，欲其自別於禽獸也」。〔註 497〕易言之，人道亦即「聖人之道」，而
大昕論聖人之道，深受亭林之影響，亭林云：

> 竊以爲聖人之道，下學上達之方，其行在孝弟忠信，其職在灑掃應
> 對進退，其文詩書三禮周易春秋，其用之身，在出處辭受取與，其
> 施之天下，在政令教化刑法，其所著之書，皆以撥亂反正，移風易
> 俗，以馴至乎治平，而無益者不談。一切詩賦銘頌贊誄序記之文，
> 皆謂之巧言而不以措筆。其於世儒盡性至命之說，必歸之有物有則，
> 五行五事之常，而不入於空虛之論。僕之所以爲學者如此。〔註 498〕
>
> 愚所謂聖人之道者如之何？曰：博學於文。曰：行己有恥。自一身
> 以至於天下國家，皆學之事也。自子臣弟友以至出入往來辭受取與
> 之間，皆有恥之事也。恥之于人大矣，不恥惡衣惡食，而恥匹夫匹
> 婦之不被其澤。故曰：萬物皆被於我矣，反身而誠。嗚呼士而不先
> 言恥，則爲無本之人，非好古而多聞，則爲空虛之學，以無本之人，
> 而講空虛之學，吾見其日從事於聖人而去聖彌遠也。〔註 499〕

亭林教人爲學好古多聞，不務空虛之學，爲人以孝弟爲本，勿罔顧廉恥，能
博學于文，行己有恥，方合乎聖人之道，大昕亦如是也：

> 易書詩禮春秋，聖人所以經緯天地者也，上之可以淑世，次之可以

〔註 496〕同上，道條，頁 932。
〔註 497〕同上，五倫條，頁 933。
〔註 498〕〈答友人論學書〉，《亭林文集》卷六，。
〔註 499〕同上。

治身，於道無所不通，於義無所不該。宣尼之言曰：君子博學於文。
顏子述夫子之善誘則曰：博我以文，子思子作中庸曰：博學之，審
問之。孟子之書曰：博學而詳說之。夫聖人刪定六經以垂教萬世，
未嘗不慮學者之雜而多歧也，而必以博學爲先。然則空疏之學不可
以傳經也審矣。凌雲之臺非一木所造，文繡之衣非一絲所成。好古
敏求，多聞擇善……。〔註500〕

孔子論成人，則取公綽之不欲。論士，則云行已有恥。廉恥與禮義
本同一源，而必別而言之者，以行事驗之，而決其有不同也。知禮
則不妄動，知義則不妄交，知廉則不妄取，知恥則不妄爲，古人尚
實事，而不尚空言，故覩國者以四維爲先，人有土田，女反有之，
是不廉也。巧言如簧，顏之厚矣，是無恥也。〔註501〕

宋鄧綰以頌王安石得官，謂其鄉人曰：笑罵從汝，好官須我爲之，
綰雖無恥，猶知人笑罵也。章惇召入相，人問當國何先？曰：司馬
光姦邪，所當先辨，小人無忌憚，曾綰之不若矣。〔註502〕

（三）性　說

大昕分道爲天道人道，道不外乎五倫，而聖人立教亦不外人倫日用之道，
故人道亦即聖人之道，而人道本於性，故不可不知大昕論性。大昕同意宋儒
性即理，其曰：

聖人之道，至切近而可循，後人舍其易知易從者，而求諸幽深元
遠之間，故其說支離而難信。予讀東都事略，戴李之才、邵堯夫
問答事而有疑焉。其言曰：堯夫讀書蘇門百泉之上，之才自造其
廬，問之曰：子何所學？堯夫曰：爲科舉進取之學。曰：科學之
外有義理之學，子知之乎？曰，未也，願受教。曰，義理之外有
物理之學，子知之乎？曰：未也，願受教。於是從之才傳其學。
夫性命之學，有出於義理之外者乎？天下之理一而已。自天言之
謂之命。自人言之謂之性，而性即理也。窮理斯可以觀物，區物
理與義理而二之，而謂物理之學，轉高出於義理之上，有是理乎？
中庸，言性之書也。曰：天命之謂性，率性之謂道，修道之謂教，

〔註500〕〈抱經樓記〉，《文集》卷廿一，頁310。
〔註501〕《養新錄》卷十八，廉恥條，頁936～937。
〔註502〕同上，頁937。

> 道也者不可須臾離也，可離非道也。故曰道不遠人。凡離乎人而
> 言物，離乎理而言性命者，非吾所謂道也。吾意後之欲尊堯夫之
> 學者，強爲之說，失其本眞。使斯言果出於之才，而堯夫果傳之
> 才之學，則亦異乎吾所聞矣。〔註503〕

大昕之性論，由其人道論演繹而來，和東原「言性惟本於天道」則有異，而
與「物理之學高出義理之上」之立論正相反。大昕所謂之義理即道，有其一
定之範圍，是義理之內之性理之學，絕非義理之外之物理之學。由李之才、
邵堯夫問答辨可知大昕以中庸言性之書也。而言性既是就人而言，非就物言
故謂道不遠人，離乎人而言物則非也。大昕又以宋儒所謂「天下之理一而已」，
以及「性即理」之說乃爲可信，凡「區物理與義理而二之」而謂「物理之學
轉出於義理之上」，係捨本逐末，非大昕所謂之義理。

中庸言性既是就人而言，則人性之內容爲何？大昕曰：

> 荀子三十二篇，世所共訾謷之者，惟性惡一篇，然多未達其旨趣。
> 夫孟子言性善，欲人之盡性而樂於善，荀子言性惡，欲人之化性
> 而勉於善，言性雖殊，其教人以善則一也。世人見篇首云，人之
> 性惡，其善者偽也，遂掩卷而大詬之，不及讀之終篇。今試平心
> 而讀之，荀子所謂偽，只作爲善之爲，非誠偽之偽。故曰，不可
> 學，不可事，而在人者謂之性；可學而能，可事而成之在人者謂
> 之偽。古書偽與爲通，堯典平秩南訛，史記作南爲，漢書王莽傳
> 作南偽，此其証也。若讀偽如爲，則其說本無悖矣。後之言性者，
> 分義理之性與氣質之性而二之，而戒學者以變化氣質爲先，蓋已
> 兼取孟荀二義，而所云變化氣質者，實暗用荀子化性之說，是又
> 不可不知也。〔註504〕

大昕以訓詁之方法，言孟荀之人性善惡論曰：「荀子言性惡欲人之化性而勉於
善，」〔註505〕又曰：「變化氣質者，實略用荀子化性之說。」〔註506〕爲宋儒
變化氣質說之根源。又曰：「言性者分義理之性與氣質之性而二之，而戒學者
以變化氣質爲先，蓋已兼取孟荀二義」〔註507〕是又承認宋儒所謂義理之性是

〔註503〕〈李之才邵堯夫問答辨〉，《文集》卷十六，頁228。
〔註504〕〈跋荀子〉，《文集》卷二十七，頁418。
〔註505〕同上。
〔註506〕同上。
〔註507〕同上。

善而非惡，氣質之性是惡而非善。

　　清代學者如顏習齋、王船山、黃梨洲等，皆否定氣質性惡說。習齋云：

　　　程子云：論性論氣，二之則不是。又曰：有自幼而善，有自幼而惡，
　　　是氣稟有然也。朱子曰：纔有天命，便有氣質，不能相離。而又曰：
　　　既是此理，如何惡？所謂惡者，氣也。可惜二先生之高明，隱爲佛
　　　氏六賊之說浸亂，一口兩舌而不自覺。若謂氣惡，則理亦惡，若謂
　　　理善，則氣亦善。蓋氣即理之氣，理即氣之理，烏得謂理純一善而
　　　氣質偏有惡哉？譬之目矣，眊、胞、睛，氣質也；其中光明能見物
　　　者，性也。將謂光明之理專視正色，眊、胞、睛。乃視邪色乎？余
　　　謂光明之理固是天命，眊、胞、睛，皆是天命，更不必分何者是天
　　　命之性，何者是氣質之性，只宜言天命人以目之性，光明能視即目
　　　之性善，其視之也則情之善，其視之詳略遠近則才之強弱，皆不可
　　　以惡言。蓋詳且遠者固善，即略且近亦第善不精耳，惡於何加？唯
　　　因有邪色行動，障蔽其明，然後有淫視而惡始名焉。然其爲之引動
　　　者，性之咎乎？氣質之咎乎？若歸咎於氣質，是必無此目而後可全
　　　目之性矣，非釋氏六賊之說而何？〔註508〕

王船山云：

　　　天人之蘊，一氣而已。從乎氣之善而謂之理，氣外更無虛託孤立之
　　　理也。〔註509〕

黃梨洲曰：

　　　夫盈夫地間，止有氣質之性，更無義理之性。謂有義理之性不落於
　　　義質者，臧三耳之說也。〔註510〕

又曰：

　　　氣清者無不善，氣濁者亦無不善，有不善者乃是習。〔註511〕

以氣爲善，氣質之外無義理，反宋儒義理之性與氣質之性之二元論，與大昕
同時之戴東原亦主張一元性說。東原云：

　　　性者，分於陰陽五行血氣心知，品物區以別焉，舉凡既生以後所有

〔註508〕顏習齋《四存編・存性》卷一，〈駁氣質性惡〉，頁3。
〔註509〕王船山，《讀四書大全說》卷十。
〔註510〕〈先師蕺山先生文集序〉，《黃梨洲南雷文約》卷四，頁205～462。
〔註511〕〈陳乾初先生墓誌銘〉，《黃梨洲南雷文定後集》卷三，頁205～286。

之事，所具之能，所全之德，成以是爲其本，故易曰：成之者性也。
〔註512〕

又曰：

性者，血氣心知本乎陰陽五行，人物莫不區以別焉是也。〔註513〕

大昕之論性，以宋學爲是，尤推尊程、張、朱之說。橫渠云：

形而後有氣質之性，善反之，則天地之性存焉。氣質之性，君子有
弗性者焉。〔註514〕

伊川云：

性無不善，而有不善者，才也。才稟於氣，氣有清濁，稟其清者爲
賢，稟其濁者爲愚。〔註515〕

朱子繼承了橫渠、二程的氣質之性說，以爲：

氣質之說始於張、程，某以爲極有功於聖門。〔註516〕

　　由大昕之性論，可知大昕治學趨向，未受清初以來反宋學風氣之影響，
一本其持論執中，實事求是，較之因薄唐宋經學，遂并韓、歐陽之文章而忽
之者，意量相去遐乎遠矣。

三、《論語》

　　兩漢經學昌明，而有今古文之爭，《論語》雖未啓爭端，而終漢之世，不
違今古文家法。洎乎六朝，家法既泯，經學轉衰，重以南北分裂，傳者不絕
如縷，隋唐雖開統一盛運，而經學爲《五經正義》所蠹，更歷五代，以至宋
初，經學不振，其間八百年，《論語》之學，唯注疏耳。慶曆以還，經學復興，
唯學者說經多空衍義理，與魏晉以下之注疏，既不相侔，視兩漢之經注，亦
復不同，所謂理學是也。於時學者，特重《論語》，二程表章於前，朱子力倡
於後。迄於元明，懸爲功令，致令學子，趨之若鶩，故宋元明之《論語》學，
皆不出程朱窠臼。下逮有清，宗程朱，亦兼采漢學，唯屬漢學者多，宋學者
少，漢學家治《論語》或蒐采異義，以匡翼古注；或脩葺佚說，以詔明絕學；
或自出手眼，以另作新解，或專事考訂，以探索原委，其根本精神在實事求

〔註512〕戴東原《孟子字義疏証》卷中。
〔註513〕同上。
〔註514〕張橫渠《正蒙・誠明篇》第六，《叢書集成三編》二，頁793～794。
〔註515〕《伊川語錄二程遺書》卷十八。
〔註516〕《朱子語類》卷四。

是，根本方法在言必有徵。大昕本此精神以治《論語》，益以淹貫經史，以經
証經，或以史証經，是凡考訂、校勘、訓詁，皆有精到之處，茲述其大要：

（一）《論語》之文與禮經相表裏

大昕博極群書，不專治一經而無經不通，不專攻一藝而無藝不習，故考証
經史，語多精諦，覃思六藝，尤饒創解。趙岐《孟子題辭》：論語者，五經之管
鐥，六藝之喉衿也。誠以六經之旨，散在論語，大義微言，往往可見，欲通六
藝，當以論語爲準繩。故大昕之治論語，乃以經証經，嘗謂：「論語之文與禮經
相表裏」，其說見之《論語答問》曰：

> 問辭達而已矣，此辭何所指？曰：三代之世，諸侯以邦交爲重。論
> 語：使於四方，不辱君命，則稱之。使於四方，不能專對，則譏之，
> 此辭即專對之辭也。公羊傳：大夫出使，受命不受辭。聘禮記：辭
> 無常，遜而説，辭多則史，少則不達，苟足以達，義之至也。〔註517〕

由禮經証之，則可知辭達之義矣。

又《論語・子路》，子曰：必也正名乎。馬融解正名云：正百事之名。而
鄭康成以文字釋之，宋儒改爲正祖禰之名。大昕曰：

> 正名自當從鄭義，禮祭法記云：黃帝正名百物，而倉頡制文字，即
> 於其時，名即文也，物即事也。文不正則言不順，而事不成，馬鄭
> 本無二義，故唐以前說論語者，皆因之。春秋之世，方競戰爭，而
> 孔子以正名爲先，故子路以爲迂也。〔註518〕

《春秋繁露・五英》曰：是故治國之端在正名，名之正，興五世，五傳之外，
美惡乃形，可謂得其眞矣，非子路之所能見，故子路有是語。檢視《論語》一
書，和禮經相表裏者各篇均見，如學而篇，子曰：巧言令色，鮮矣仁。《大戴禮
記》曾子立事篇曰：巧言令色，能小行而篤，難於仁矣。《禮記・表記》篇，子
曰：君子不以色親人，情疏而貌親，在小人則穿窬之盜也與。大戴記以巧言令
色難於仁，《禮記・表記》更以以色親人則穿窬之小人，其互爲表裏於此可見。
又：
學而篇，子曰：節用而愛人，使民以時。《大戴禮記・王言》篇曰：昔者明王
關譏而不征，市廛而不稅，稅十取一，使民之力，歲不過三日，入山澤以時，
有禁而無征，此六者，取材之路也，明主捨其四者而節其二者，明王焉取其

〔註517〕〈答問六〉，《文集》卷九，頁114。
〔註518〕同上。

費也。《禮記‧中庸》篇曰：「時使薄斂，所以勸百姓也。」而使民不以時。《大戴禮記‧曾子制言上》篇曰：使民不時失國，吾信之矣。又學而篇，曾子曰：民德歸厚矣。《禮記‧檀弓下》篇曰：子游曰：人死，斯惡之矣，無能也，斯倍之矣。是故制絞衾，設蔞翣，爲使人勿惡也，始死，脯醢之奠，將行，遣而行之，既葬而食之，未有見其饗之者也，自上世以來，未之有舍也，爲使人勿倍也。又〈經解〉篇曰：喪祭之禮，所以明臣子之恩也。喪祭之禮廢，則臣子之恩薄，而倍死亡生者眾矣。《大戴禮記‧盛德》篇曰：喪祭之禮，所以教仁愛也。又如〈學而〉篇子曰：「未若貧而樂，富而好禮者也，」《大戴禮記‧衛將軍文子》篇曰：德恭而行信，終日言不在尤之內，在尤之外，貧而樂也，蓋老萊子之行也。《禮記‧曲禮上》篇曰：富貴而知好禮，則不驕不淫。《禮記‧坊記》篇曰：「子云，小人貧斯約，富斯驕，約斯盜，驕斯亂。禮者，因人之情而爲之節文，以爲民坊者也。故聖人之制富貴也，使民富不足以驕，貧不至於約，貴不慊於上，故亂益亡。子云：貧而好樂，富而好禮，眾而以寧者，天下其九矣。」又如：〈八佾〉篇，或問禘之說，子曰，不知也，知其說者之於天下也，其如示諸斯乎，指其掌。《禮記‧祭統》篇則曰：「凡祭有四時，春祭曰礿，夏祭曰禘，秋祭曰嘗，冬祭曰烝。礿、禘，陽義也。烝、嘗，陰義也。禘者，陽之盛也。嘗者，陰之盛也。故曰莫重於禘、嘗，古者於禘也，發爵賜服，順陽義也。於嘗也，出田邑，發秋政，順陰義也。故記曰。嘗之日，發公室，示賞也，草艾則墨，未發秋政。〈仲尼燕居〉篇曰：子曰：郊社之義，所以仁鬼神也。嘗禘之禮，所以仁昭穆也。饋奠之禮，所以仁，死喪也。射鄉之禮，所以仁鄉党也。食饗之禮。所以仁賓客也。子曰：明乎郊社之義，嘗禘之禮，治國其如諸掌而已乎。」又曰〈中庸〉篇曰：郊社之禮，所以祀上帝也。宗廟之禮，所以祀乎其先也。明乎郊社之禮，禘嘗之義，治國其如示諸掌乎。又〈禮運〉篇曰：孔子曰：嗚呼哀哉，我觀周道，幽厲傷之，吾舍魯何適矣？魯之郊禘，非禮也，周公其衰矣。杞之郊也，禹也。宋之郊也、契也。是天子之事守也。又〈八佾〉篇：祭如在，祭神如神在。《禮記‧玉藻》篇曰：凡祭，容貌顏色，如見所祭者。又〈祭義〉篇曰：致齊於內，散齊於外。齊之日，思其居處，思其笑語，思其志意，思其所樂，思其所嗜，齊三日，乃見其所爲齊者。祭之日，入室，僾然必有見乎其位。周還出戶，肅然必有聞乎其容聲，出戶而聽，愾然必有聞乎其嘆息之聲。凡此均足以明之，《論語》一書，凡此之例不勝一一舉之矣。

（二）《春秋》微言大義多見於《論語》

《莊子・天下》篇：「春秋以道名分，」名分者，禮也。禮者，史之所掌，天子、諸侯、卿、大夫、士之于君臣、父子、夫婦、兄弟及國際之禮，胥有典法，示人遵守。故春秋依其名分，辨其是非，以求治人之道，而六藝之中尤以詩書禮樂爲孔子所常言，弟子所必修。子曰：「不學禮，無以立。」禮指禮之本及禮之文言。子曰：「禮云禮云玉帛云乎哉。」又曰：「喪禮，與其哀不足而禮有餘也，不若禮不足而敬有餘也。」聖人治禮，在乎通禮之大原。陳澧《東塾讀書記》云：「晉文公譎而不正，齊桓公正而不譎，及天下有道，則禮樂征伐自天子出，祿之去公室五世矣二章，春秋二百四十二年之事，尤提其要矣。陳恒弒君，孔子請討，即在西狩獲麟之年，此尤春秋之所以作也，經學之要皆在論語之中。」故趙岐云：「論語者五經之管鐥，六藝之喉衿也」，《論語》一書乃孔子授七十二子之微言大義，故欲明聖人微言大義，必讀《論語》。大昕云：「蓋宣尼作春秋，其微言大義多見於論語。」〔註519〕又曰：「春秋無通辭，從變而移，不義之中有義，義之中有不義，辭不能及，皆在於指……董生說春秋多引論語爲証。」〔註520〕証之《論語》，確如斯言。

〈學而〉篇子曰：「道千乘之國，敬事而信。」《春秋繁露・楚莊王》篇曰：春秋尊禮而重信，信重於地，禮重於身，何以知其然也？宋伯姬疑禮而死於火，齊桓公疑信而虧其地，春秋賢而舉之，以爲天下法。曰：「禮而信」，又〈精華〉篇曰：「齊桓挾賢相之能，用大國之資，即位五年，不能致一諸侯，於柯之盟見其大信，一年而近國之君畢至，鄄幽之會是也。」又如：

〈八佾〉篇子曰：「管仲之器小哉」，《春秋繁露・精華》篇曰：齊桓挾賢相之能，用大國之資，即位五年，不能致一諸侯，於柯之盟見其大信，一年而近國之君畢至，鄄幽之會是也。其後二十年之間，亦久矣。尚未能大合諸侯也，至於救邢衛之事，見存亡繼絕之義，而明年遠國之君畢至，澤穀貫陽之會是也。故曰：親近者不以言，召遠者不以使，此其效也。其後矜功，振而自足，而不修德，故楚人滅弦而志弗憂，江黃伐陳而不往救，損人之國而執其大夫，不救陳之患而責陳不納，不安鄭而必欲迫之以兵，功未良成而志已滿矣，故曰「管仲之器小哉」，此之謂也。又：

〈里仁〉篇子曰：苟志於仁矣，無惡也。《春秋繁露・玉英》篇曰：經曰：

「宋督弒其君與夷。」傳言莊公馮殺之，不可及於經，何也？避所善也。是故，讓者，春秋之所善，宣公不與其子而與其弟，其弟亦不與子而反之兄子，雖不中法，皆有讓高，不可棄也。故君子爲之諱，避其後亂，移之宋督以存善志，此亦春秋之義善無遺也。若直書其篡，則宣繆之高滅而善無所見矣。難者曰：「爲賢者諱，皆言之，爲宣繆諱，獨弗言，何也？」曰：「不成於賢也，其爲善不法，不可取，亦不可棄。棄之，則棄善志也。取之，則害王法，故不棄，亦不載，以意見之而已，苟志於仁無惡，此之謂也。」

〈衛靈公〉篇子曰：「當仁不讓於師」，《春秋繁露‧竹林》篇曰：公子往視宋，聞人相食，大驚而哀之，不意之至於此也，是以心駭目動而違常禮。禮者，庶於仁，文質而成體者也，今使人相食，大失其仁，安著其禮，方救其質，奚恤其文。故曰：「當仁不讓」，此之謂也。

四、《孟子》

《孟子》成書甚早，而隸經甚晚，宋以前隸屬諸子，地位甚卑，故自漢迄五代，千餘年間，學者寥寥。孟學之作皆謹守訓故，未聞變風，既無家法之分，又乏統緒可尋。宋代儒學復興，孟子浸受重視，慶曆以後，理學興起，二程表章之，躋之《論語》、《學》、《庸》之列，朱子更以之配爲四書，於是治孟學者，風起雲湧，歷元明而不衰。此期學者，言心言性，多取資於《孟子》，亦別有著論排詆《孟子》者，故此期以尊孟與非孟兩派爲骨幹，清代孟學，一如此期論語學之別於宋元明期，薄宋儒爲疏空，而另尋蹊徑，力宗漢儒，於漢代經師之說，務必扶其墜緒，發其幽光，故憤力而爲之考証，間亦涉義理且能自出新義，不襲陳說，是亦清儒特殊之一端。大昕於《孟子》，傾其力於考証，或明前人注疏之誤，或証前人之確解，或辨字義音讀，凡所以疏通証明，撥其沈埋，雖無以度越前賢，然其稽考詳贍，言必有徵。雖殘章零句，未成卷帙，而猶可藉覘其梗概也。

（一）論《孟子正義》非孫奭作

大昕以《孟子》疏本，南宋人僞作，托名於孫宣公。錢氏云：「趙岐注《孟子》，每章之末，括其大旨，閒作韻語，謂之章旨，南宋後，僞正義出，託名孫奭所撰，盡刪章指正文，仍剿掠其語，散入正義。」〔註521〕又云：

〔註521〕《養新錄》卷三，孟子章指條，頁165。

孟子疏本南宋人僞作，托名於孫宣公，其每章之下，有此章言云云，
皆掇拾趙氏章指，而又多芟削，且沒趙氏之名，蓋於諸經疏中，最
爲淺妄。〔註522〕

又云：

朱氏謂，孟子疏非孫宣公撰，乃邵武士人僞作，故集注從不一引。
〔註523〕

而於《養新錄》卷三，更言其詳：

孟子正義，朱文公謂邵武士人所作，卷首載孫奭序一篇，全錄音義
序，僅添三四語耳，其淺妄不學如此。晁公武讀書志，有孫奭音義
而無正義，蓋其時僞書未出，至陳振孫書錄解題，始并載之。馬端
臨經籍考，并兩書爲一條，云孟子音義正義，共十二卷，引晁氏曰：
皇朝孫奭等，採唐張鎰，丁公著所撰，參附益其闕，古今注孟子者，
趙氏之外，有陸善經，奭撰正義，以趙注爲本，其不同者，時時兼
取善經，如謂子莫執中爲子等無執中之類。今考子等無執中之說，
初不載於正義，唯音義有之，馬氏既不能辨正義之僞託，乃改竄晁
語以實之，不知晁志本無正義也。〔註524〕

考孫奭於宋眞宗大中祥符間，奉敕校定趙岐注，因刊正唐張鎰《孟子音義》，及
丁公著孟子手音二書，兼引陸善經孟子注，成《孟子音義》二卷。就經文及注爲
之音釋，書中所釋，稱「一遵趙注」，然亦時就章句有所証明，存其異同，與陸
德明《經典釋文》略相似，蓋以補陸氏之闕，而非以爲正義也。至《正義》，則
憑臆立說，不惟背經背注，且與音義亦時觭攲違，豈有出奭一人之作，而忽彼忽
此。（參考傅武光四書學考，孟子傳本考），又《宋史・邢昺傳》：「咸平二年……
受詔與杜鎬、舒雅、孫奭、李慕清、崔偓佺等校定周禮、儀禮、公羊、穀梁、春
秋傳、孝經、論語、爾雅義疏」，不云有《孟子正義》，司馬光《涑水紀聞》，戴
奭所定著有《論語》、《孝經》、《爾雅正義》，亦不云有《孟子正義》。晁公武《讀
書志》有孫奭《音義》而無《正義》，其不出奭手，確然可信。〔註525〕

　　朱子謂係邵武士人所作。

〔註522〕〈答問六〉，《文集》卷九，頁121。
〔註523〕同上，頁119。
〔註524〕孟子正義非孫宣公作條，頁166～167。
〔註525〕《宋史》卷四百三十一，列傳一百九十。

邵武士人所作，卷首載孫奭序一篇，全錄音義序，僅添三四語耳，
其淺妄不學如此。〔註526〕

而大昕更言邵武士人作疏，乃用善經本。

考崇文總目，載陸善經注孟子七卷，稱善經刪去趙岐章指，與其注
之絲重者，復爲七篇，是刪去章旨始於善經，邵武士人作疏，蓋用
善經本也。〔註527〕

故朱子集註，絕不採取隻字，如：

梁惠王下王之臣章，引趙氏言君臣上下，各勤其任，無墮其職，乃
安其身。告子上仁之勝不仁章引趙氏言爲仁不至，而不反諸己也。
小弁章引趙氏，生之膝下，一體而分，喘息呼吸，氣通於親，當親
而疏，怨慕號天。是以小弁之怨，未足爲愆也，皆見於疏，而注無
之。又齊人伐燕章引趙氏，征伐之道，當順民心，民心說，則天意
得矣。今亦見於疏，而無民心說以下八字，盡心上求則得之章引趙
氏，言爲仁由己，富貴在天，如不可求，從吾所好，今亦見於疏，
而無如不可求二句。〔註528〕

凡此均足以見之。

（二）証前人之確解

大昕以窮經必通訓詁，而漢之經師，訓詁皆有家法，以其去聖未遠。魏
晉而降，儒生好異求新，注解日多，而經益晦，故大昕治《孟子》，一如治它
經之宗漢儒，尊趙注。《文集》卷九云：

問，施從良人之所之。趙注：邪施而行，未審所出。曰：施古斜字，
史記賈生列傳，庚子日施分，漢書作斜，斜邪音義同也。〔註529〕

大昕引史漢之文，並以音義關係申趙注邪施之說不誤。又〈答問〉六：

問孟子書使虞敦匠事。朱注謂董治作棺之事，敦董聲相近，但與古
今不合。曰：此當從趙氏說，敦匠，謂厚作棺也。事嚴，謂嚴事急
也。依文義當以使虞敦匠爲句，事嚴二字爲句。〔註530〕

〔註526〕《養新錄》卷三，孟子正義非孫宣公作條，頁166。
〔註527〕《養新錄》卷三，孟子章指條，頁165～166。
〔註528〕〈答問六〉，《文集》卷九，頁121。
〔註529〕同上，頁119。
〔註530〕同上，頁116。

按：虞即充虞，孟子弟子也。十三經注疏云：言孟子止於嬴邑，弟子充虞請見於孟子曰：前日孟子喪母之時，孟子不知虞之不肖，乃使虞敦匠厚作棺，以其是時事嚴急，故虞不敢請問孟子。從趙注，使虞敦匠爲句，事嚴二字爲句。

大昕治孟，雖尊趙注，然其治經之基本精神在從古而不昧古，嘗謂：「後儒之說勝於古，從其勝者，不必強從古可也。一儒之說，先後異，從其是焉者可也。」故不廢近人之說，《養新錄》云：

> 史記，燕王噲讓國子之，及齊伐燕，皆在齊湣王時。獨孟子書以爲宣王事，司馬溫公通鑑，移湣王前十年，爲宣王之年，以合孟子。然燕人之畔，終在湣王時，仍不能強合。閻百詩又議以燕噲讓國至燕昭自立事，移在前十數年，以合孟子遊齊之歲，益爲妄作。近寶應王子中嘗論之，謂孟子七篇所言齊王皆湣王，非宣王也。湣王初年，兵強天下，與秦爲東西帝，其所以治國者，亦必有異矣。孟子謂「以齊王猶反手，王由足用爲善」，皆道其實，而好勇、好貨、好色，不能自克，末年之禍，亦基于此。後來傳孟子者，改湣王爲宣王，爲孟子諱，其實無庸諱也。孟子去齊，當在湣王之十三、四年，下距湣王之亡蓋廿五、六年，孟子必不及見，公孫丑篇，稱王不稱諡，蓋其元本，梁惠王、盡心兩篇稱宣王者，後人增益之耳。王氏此論最爲精確，前人移易宣湣之年，求合於孟子，終無實據，不若即就孟子本文斷之也。〔註531〕

（三）明前人注疏之誤

大昕博綜典籍，學究天人，每引史証經，明前人注疏之誤，精研地志，考核地理，尤顧閻諸公所不能及。《文集》卷九，論《孟子・滕文公上》，「決汝漢，排淮泗而注之江」之說可見。

淮水本爲四瀆之一，直接入海，而又注江。禹貢云：「導淮自桐柏，東會于泗沂，東入於海」，而孟子言：「排淮泗，而注之江」，與禹貢不合，而後儒疑之。自朱子孟子集註云：「據禹貢及今水路，惟漢水入江耳，汝泗則入淮，而淮自入海，此謂四水皆入於江，記者之誤也。」而啓爭論，大昕則謂漢儒趙岐注孟子，於此文未嘗致疑，宋以後儒乃疑之，〔註532〕大昕以淮泗注江之無可疑而云：

〔註531〕《養新錄》卷三，齊人伐燕條，頁170～171。
〔註532〕《漢學師承記》記之二，頁257。

予謂孟子長於詩書，豈不能讀禹貢，且生於鄒嶧，淮、泗之下流近在數百里之間，何至有誤。蓋天下之水，莫大於海，而江即次之，故老子以江海爲百谷王，南條之水，皆先入江，後入海，世徒知毗陵爲江入海之口。不知朐山以南，餘姚以北之海，皆江之委也。漢水入江二千餘里，而尚有北江之名，淮口距江口百里，其爲江之下流，何疑！禹貢云：沿于江海，達于淮、泗，此即淮、泗注江之証。注江者會江以注海，與導水之文，初不相悖也。說文云：江水至會稽山陰爲浙江，浙江者，漸江也。漸江與江水不同源，而得名江者，源異而委同也。國語，吳之與越，三江環之，韋昭以爲吳松江、錢塘江、浦陽江也，錢塘江即浙江，吳松浦陽，亦注江而後注海，故皆有江之名。漢儒去古未遠，其言江之下流，不專指毗陵一處，如知會稽、山陰，亦爲江水所至，則無疑乎淮泗注江之文矣。〔註533〕

按：趙岐孟子題辭：「孟子通五經，尤長於詩」。禹貢當其所通，而史記孟子列傳更云：「孟子鄒人」。泗水在禹貢時出泗水縣，歷曲阜，滋陽，濟甯、鄒縣、魚台、滕縣、沛縣、徐州、邳州、宿遷、桃源，至清河縣，入淮〔註534〕故大昕言淮泗下流近在數百里間。又胡渭《禹貢錐指》卷十四引吳氏之言曰：「漢既入江，與江混爲一水，而又曰東爲北江入於海，有似別爲一水然，何也？蓋漢水源遠流大，可亞于江，兩相匹配，與他小水入大水之例不同，故於荊州言朝宗於海，必以江漢并稱。蓋曰江之入海，非獨江水，實兼漢水，江固爲江，漢亦爲江也，故漢得分江之名而爲北江。」漢水入江二千餘里尚有北江之名，淮口距江五百里，其爲江之下流復更何疑。大昕爲孟子一一辨說，言之鑿鑿。今觀此章，乃孟子申述禹治水之功，似可不必拘泥也。

又引史以明趙注之誤：

問：癰疽之名，亦見它書否？曰：孔子世家，衛靈公與夫人同車，宦者雍渠參乘，出，使孔子爲次乘，又報任安書云，衛靈公與雍渠同載，孔子適陳，雍渠即孟子所稱癰疽也。趙氏以爲癰疽之醫者，似是臆説。〔註535〕

據傳文以斥俗師之誤：

〔註533〕同上，頁257～258。
〔註534〕參清胡渭撰《禹貢錐指》。
〔註535〕〈答問六〉，《文集》卷九，頁119。

問，公行子有子之喪，何以君命往弔？曰：儀禮喪服篇，父爲長子，斬衰三年。傳曰：何以三年也？正體於上，又乃將所傳重也，庶子不得爲長子三年，不繼祖也。鄭氏注曰：此言爲父後者，然後爲長子三年，重其當先祖之正體，又以其將代己，爲宗廟主也。公行子當是爲父後者，其子蓋長子也。大夫之適長，在國謂之國子，入學與世子齒焉者也。在家謂之門子，春秋傳：大夫門子，皆從鄭伯，是也。故其喪也，父爲之服斬衰三年，君使人弔，卿大夫咸往會焉。周禮卿大夫士之喪，職喪以國之喪禮，涖其禁令，孟子所稱不歷位，不踰階之禮，即職喪之禁令也。孫疏稱公行子喪其子，故有子之喪，其義甚明。俗師云：有人子之喪，謬矣。〔註536〕

依禮說而斥趙邠卿之不知禮，而致注孟之誤

問，王子有其母死者，其傅爲之請數月之喪，陳氏暘謂王子所生之母死，厭於嫡母，而不敢終喪。古人之於嫡庶，若是其嚴乎？曰：陳氏之說，本於趙邠卿，謂王之庶夫人死，迫於適夫人，不得行喪親之數，其實不然也。禮，家無二尊，故有厭降之義，父卒，爲母齊衰三年，而父在則期，厭於父也，禮尊君而卑臣，亦有厭降之義，天子諸侯絕旁期，大夫降，故士之庶子，父在爲其母期。大夫之庶子，父在爲其母大功。公子父在，爲其母無服，厭於尊也。儀禮喪服記：公子爲其母練冠麻，麻衣縓緣，既葬，除之。傳曰：何以不在五服之中也，君之所不服，子亦不敢服也。大功章，公之庶昆弟，爲其母，傳謂先君餘尊之所厭，不得過大功，蓋公之庶子，雖父已先卒，猶厭於父之餘尊，不得伸母之服，不言厭於嫡母也。公羊傳：母以子貴，故春秋於成風，敬嬴，定姒，齊歸之薨。葬，曰夫人，曰小君，成其爲君母也。惟適母在，則不得伸其母。然則天子諸侯，爲其生母，謂厭於嫡母，可也。公子爲其母，謂厭於嫡，不可也。邠卿俗儒，又烏知禮意。〔註537〕

此外又旁及子書以之申趙注，或論辨其是非：

問，孟子書有北宮黝、北宮錡，趙氏注以錡爲衛人，而黝獨未詳，亦可考否？曰：黝事固不可考，然淮南子有云：握劍鋒以離北宮

子，司馬蒯瞶，不使應敵，操其觚，招其末，則庸人能以制勝。
高誘注：北宮子，齊人也，孟子所謂北宮黝也。誘生於漢室，所
見書籍尚多，以黝爲齊人，宜可信。春秋之世，衛有北宮氏，世
爲正卿。戰國策：趙威后問齊使者云：北宮之女嬰兒子無恙，則
齊亦有北宮氏也。〔註538〕

此以《淮南子》高誘注，而謂北宮黝乃齊人之可信。

（四）辨字義音讀

大昕邃於小學，鈐鍵在握，說經自較詳實，立論每有凌越前人處，如：

問，沈猶之沈，當讀何音？曰：此字平上兩音皆可讀。廣韻：沈，
直深切，漢複姓有沈猶氏，此平聲讀也。漢書：楚元王子歲爲沈猶
侯，王子侯表作沈猶。晉灼，顏籀，并讀爲審。沈猶，蓋地名，魯
有沈猶氏，朝飲其羊，而曾子弟子亦有沈猶行，此必以地爲氏者，
則讀沈爲上聲，亦可通。〔註539〕

審明沈之音讀。又有辨明字義者：

問，孟子師行糧食之義曰：周禮廩人職云：「凡邦有會同師役之事，
則治其糧食。」注：行道曰糧，謂糒也。止居曰食，謂米也。鄭鍔
云：遠者治其糧。莊子：適百里者，宿舂糧。適千里者，三月聚糧，
蓋言遠也。近者治其食。詩：朝食于株。左氏傳，食時而至，蓋言
近也。予按說文訓糒爲乾，詩：「乃裹餱糧，于橐于囊」，孟子謂居
者有積倉，行者有裹糧，此糧與食之辨。〔註540〕

而經文有因避諱而改字者，大昕亦不忽略。

孟子夫子當路於齊章注：一正天下，改匡爲正，避太祖諱也。然論
語注中匡人，孟子注中匡章，纂疏亦未改，此校書者之失，非趙氏
有誤也。〔註541〕

孟子或謂孔子於衛章注，司城正子，亦宋大夫之賢者也，孔子去陳，
主於司城正子，改貞爲正，避仁宗諱也，今本皆作貞字。〔註542〕

〔註538〕同上，頁116。
〔註539〕〈答問六〉，《文集》卷九，頁118。
〔註540〕〈答問三〉，《文集》卷九，頁116。
〔註541〕《養新錄》卷三，朱子四書注避宋諱條，頁161。
〔註542〕同上。

（五）疑經文之當改

大昕以研精經、史、文字、音韻、訓詁、地理沿革及官制、氏族、九章算術顯名，一反明人空疏之習，治學先從書本上鑽研考索，以求達實事求是之目的。然古書傳習愈稀者，其傳抄踵刻舛誤愈甚，馴至不可讀。故大昕讀經必擇善本，養新錄卷三：「經史當得善本」，如無善本，以石刻或漢人之著作，或同類事蹟之記載，以証異說或謬誤。養新錄一書，大昕條舉亦夥，《孟子・萬章下》：

> 孟子，問伯夷之風者，頑夫廉，懦夫有立志，廉與貪對，不與頑對。
> 按論衡率性篇、非韓篇後漢書王暢傳、丁鴻傳所引，皆作貪夫廉，然則兩漢本是貪字。〔註543〕

《孟子・梁惠王上》：

> 孟子狗彘食人食，而不知檢，檢當依漢書食貨志作斂。古者三年耕必有一年之食，九年耕必有三年之食，自農而外，工商賈皆不耕而食者，則必糶糴以通之。而歲有豐歉，穀有貴賤，則不能無傷農傷末之患，於是有發斂之法。豐歲則斂之於官，凶歲則糶之於民，記所謂雖遇凶旱水溢，民無菜色者，用此道也。狗彘食人食，猶言樂歲粒米狼戾耳。惠王不修發斂之制，豐歲任其狼戾，一遇凶歉，食廩空虛，不得已為移民移粟之計，自以為盡心，惑矣。〔註544〕

> 季任為任處守，趙注：季任，任君季弟也。按：國君之弟以國氏，字當在國下，春秋桓十七年，蔡季自陳歸于蔡，蔡侯弟也。莊二年，紀季以酅入于齊，紀侯弟也，依春秋例，季任當為任季，傳寫顛倒耳。〔註545〕

王引之《經傳釋詞・自序》云：「揆之本文而協，驗之他卷而通，雖舊說所無，可以心知其意……凡其散見於經傳者，皆可比例而知觸類長之。」大昕之以小學通經，並引群經諸史，旁及諸子以証之，即此而得正確之斷案，又可推同類之事項而無閡，引之所云，誠乃大昕治經之法也。

〔註543〕《養新錄》卷三，頑夫廉條，頁168。
〔註544〕《養新錄》卷三，檢條，頁169～170。
〔註545〕《養新錄》卷三，季任條，頁172。

結　論

　　段玉裁序《潛研堂文集》云：「夫自古儒林，能以一藝成名者眾，合眾藝而精之，殆未之有也」。〔註1〕大昕之學，浩博無涯涘，名重今昔，其所以致之者，歸因於嚴謹之治學方法，不苟之治學態度，繼之以矻矻之治學精神。大昕曰：「易、書、詩、禮、春秋，聖人所以經緯天地者也」。又曰：「道在六經，舍經以談道，非道也，離經以求學，非學也」。故曰：「先聖之蘊具於六經，舍六經安有學者」，然經之義難明，而通經又為明道唯一途徑，因之大昕由治經而開創出有效之治學方法，建立完密之學術系統，予有清一代治學另闢一新途徑，其影響可謂鉅矣，非止於通經明道而已也。茲條述其貢獻與影響：

一、去偽求眞，矯無學之弊

　　惠氏之學在「博聞強記」、「尊古，守家法」，以為古訓不可改，經師不可廢。故其學術主張，凡古皆眞，凡漢皆好，不問眞不眞，惟問漢不漢，其用心在溯古而得其原，以辨後起之偽託。大昕經學之淵源，出於惠氏，〈左氏傳古注輯存序〉：

> 窮經者必通訓詁，訓詁明而後知義理之趣，後儒不知訓詁，欲以鄉
> 壁虛造之說，求義理之所在，夫是以支離而失其宗。漢之經師，其
> 訓詁皆有家法，以其去聖人未遠。魏晉而降，儒生好異求新，注解
> 日多，而經益晦……。〔註2〕

足見大昕之治經亦宗漢儒，以漢儒去古未遠，訓詁皆有家法，不若後儒之支

〔註1〕〈段玉裁序〉，《文集》卷一，頁1。
〔註2〕《文集》卷二十四，頁344。

離虛造，教學者脫宋明儒空談之羈勒，直接反求之於古經。惟錢氏不同於惠氏者，在錢氏之富有實事求是之精神，以後儒之說不可信，故信漢儒之說，然漢儒之說如有疑問，亦不予深信。於臧玉林〈經義雜識序〉云：

> 三代以前，文字、聲音與訓詁相通，漢儒猶能識之，以古爲師，師其是而已矣，夫豈陋今榮古，異趣以相高哉。〔註3〕

於《答問》更云：

> 後儒之說勝於古，從其勝者，不必強從古可也，一儒之說而先後異，從其是焉者可也。〔註4〕

不拘守家法，不盲從權威或傳說，此乃大昕實事求是之眞精神，此種從其是者之精神，爲惠氏所未曾有。定宇壁壘森固，膠固褊狹盲從，排斥異己，信古過篤，不求當於心，而固守其說，以致啓蒙時代之懷疑精神，批評態度，幾夭閼焉。幸大昕之尊古而不昧古，使學者起求眞之念，考証學之規模以立，盡闢不切實務之談，而歸諸實事求是之鵠的，矯無學之弊，爲此學術開創新局面。大昕《廿二史考異序》：

> 祛其疑乃能堅其信，指其瑕益以見其美，拾遺規過，匪爲齮齕前人，實以開導後學。〔註5〕

正是大昕之懷疑精神，批評態度之表白。大昕之不盲從宋儒，予宋儒學說之「主一無適」、「天即理」均駁正之，啓有清學者懷疑之精神，主一無適條云：

> 宋儒以主一無適解敬字，主一出於古文尚書，善無常主，協于克一，又足以無適二字，則文子兩見之。其道德篇云：一也者，無適之道也。又下注云：一者至貴，無適於天下。淮南齊俗訓亦云：一者至貴，無適於天下。默希子注：一者法也。適者，往也。言君致法而治，則萬物皆歸往於君，故無不適也，古書適讀如敵，敵猶對也，一爲特，二爲對，無適者，無對也。宋儒雖用文子之言，實非文子本旨。論語言敬者二十有一，皆主行事而言，曰敬事而信、曰執事敬、曰事思敬、曰事君敬其事，敬其事，不在心也，敬與一似當有別。〔註6〕

又天即理條云：

〔註3〕同上，頁348。
〔註4〕《文集》卷九，頁107。
〔註5〕《文集》卷二十四，頁362。
〔註6〕《養新錄》卷三，頁157～158。

　　宋儒謂性即理，是也。謂天即理，恐未然，獲罪于天，無所禱，謂
　　禱於天也，豈禱於理乎？詩云：敬天之怒，畏天之威，理豈有怒與
　　威乎？又云：敬天之渝，理不可言渝也，謂理出於天則可，謂天即
　　理則不可。〔註7〕

其說雖未足以知宋儒之深心，蓋宋儒指日之天，乃哲學「本體大全」之意也，
故可謂天即理，而理非天。大昕不能苟同斯義，所言影響後人甚大，戴震因
而繼起，反抗理學，即受其影響也。

二、以治經之方法治史學，開歷史考據學之先驅

　　錢氏以治經學之方法，發揚為史學之研究，以其由經而史也，在經學上
尊崇漢儒，在史學上相信較古之記載。在史學上相信較古之記載，則為史學
家應有之態度，蓋作史時代愈後，則附會愈多，當時真面目愈不可見。錢氏
所作〈秦四十郡辨〉一文，最足表明此精神：

　　言有出於古人而未可信者，非古人之不足信也，古人之前尚有古人，
　　前之古人無此言，而後之古人言之，我從其前者而已矣。秦四十郡之
　　說，昉於晉書，晉書為唐初人所作，自今日而溯唐初，亦謂之古人，
　　要其去秦漢遠矣。太史公書秦始皇二十六年，分天下為卅六郡，未嘗
　　實指為某某郡也。班孟堅地理志列漢郡國百有三，又於各郡國下詳言
　　其沿革，其非漢置者，或云秦置，或云故秦某郡，或云秦郡，并之正
　　合三十六之數。是孟堅所說，即始皇所分卅六郡也。志末又總言之云，
　　本秦京師為內史，分天下作卅六郡，漢興以其地太大，稍復開置，又
　　立諸侯王國，武帝開廣三邊，故自高帝增廿六，文景各六，武帝廿八，
　　昭帝一，迄於孝平，凡郡國一百三，以秦卅六郡，合之、高、文、景、
　　武、昭所增置，正得百有三，是秦卅六郡之外，更無他郡，安得有四
　　十郡哉？司馬彪郡國志，本沿東觀舊文，亦云漢書地理志，承秦卅六
　　郡，後稍分析，至於孝平，凡郡國百三。蓋自後漢至晉，史家俱不言
　　秦有四十郡也，許叔重說文，應劭風俗通，高誘淮南子注，皇甫謐帝
　　王世紀，述秦郡皆云卅六，諸人博學洽聞，豈有不讀史記者。使南海
　　三郡，果在卅六郡之外，何故舍多而稱少？故知西晉以前，本無四十

郡之說，自裴駰誤解史記，以略取陸梁地在分郡之後，遂別而異之。
其注卅六郡，與漢志同者卅三，別取內史、鄣郡、黔中三郡以當之，
而秦遂有三十九郡矣。晉志又增入閩中一郡，合爲四十。嗣後精於地
理如杜君卿、王應麟、胡三省輩，皆莫能辨，四十郡之目，遂深入肺
腑，牢不可破矣。地理之志，莫古於孟堅，亦莫精於孟堅，不信孟堅，
而信房喬敬播諸人，吾未見其可也。即泝而上之，肇自裴駰，駰亦劉
宋人也，豈轉古於孟堅哉！〔註8〕

大昕不信裴駰四十郡後起之說法，而信班固地理志較古之記載，復於「秦卅
六郡考」、「答洪稚存書」、「答談階平書」，與「廿二史考異」中，再三堅持其
說。蓋以班志諸秦郡，去秦未遠，較後人之說爲可信也。故錢氏之歷史考據
學最足令人歎服。自史漢至元史，錢氏皆潛心探究，詳加考訂，正其譌謬，
辨其異同。考訂之精密，識見之精湛，發千載之覆，而成不刊之論。又，大
昕治經首重善本，其治史亦重善本，謂：「經史當得善本」：

金史禮志，太宗諸子傳各闕一葉，皆有宋元槧本可以補校，若日讀
誤書，妄生駁難，其不見笑於大方者鮮矣。〔註9〕

由是可知其對善本之重視，《養新錄》「漢書景祐本」條云：

予撰漢書考異，謂哀帝紀元壽二年春正月，元壽二字衍。文景武昭
宣元成功臣表，孝成五人，成鄉當作成都，樂成下衍龍字。百官公
卿表宵平侯張歐宵當作宣俞侯。樂賁，樂當作樂。安年侯王章，年
當作平。平喜侯史中，喜當作臺。廣漢太守孫實，實當作寶。五行
志：能者養之以福，之以當作以之。地理志：逢山長谷諸水所出，
諸當作渚，博水東北至鉅定，博當作時。張良傳：景駒自立爲楚假
王，在陳留，陳字衍。枚乘傳：凡可讀者不二十篇，不當作百。韓
安國傳，梁城安人也，城當作成。韋賢傳，畫爲亞人，當作亞。佞
幸傳：龍雒思侯夫人，雒當作額。頃見北宋景祐本，此十數處，皆
與予說合。〔註10〕

以考証之結果，稽之善本，此爲至可信者。此外大昕治經亦重金石之應用，
並以之治史，其云：

〔註8〕《文集》卷十六，頁224～225。
〔註9〕《養新錄》卷三，頁183。
〔註10〕《養新錄》卷六，漢書景祐本條，頁314～315。

> 金石之學與經史相表裏……蓋以竹帛之文，久而易壞，手抄板刻，
> 展轉失眞，獨金石銘勒，出於千百載以前，猶見古人眞面目，其文
> 其事，信而有徵。〔註11〕

大昕自乾隆丁丑（廿二年，卅歲）年始，公事之暇，便入琉璃廠購漢唐石刻：
「晨夕校勘，諷以史事」。此後，凡知交歷官居鄉之地，莫不遍託搜羅，至
身所經歷，山崖水畔，蠻宮梵宇，有斷碑殘刻，必剔蘚拂塵，摩挲審讀，或
手自椎拓，其好至老而益篤。家藏拓本二千餘種，因之，其《廿二史考異》
中，以石刻碑文校勘之處，俯拾便是，《考異》卷四十，北史神武諸子傳彭
城王浟「史君在滄洲曰」條：

> 漢人稱刺使爲使君，以其奉使刺舉而言，六朝人多稱刺史爲史君，
> 則以君名有史字故也。予家藏東魏興和二年敬顯儁碑，額題「敬史
> 君」，字畫分明。高浟爲滄定二州刺史，亦在東魏時，傳稱史君，與
> 石刻正合，監本改史爲使，所謂少見多所怪也。

《考異》卷五九，舊唐書張說傳左司郎中陽伯誠條：

> 王晙傳，有戶部郎中楊伯誠。禮儀志：有戶部郎中楊伯誠，蓋即一
> 人而字各異。今山西安府學有大智禪師碑陰記，河南少尹陽伯誠撰，
> 當據碑爲正。

此據古代碑石以校勘者也，其例繁多，不勝枚舉。

　　此外治經所注意之避諱、義例，大昕皆一一應用於治史。如《考異》卷
十一，後漢書曹襃傳父充，持慶氏禮條：

> 持本是治字，章懷避諱改之。隗囂傳：申屠剛杜林爲持書。杜林傳：
> 爲持書。平來歷傳：持書侍御史龔調，蔡邕傳注：太伯端委以持周
> 禮，皆本治字，而唐人改爲持也。郅惲傳：理韓詩嚴氏春秋。則治
> 經之治，或改爲持，或改爲理，初無一定。若侯霸傳：治穀梁春秋，
> 吳良傳，又治尚書，此又校書者轉改。

此唐人諱治而改爲持或理。又《考異》卷十六，三國蜀志馬超傳「右扶風茂
陵人也」條：

> 案兩漢書例，惟官名稱左右，若稱人籍貫，但云馮翊扶風而已，此
> 傳云右扶風茂陵。法正傳；右扶風郿。兩右字當省。

大昕每校一書，均熟知其義例，據其義例而考知衍文漏誤處。其考訂之精密

詳審，當時無出其右者，於史籍未正之譌誤，皆一一諟正，昭然若揭。以歸納法尋求史籍之義例，以演繹法解釋史實之誤謬，實事求是，不涉虛誕，合於今之科學規則，開歷史考據學之先驅，此其最大貢獻者也。

三、勤搜遺書，網羅佚文殘字，由校勘而發皇考據之學

乾嘉之際，士大夫皆好宋元刻舊鈔，佞宋之風極盛，即使零篇殘葉，寶若球琳，士大夫不惜重資以購之，重其接近原始面目也。是以藏書名家者眾，大昕喜蒐訪鑒賞古籍，並以藏書著，葉德輝《郋園讀書志》云：

> 國朝吳中藏書之富，甲於天下，絳雲汲古其最者也……同時陳氏鱣，顧氏千里，錢氏大昕……皆以藏書名。〔註12〕

蓋大昕之治學主旨在為通儒，欲為兼人之學，故好購書及收藏金石文字，〈己丑除夕詩〉：「開春欲到琉璃廠，購取奇書滿一囊」。〔註13〕瞿中溶〈跋金石文字目錄〉云：

> 外舅少詹錢先生，博采金石文字，以考正經史之學，多歐趙前賢所未逮……所過山厓水畔竇宮梵宇，得一斷碑殘刻，必刷薜拂塵，摩挲審讀而後去，其好殆至老而益篤。家藏拓本二千餘種，著有跋尾八百餘篇。

其金石之癖，訪書、訪碑之勤可見一斑。購之不得輒借抄，《日記鈔》卷一：

> 吾友葉林宗，篤好奇書，搜訪不遺餘力，每見案一帙，必假歸，躬自繕寫，篝灯命筆，夜分不休，我倆獲得秘冊，即互相傳錄，雖昏夜叩門，兩家童子，聞聲知二人，好事極矣。

又〈跋咸淳毗陵志〉云：

> 曩予於吳門，訪朱文游，見插架有此，亟假歸錄其副，尚闕後十卷，戊申夏，始假西莊光祿本鈔足之，然第二十卷終不可得矣。〔註14〕

〈跋雪樓集〉云：

> 程文憲公集，予訪之二十年未獲，歸田後，始得之西吳書估舟中。
> 〔註15〕

〔註12〕《郋園讀書志》卷三，士禮居藏書題跋記條。
〔註13〕《詩集》卷十，頁160。
〔註14〕《文集》卷二十九，頁456。
〔註15〕《文集》卷三十一，頁486。

一書之訪尋或鈔成，歷數十載，其收藏不可謂不富矣。大昕亦頗以此自負，〈自題像贊〉云：

> 官登四品，不爲不達，歲開七秩，不爲不年，插架圖籍，不爲不富，研思經史，不爲不勤，因病得閒，因拙得安，亦仕亦隱，天之幸民。

〔註16〕

大昕非特能藏，更能讀能取，允爲版本古籍之行家，於版本之後先，篇第之多寡，音訓之異同，字異之增損，及其授受源流，繙摹本末，莫不心營目識，條分縷析，〈跋江雨軒集〉云：

> 予所藏江雨軒集，卷首有巡撫宣府關防，卷末有公裔孫奕苞小印，知爲菉竹堂鈔本，雖字畫潦草，卻是二百年前舊物，可寶也。〔註17〕

又，〈跋元詩前後集〉云：

> 卷首皆題奎章學士虞集伯生校選，蓋江西書肆人所爲，假道園名以傳……然近世博雅收藏之家，皆未見此書，予於京師琉璃廠書市以二百錢得之，戲謂家人曰：北宋人之洴澼絖，惡知其不值千金也。〔註18〕

〈跋薛尚功鐘鼎彝器款識〉云：

> 此本乃明人就墨跡影鈔者，故行款字體俱不失眞，舊藏虞山錢氏，後歸吾邑周梁客，今爲王鶴溪得之……〔註19〕

藏書家誤認古籍刊刻年月，大昕則指其誤，《十駕齋養新錄》云：

> 吳門朱文游家藏宋槧春秋正義三十六卷，云宋淳化元年本，實則慶元六年重刊本也……文游嘗許余借校，會余北上未果，今文之游久逝，此書不知轉徙何氏矣。〔註20〕

因之其時之藏書家，每每就教於大昕，黃丕烈〈跋鈔本義門小稿〉云：

> 此冊出張沖之家，……竹汀嘗爲序言，沖之家書籍多善本，予往往借讀，公此冊有竹汀題識可知矣，沖之身後流落殆盡，余收之不下數十種，每得後亦就質於竹汀。〔註21〕

〈鶴谿子墓誌銘〉云：

〔註16〕《文集》卷一，首頁。
〔註17〕同上，卷卅一，頁490。
〔註18〕同上，頁493。
〔註19〕《文集》卷三十，頁467～468。
〔註20〕《養新錄餘錄》卷上，春秋正義宋槧本條，頁1076。
〔註21〕《蕘圃藏書題識》四，頁887。

生平喜鈔書，所收多善本，每有所得，恆就予評泊。〔註22〕

《竹汀日記鈔》云：

盧抱經以校定熊方後漢書年表樣本見示，聞鮑以文已刊入叢書
矣，其中如光祿勳鄧淵，廷尉宣璠，少府田邠見殺事，在興平二
年，而誤列於元年，又脫去光祿勳士孫瑞，大長秋苗祀，皆不可
不補正。〔註23〕

與藏書家交往之頻繁，共爲賞奇析疑，有助書籍之流通，校勘及訂補，使考
據學、校勘學以至藏書風氣盛極一時，若無大昕，則藏書家之宋元刻鈔本則
效用大減矣。校勘家、藏書家，若不得此刺激，則群書拾補之類之校勘著作，
士禮居，抱經堂叢書等古籍之刊刻，勢不若斯之蓬勃矣。今舉大昕據藏書以
校勘考據之一二例，《竹汀日記鈔》：

晤袁又愷……見翻刻朱文公周易本義十二卷，前有易圖，卷末附筮
儀五贊。咸淳乙丑九江吳革刊本，其雜卦傳：遘，遇也，不作垢，
與唐石經，岳倦翁本同，可證文公本猶未誤也。向讀咸速也，恆久
也。注惟咸速恆久四字，甚疑之，讀此本，乃是咸速常久，乃悟俗
本之誤。〔註24〕

《十駕齋養新錄》云：

此書初刻於開封，再刻於曲阜，今何夢華所藏，紙墨古雅的爲初印
本。予嘗據漢宋元諸石刻，證聖妃當爲并官氏，今檢東家雜記及此
書，并官氏屢見，無有作开字者，乃知宋元刻本之可寶，自明人刻
家語，妄改爲开，沿譌三百餘載，良可喟也。〔註25〕

誠由其眼光銳敏，心思縝密以及兼人之學養，非特校勘字句異同，舉凡編次，
纂輯，補訂，以至體例之恰當與否，皆有規正。由校勘而考據，使漢學之基
礎益固矣。

四、誘勵後學，成反樸歸實之風

大昕生當乾嘉之盛，名家輩起，然如大昕享名之大、之盛、之久，則寥

〔註22〕《文集》卷四十八，頁 736。
〔註23〕《竹汀日記鈔》卷一，頁 4。
〔註24〕同上，頁 14。
〔註25〕《養新錄》卷十三，孔氏祖庭廣記條，頁 996～997。

寥無幾。蓋大昕之聳動當時，固由其學之博通古今，尤在其誘導及鼓勵後學，提攜揄揚後進，〈錢竹汀先生行述〉云：

> 府君樂育後進之懷，出於至誠，未嘗有不屑之教誨焉。〔註26〕

又云：

> 府君一生無疾言遽色，無私喜盛怒，不輕許可，不濫交游，力學敦
> 品之士，不惜獎借而誘進之。雖其人至終身僵寒坎軻而稱賞未嘗去
> 口，四方賢士大夫下逮受業生徒，咸就講席，折中辨論。〔註27〕

故或叩問疑義，或商論詩文，或持示古本書籍，或鑒別舊拓碑帖鐘鼎款識以及書法名畫，大昕無不窮源竟委，獎掖而育成之，彬彬稱盛。

及壯歲，以文學侍從，服官禁近，旋充考官，閱經生卷，於好學儒生尤所獎賞，諄諄期勉。如典試山東，得益都李文藻，歎爲天下才也，並譽南澗「籍甚詞壇第一流」，「偶露文章世已驚」，〔註28〕於南澗詩集序云：

> 予好聚書而南澗鈔書之多過於予，予好金石文，而南澗訪碑之勤過
> 於予，予好友朋，而南澗氣誼之篤過於予，予好著述，而南澗詩文
> 之富過於予。〔註29〕

典試浙右，得識邵晉涵，及來謁，纔逾弱冠，叩其學淵乎不竭，於是拊掌曰：「不負此行矣」。又告兒輩：「予比歲衰病，嘗預戒兒輩，必求二雲銘我」。〔註30〕於二雲史學，尤推獎焉。曰：「言經則推戴震，論史則推二雲」。揄揚後進，不遺餘力。故形成風會，四方向化也。

於廣東學政任，申嚴月課之令，使士子聞風知讀全經，士習由之一變：

> 在廣東學政任，申嚴月課之令，每季親出題，至院親閱而甲乙之，
> 士子無敢托故不與課者。……又以士子多不肯讀經，每考試經題務
> 避熟擬，四書藝雖可觀，而經義達失者，痛斥之，仍榜示某某卷，
> 以荒經遺落之，故自是諸郡聞風，童子皆知讀全經矣。〔註31〕

矯俗返淳，於此可見。及長鍾山婁東書院，於諸生之俊秀者尤所獎賞，及門經指授成名者甚眾。又以品粹學優，居鄉端謹，堪爲諸生表率而爲閩鶚元延

〔註26〕　〈錢竹汀先生行述〉，復廬叢書，頁 20。
〔註27〕　〈錢竹汀先生行述〉，復廬叢書，頁 19。
〔註28〕　〈送李莒畹進士東歸〉，《詩集》卷五，頁 84。
〔註29〕　〈李南澗詩集序〉，《文集》卷二十六，頁 386。
〔註30〕　〈邵君墓誌銘〉，《文集》卷四十三，頁 687。
〔註31〕　〈錢辛楣先生年譜〉，乾隆四十年乙未條。

主紫陽書院十六年，賢仕受業門下者不下二千人，大昕諭以「浮慕虛名，無補實學」。由是士子勤學務本，而返樸歸實之風立。〈竹汀行述〉云：

> 追憶四十年前舊事，皆賴名師益友切磋琢磨之力，得窺古人堂奧，遂奮然以振興之教，繼美前修為己任，與諸生譚經史性命之怡，切諭以浮慕虛名，無補實學，由是士子馳逐聲華者，漸變氣質。〔註32〕

又云：

> 三吳士人，益駸駸向化，并有他省好學之儒，不遠千百里，載贄執經者，為向來未有之盛事。迄今十六年，名流輩出，如陳工部鶴，潘戶部世璜，顧庶常蒓，皆賞識於未第之先，而自謂賴府君造就玉成者也。〔註33〕

當時學者，受大昕之浸潤，由鄙庸歸純正，馴致以此學風相矜尚，相與淬勵精進，而於大昕，又唯恐瞻仰之不及。凡所著作，以得大昕筆削斧正為幸，以獲大昕片言獎譽為榮，攀援請益者夥，凡大昕所言，貴同千金，其言行精神，成為學者之矩矱，而影響於當代，垂型於後世矣。

〔註32〕〈錢竹汀先生行述〉，復廬叢書，頁 12。
〔註33〕同上，頁 13。

參考書目

一、

1. 《潛研堂全書》二七五卷，七四冊，清道光廿年重修本（今藏故宮）。

2. 《潛研堂全書》二三種，二六六卷，八十冊，清光緒十年，長沙龍氏家塾重刊本（今藏台大文圖）。

3. 《潛研堂文集》七十卷，民21年涵芬樓影印本（今藏國立中央圖書館台灣分館）。

4. 《潛研堂文集》五十卷，附《詩集》十卷，《詩續集》十卷，民19年上海涵芬樓影本（今藏師大圖書館）。

5. 《經典文字攷異》，古學彙刊本，力行書局影印本。

6. 《唐石經攷異》，涵芬樓秘笈本，商務印書館，袁廷檮抄本，古學彙刊本。

7. 《聲類》，叢書集成簡編本。

8. 《廿二史攷異》，廣雅書局叢書本，歷代地理志彙編本。

9. 《三史拾遺》，史學叢書本。

10. 《諸史拾遺》，史學叢書本。

11. 《元史氏族表》，史學叢書本，廣雅書局叢書，廿五史補編本。

12. 《補元史藝文志》，叢書集成初編本，廿五史補編本。

13. 《四史朔閏攷》，全書本。

14. 《通鑑注辨証》，全書本。

15. 《洪文惠年譜》，屏守齋年譜五種本。

16. 《洪文敏年譜》，屏守齋年譜五種本。

17. 《陸放翁年譜》，屏守齋年譜五種本，廣文書局影印。

18. 《王伯厚年譜》，四明叢書本，屏守齋年譜五種本。

19. 《王弇州年譜》，屛守齋年譜五種本，廣文書局。

20. 《天一閣碑目》，石刻史料，新文豐出版公司。

21. 《疑年錄》，粵雅堂叢書本，全書本。

22. 《潛研堂金石文字目錄》，石刻史料，新文豐出版公司。

23. 《潛研堂金石文字跋尾》，石刻史料，新文豐出版公司。

24. 《竹汀先生日記鈔》，廣文書局影刊本。

25. 《竹汀先生日記鈔》，叢書集成本，鼎文影排印本。

26. 《顏氏家訓注補正》，四部備要本，叢書集成本，國學基本叢書本。

27. 《十駕齋養新錄》，《餘錄》，萬有文庫本，四部備要本，國學基本叢書本，廣文書局影刊本。

28. 《附竹汀居士自訂年譜》，廣文書局影刊本，商務排印本，鼎文影排本。

29. 《三統術衍·鈐》，全書本。

30. 《風俗通義逸文》，附王利器《風俗通義校證》，明文書局排印本。

31. 《恆言錄》，文選樓叢書本，叢書集成初編，商務排印本。

32. 《潛研堂文集》，涵芬樓本，文錄本，四部叢刊本，國學基本叢書本。

33. 《潛研堂詩集》涵芬樓本，四部叢刊本，國學基本叢書本。

二、

1. 〈十駕齋養新錄序〉，阮元，《湖海文傳》，東北大學藏書今寄藏於師大。

2. 〈嘉定十駕齋養新錄跋〉，張杓，《樂海堂集》，東北大學藏書今寄藏於師大。

3. 〈嘉定十駕齋養新錄跋〉，吳蘭修，《樂海堂集》，東北大學藏書今寄藏於師大。

4. 〈嘉定十駕齋養新錄跋〉，林伯桐，《樂海堂集》，東北大學藏書今寄藏於師大。

5. 〈嘉定十駕齋養新錄跋〉，鄭灝若，《樂海堂集》，東北大學藏書今寄藏於師大。

6. 〈嘉定十駕齋養新錄跋〉，曾釗，《樂海堂集》，東北大學藏書今寄藏於師大。

7. 〈嘉定十駕齋養新錄跋〉，鄧淳，《樂海堂集》，東北大學藏書今寄藏於師大。

8. 〈竹汀府君行述〉，錢東壁、錢東塾，《復廬叢書》（今藏台大文圖）

9. 〈錢曉徵七十壽序〉，王昶，《春融堂集》。

10. 〈竹汀錢先生像贊〉，錢儀吉，《衍石齋記事稿》。

11. 《錢竹汀傳記研究》，費海璣，商務印書館。

12. 〈錢大昕之史學〉，杜維運，《學術季刊》第二卷，第三期，民國 43 年 3 月。

13. 〈錢竹汀的校勘和同時代藏書家〉，羅炳綿，《新亞學報》八卷 2 期，民國 67 年 8 月。

14. 〈錢竹汀學述〉，錢穆，《故宮文獻》第二卷第 2 期，民國 60 年 3 月。

15. 〈錢大昕的學術淵源與要旨〉，何佑森，《故宮文獻》第三卷，第 4 期，民國 61 年 9 月。

16. 〈讀潛研堂文集〉，本田濟，《人文研究》（大阪大學），1960 年 10 月。

17. 〈潛研堂詩注〉，近藤光男，《北海道大學人文科學論集》七，1969 年 10 月。

18. 〈惠棟と錢大昕〉，近藤光男，《吉川博士退休紀念中國文學論集》。

19. 〈錢大昕の文學〉，近藤光男，《東京支那學報》七、八，1961 年 6 月、1962 年 6 月。

20. 〈清代學術の一面〉朱筠、邵晉涵、洪亮吉、そして章學誠，何田悌一，《東方學》第五十七輯，民國 68 年。

三、

1. 《十三經注疏》，孔穎達等，藝文印書館。

2. 《皇清經解》，阮元等，復興書局。

3. 《周易本義》，朱熹，華聯書局。

4. 《清儒易經彙解》，鼎文書局。

5. 《談易》，戴君仁，開明書局。

6. 《易學通論》，王瓊珊，廣文書局。

7. 《周易鄭氏學》，胡自逢，嘉新水泥公司文化基金會。

8. 《易經研究論集》，黎明出版公司。

9. 《清儒書經彙解》，鼎文書局。

10. 《尚書釋義》，屈萬里，華岡書局。

11. 《清代尚書學》，古國順，文史哲出版社。

12. 《書經研究論集》，黎明出版公司。

13. 《詩集傳》，朱熹，台灣中華書局。

14. 《毛詩稽古編》，陳啓源，皇清經解本。

15. 《詩毛氏傳疏》，陳奐，學生書局。

16. 《清儒詩經彙解》，鼎文書局。

17.《毛詩傳箋通釋》，馬瑞辰，廣文書局。

18.《詩經釋義》，屈萬里，中華文化出版事業委員會。

19.《詩經研究論集》，黎明出版公司。

20.《毛詩會箋》，日，竹添光鴻，大通書局。

21.《清儒禮記彙解》，鼎文書局。

22.《禮學新探》，高師仲華，學生書局。

23.《周禮今注今譯》，林師景伊，商務印書館。

24.《三禮研究論集》，黎明出版公司。

25.《大戴禮記今注今譯》，高師仲華，商務印書館。

26.《清儒春秋彙解》，鼎文書局。

27.《三傳研究論集》，黎明出版公司。

28.《四書集註》，朱熹，世界書局。

29.《學庸研究論集》，黎明出版公司。

30.《論孟研究論集》，黎明出版公司。

31.《經學通論》，皮錫瑞，商務印書館。

32.《經學歷史》，皮錫瑞，藝文印書館。

33.《群經概論》，范文瀾，河洛出版社。

34.《經學通論》，王靜芝，環球書局。

35.《高明經學論叢》，高師仲華，黎明出版公司。

36.《中國經學史》，馬宗霍，商務印書館。

37.《中國經學史的基礎》，徐復觀，學生書局。

38.《清代學術概論》，梁啓超，台灣商務印書館。

39.《清代學術發展史》，黃建斌，幼獅出版公司。

40.《清代學術論集》，羅炳綿，食貨出版社。

41.《中國近三百年學術史》，梁啓超，華正書局。

42.《中國學術思想變遷之大勢》，梁啓超，台灣中華書局。

43.《中國近三百年學術史》，錢穆，商務印書館。

44.《中國思想史論集續編》，徐復觀，時報出版社。

45.《國學概論》，錢穆，商務印書館。

46.《國學概論》，程發軔，正中書局。

47.《六十年來之國學》，程發軔，正中書局。

48.《中國學術思想大綱》，林師景伊，學生書局。

49.《中國哲學史》，勞思光，友聯出版社。

50.《顧炎武與清初經世學風》，黃秀政，商務印書館。

四、

1.《說文繫傳》，徐鍇，台灣中華書局。

2.《說文解字注》，段玉裁，藝文印書館。

3.《說文解字釋例》，王筠，世界書局。

4.《小學攷》，謝啓昆，藝文印書館。

5.《中國文字學史》，胡樸安，商務印書館。

6.《文字學發凡》，馬宗霍，鼎文書局。

7.《文字學概説》，林師景伊，正中書局。

8.《中國文字學》，潘師石禪，東大圖書公司。

9.《清代許學攷》，林師明波，嘉新水泥公司文化基金會。

10.《龍龕手鑑新編》，潘師石禪編，石門圖書公司。

11.《敦煌變文論輯》，潘師石禪，石門圖書公司。

12.《廣韻》，陳彭年等修，藝文印書館。

13.《六書音均表》，段玉裁，廣文書局音韻學叢書本。

14.《文字聲韻訓詁筆記》，黃侃，木鐸出版社。

15.《中國古音學》，張世祿，先知出版社。

16.《中國音韻學史》，張世祿，商務印書館。

17.《漢語史稿》，王力，泰順書局。

18.《中國語音史》，董同龢，中華文化出版事業社。

19.《中國聲韻學》，姜亮夫，文史哲出版社。

20.《中國聲韻學通論》，林師景伊，世界書局。

21.《中國聲韻學》，潘師石禪，東大圖書公司。

22.《高明小學論叢》，高師仲華，黎明出版公司。

23.《古音學發微》，陳師伯元，文史哲出版社。

24.《音略證補》，陳師伯元，文史哲出版社。

25.《中國聲韻學通論》，謝雲飛，蘭臺書局。

26.《聲韻學大綱》，葉光球，正中書局。

27.《訓詁學引論》，何仲英，商務印書館。

28.《中國訓詁學史》，胡樸安，商務印書館。

29.《訓詁學概論》，齊珮瑢，廣文書局。

30.《訓詁學概要》,林師景伊,正中書局。

31.《訓詁學大綱》,胡楚生,蘭臺書局。

32.《廣雅疏証》,王念孫,廣文書局。

33.《爾雅義訓釋例》,謝雲飛,華岡書局。

34.《金石學》,朱劍心,商務印書館。

五、

1.《史記》,司馬遷,藝文印書館。

2.《漢書》,班固,藝文印書館。

3.《漢書補注》,王先謙,藝文印書館。

4.《後漢書》,范曄,藝文印書館。

5.《後漢書集解》,王先謙,藝文印書館。

6.《晉書》,房玄齡,藝文印書館。

7.《隋書經籍志》,魏徵等,藝文印書館。

8.《元史》,宋濂,藝文印書館。

9.《錢辛楣先生年譜》,錢大昕手編,錢慶曾校注,鼎文書局。

10.《錢竹汀居士年譜續編》,錢慶曾編,收入《錢辛楣先生年譜》,鼎文書局。

11.《黃蕘圃先生丕烈年譜》,江標輯,商務印書館。

12.《邵二雲先生晉涵年譜》,黃雲眉編,商務印書館。

13.《洪北江先生亮吉年譜》,林逸編,商務印書館。

14.《顧千里先生廣圻年譜》,汪家衍撰,商務印書館。

15.《尹健餘先生會一年譜》,呂熾撰,商務印書館。

16.《王述庵先生昶年譜》,嚴榮編,商務印書館。

17.《嘉定縣志》,程國棟纂修,清乾隆七年刊本。

18.《江寧縣志》,戴本孝纂,佟世燕修,清康熙二十二年刊本。

19.《吳縣志》,吳秀之等修,曹允源等纂,成文出版社。

20.《清朝續文獻通攷》,劉錦藻,新興景本。

21.《歷代名人年譜》,吳榮光,商務印書館。

22.《國朝先正事略》,李元度,中華四部備要本。

23.《國朝耆獻類徵初編》,李桓,文友書店。

24.《國朝詩人徵略》,張維屏,詩史長編,鼎文書局。

25.《清學案小識》,唐鑑,商務印書館。

26.《清代學者象傳》,葉恭綽,文海出版社。

27. 《清代徵獻類編》，嚴懋功，世界書局。

28. 《清儒學案》，徐世昌，世界書局。

29. 《漢學師承記》，江藩，河洛出版社。

30. 《清代樸學大師列傳》，支偉成，藝文印書館。

31. 《清代七百名人傳》，蔡冠洛，世界書局。

32. 《清代名人傳略》（*Eminent Chinese of the Ching Period*），恒慕義主編，成文出版社景本。

33. 《清史稿》，趙爾巽等，鼎文書局。

34. 《清代通史》，蕭一山著，商務印書館。

35. 《清史》，清史編纂委員會，國防研究院。

36. 《清史列傳》，上海中華書局，新文豐出版公司。

37. 《碑傳集》，錢儀吉，《近代中國史料叢刊》，文海出版社。

38. 《續碑傳集》，繆荃孫，《近代中國史料叢刊》，文海出版社。

39. 《古今人物別名索引》，陳德芸，藝文印書館。

40. 《清人別集千種碑傳文引得及碑傳主年譜》，續修四庫全書編纂處。

41. 《明清歷科進士題名碑錄》，房兆楹等，華文書局。

42. 《歷代人物年里碑傳綜表》，姜亮夫，華世出版社景本。

43. 《宋元明清四朝學案索引》，陳鐵凡，藝文印書館。

44. 《明清儒學家著述生卒年表》，麥仲貴，學生書局。

45. 《容甫先生年譜》，汪喜孫，江都汪氏叢書本。

46. 《戴東原年譜》，段玉裁，安徽叢書本，藝文印書館。

47. 《段玉裁先生年譜》，劉盼遂，藝文印書館景本。

48. 《中國藏書家攷略》，楊立誠，金步瀛，文海出版社。

六、

1. 《郡齋讀書志》，晁公武，商務印書館。

2. 《直齋書錄解題》，陳振孫，商務印書館。

3. 《菦圃藏書題識》，繆荃孫等輯，廣文書局。

4. 《士禮居藏書題跋記續則》，江標輯，廣文書局。

5. 《皕宋樓藏書志‧續志》，陸心源，廣文書局。

6. 《思適齋集外書跋輯存》，蔣祖詒等輯，廣文書局。

7. 《古學彙刊書目提要》，繆荃孫，力行書局景本。

8. 《四庫總目提要》，紀昀，藝文印書館。

9.《增訂四庫簡目錄標注》，邵懿辰，世界書局影排本。

10.《續修四庫全書提要》，日本東方文化事業委員會編，商務印書館排印本。

11.《書目答問補正》，范希曾補正，張之洞編，新興景本。

12.《販書偶記》，孫殿起，世界書局景本，易名《四庫書目續編》。

13.《江蘇省立國學圖書館圖書總目》（該館編），廣文《書目四編》景本。

14.《北京人文科學研究所藏書目錄續目》，（該所編），進學景本。

15.《內閣文庫漢籍分類目錄》，內閣文庫編，古亭書屋。

16.《清代文集篇目分類索引》，王重民編，國風出版社。

17.《京都大學人文科學研究所漢籍目錄》，（該所編），株式會社同朋舍出版。

18.《東京大學東洋文化研究所漢籍分類目錄》（該所編），汲古書院。

19.《國立中央圖書館善本書目》，（該館編）。

20.《國立中央圖書館典藏北平圖書善本書目》，（該館編）。

21.《國立故宮博物院圖書館善本書目》，（該館編）。

22.《國立台灣大學圖書館善本書目》，（該館編）。

23.《國立台灣師範大學圖書館善本書目》，（該館編）。

24.《國立台灣大學圖書館普通本線裝書目》，（該館編）。

25.《台灣各圖書館現存叢書子目索引》，王寶先編，亞洲學會中文研究資料中心。

26.《故宮博物院普通舊籍目錄》。

27.《中央研究院歷史語言研究所普通線裝書目》，（該館編）。

28.《台灣公藏善本書目書名索引》，中央圖書館編。

29.《台灣公藏善本書目人名索引》，中央圖書館編。

七、

1.《日知錄》，顧炎武，明倫出版社。

2.《亭林文集》，顧炎武，商務印書館。

3.《戴東原集》，戴震，經韻樓原刻本。

4.《春融堂集附雜記八種》，王昶，嘉慶十二年刊本。

5.《問字堂集》，孫星衍，商務印書館。

6.《雕菰集》，焦循，商務印書館。

7.《揅經室集》，阮元，四部叢刊本，商務印書館。

8.《復初齋文集》，翁方綱，文海出版社。

9.《拜經堂文集》，臧庸堂，藝文印書館。

10.《鐵橋漫稿》，嚴可均，世界書局。

11.《抱經堂文集》，盧文弨，四部叢刊本，商務印書館。

12.《南澗文集》，李文藻，功順堂叢書本，商務印書館。

13.《鄭堂讀書記》，周中孚，國學基本叢書，商務印書館。

14.《雪橋詩話》，楊鍾羲，求恕齋叢書本，商務印書館。

15.《經韻樓文集補編》，段玉裁，百鶴樓叢書，商務印書館。

16.《校禮堂文集》，凌廷堪，安徽叢書本，藝文印書館。

17.《悔菴學文》，嚴元照，陸氏刻本。

18.《卷施閣文乙集》，洪亮吉，乾隆六十年刊本，藝文印書館。

19.《樹經堂文集》，謝啓昆，乾隆六十年刊本，藝文印書館。

20.《南江文鈔》，邵晉涵，道光十二年刻本。

21.《述學別錄》，汪中，汪氏叢書本，中國書店影本。

22.《文史通義》，清，章實齋，世界書局。

23.《小倉山房文集》，袁枚，廣文書局。

24.《甌北詩集》，趙翼，商務印書館。

25.《南雷文定》，黃宗羲，商務印書館。

26.《羅雪堂先生全集》，羅振玉，大通書局。

27.《戴東原學記》，鮑國順，政治大學中文所博士論文，民國 67 年 6 月。

28.《段玉裁之生平及其學術成就》，林慶勳，文化大學，中文所博士論文，民國 68 年 6 月。